EL OTRO PODER

EL OTRO PODER

Las redes del narcotráfico, la política y la violencia en México

Jorge Fernández Menéndez

AGUILAR

EL OTRO PODER
D.R. © Jorge Fernández Menéndez, 2001

AGUILAR

De esta edición:
D.R. © Aguilar, Altea, Taurus, Alfaguara, S.A. de C.V., 2001
Av. Universidad 767, Col. del Valle
México, 03100, D.F. Teléfono 5688 8966
www.taurusaguilar.com.mx

- Distribuidora y Editora Aguilar, Altea, Taurus, Alfaguara, S. A.
  Calle 80 Núm. 10-23, Santafé de Bogotá, Colombia.
- Santillana S. A.
  Torrelaguna 60-28043, Madrid, España.
- Santillana S. A.
  Av. San Felipe 731, Lima, Perú.
- Editorial Santillana S. A.
  Av. Rómulo Gallegos, Edif. Zulia 1er. piso
  Boleita Nte., 1071, Caracas, Venezuela.
- Editorial Santillana Inc.
  P.O. Box 19-5462 Hato Rey, 00919, San Juan, Puerto Rico.
- Santillana Publishing Company Inc.
  2105 N.W. 86th Avenue, Miami, Fl., 33122, E. U. A.
- Ediciones Santillana S. A. (ROU)
  Constitución 1889, 11800, Montevideo, Uruguay.
- Aguilar, Altea, Taurus, Alfaguara, S. A.
  Beazley 3860, 1437, Buenos Aires, Argentina.
- Aguilar Chilena de Ediciones Ltda.
  Dr. Aníbal Ariztía 1444, Providencia, Santiago de Chile.
- Santillana de Costa Rica, S. A.
  La Uraca, 100 m. Oeste de Migración y Extranjería, San José, Costa Rica.

Primera edición en Aguilar: septiembre de 2001
Segunda reimpresión: mayo de 2002

ISBN: 968-19-0898-8

D.R. © Diseño de cubierta: Jorge Evia Loya, 2001.

Impreso en México

Índice

Agradecimientos

No voy a dar nombres. Pero este trabajo no hubiera sido posible sin el apoyo y la generosidad de amigas y amigos inteligentes y fieles; colaboradores, colegas y compañeros de ruta y de destino; tres hijos que intercambian riesgos y lejanía por cariño y respaldo; una compañera que ha sabido ser mi mejor amiga; padres, hermanas y suegros ejemplares; lectores peligrosamente persistentes y leales, televidentes que desean ver noticias; oyentes que apuestan por la información. Tampoco se habría concluido exitosamente sin la colaboración de los medios y de sus directivos, que me han brindado el espacio y el respaldo para sacar adelante —y a la luz— éstas y otras investigaciones. A todas y todos ellos está dedicado este libro.

Conocí a una mujer.
Ella tenía la boca como la tuya.
Conocía tu vida,
conocía tus debilidades y tus actos,
y ella dijo:
"Ve con ella, quédate con ella si
puedes,
pero prepárate para sangrar."
JONI MITCHELL

Había convertido la incredulidad
en un deber científico
y ahora tenía que desconfiar
incluso de los maestros
que le habían enseñado
a ser incrédulo.
UMBERTO ECO

Introducción

El narcotráfico en México sólo se puede explicar como una estructura de poder; de esa forma funciona y concebido así adquieren lógica sus acciones. Sólo de esa manera se puede comprender su magnitud, sus relaciones con otros fenómenos del crimen organizado, cómo operan sus espacios de influencia política y su relación con procesos desestabilizadores, con decisiones políticas, económicas y sociales, con la operación de ciertos grupos armados en el país e incluso con fenómenos culturales.

Mucho se ha hablado de la posibilidad de que el país se convierta en un narcoestado. El concepto es erróneo: el conflicto en que está involucrado México como sociedad en la lucha contra el narcotráfico y el crimen organizado en sus distintas vertientes no tendrá como resultado el control del Estado por el narcotráfico y sus aliados; el futuro no será la transformación de México en un narcoestado. El desafío es otro, quizá hasta más peligroso: la construcción de un poder paralelo, alternativo, dual, que le dispute constantemente al Estado el control sobre la sociedad, la política y la economía de la Nación.

Eso ya está ocurriendo en diversas regiones del país y se manifiesta, sobre todo, de tres formas: en la ineludible presencia del narcotráfico, sus recursos y estructuras; en la falta de un control real sobre las fronteras, lo que se agudiza con el tráfico organizado de gente, armas y todo tipo de contrabando; como industria multinacional; y, finalmente, en los grupos armados que tienen un proyecto tan radical que terminan dependiendo, de una u otra forma, de los espacios de poder territoriales y económicos que les brinda el crimen organizado. Ellos, en conjunto, constituyen un poder alterno al del Estado; son el otro poder. Ésta es su historia.

CAPÍTULO I

Fox ante la hidra

Los actos de los hombres
no merecen ni el fuego ni los cielos.
J.L. BORGES

En el edificio central de la Secretaría de la Defensa Nacional (Sedena), a un lado del periférico norte de la ciudad de México, hay todo un piso que no está abierto al público, al que llaman el museo del narcotráfico. Y lo es: allí se encuentra toda la memorabilia del narcotráfico, desde la pistola con cachas de oro de *El Chapo* Guzmán, hasta puertas talladas con hombres blandiendo un AK-47 que se encontraron en la casa de un narcotraficante de Chihuahua, pasando por una Biblia bellamente labrada que servía para que en su interior se pudiera pasar cocaína. No se trata únicamente de armas y recuerdos de la guerra contra las drogas. Es un área que sirve para comprender la magnitud del desafío y los extremos a los que se puede llegar no sólo para traspasar droga de un punto a otro o para lavar el dinero que ella proporciona. Es también un espacio que confirma que el narcotráfico es algo más que crimen organizado, que se trata de una forma de cultura con sus iconos y hasta sus santos (la capilla de Jesús Malverde, el santo patrono de los narcos en Culiacán), sus músicos predilectos (los Tucanes de Tijuana para los Arellano Félix, los Tigres del Norte y su "Jefe de jefes", dedicada a Amado Carrillo, para los del cártel de Juárez) una literatura y una moda, formas representativas de vestir y expresarse.

Comprender en ese espacio privilegiado que el crimen organizado en general y el narcotráfico en particular son el mayor desafío a la seguridad nacional no es difícil. Ahí están, además, las cifras: utilidades mínimas, según datos oficiales, que esta actividad proporciona a los cárteles nacionales: unos seis mil millones de dólares anuales, un margen mayor de utilidad que las exportaciones de crudo mexicano en un buen año petrolero. Respecto de la magnitud del negocio en Estados Unidos, según me dijo el zar antidrogas de la Casa Blanca, Barry McCaffrey,[1] las cifras más conservadoras hablan de un negocio, sólo en cocaína, de cerca de 60 mil millones de dólares: algunos investigadores sostienen que el narcotráfico mueve, en todas sus variantes, en Estados Unidos, hasta 300 mil millones de dólares. Métodos utilizados para introducir drogas: todos los imaginables. Un caso mostrado con un minucioso estudio fotográfico en el museo es el de una joven colombiana que, para transportar heroína a México, se hizo operar las nalgas: le hicieron dos profundas incisiones horizontales, le quitaron grasa y con la ayuda de un cirujano introdujeron en cada glúteo un kilo y medio de heroína pura protegida por un envoltorio plástico. A la semana subieron a esta muchacha en un avión comercial en Bogotá y la enviaron a México. Los dolores y las dificultades para caminar la delataron y fue detenida. Hubo que operarla nuevamente para extraerle la droga.

No es un caso excepcional: todas las semanas, en Colombia, en México y en Estados Unidos, son detenidos hombres y mujeres que se han tragado decenas de cápsulas (incluso suelen utilizar condones) rellenas de drogas para hacer un viaje contra reloj, de Sudamérica o México a Estados Unidos y pasar así, sobre todo, heroína. En esas travesías, el mayor desafío es superar el malestar físico y el jugo gástrico, ya que después de un número determinado de horas, éste consume los envoltorios y libera la droga, que es excesivamente pura y suele matar, si eso ocurre, a quien la transporta. Pero la imaginación no se agota; el 22 de enero de 2001, la oficina antidrogas del gobierno de Honduras envió un boletín a sus agencias hermanas, pidiéndoles que revisaran con atención el ganado en pie: no le preocupaba ni el síndrome de las vacas locas ni la epidemia de aftosa, sino que se había detectado que los narcotraficantes colombianos y hondureños estaban utilizando vacas para enviar drogas a Estados Unidos. El jefe de esa oficina, Fidel Omar Borjas, dijo muy serio a CNN que se había descubierto que

---

[1] Entrevista personal, 1999.

la droga "se introducía en los genitales de las vacas exportadas, las que son despedazadas en su lugar de destino para sacarles la droga". Y agregaba, por si no fuera suficientemente explícito, que "esta modalidad ha sustituido gradualmente el uso del cuerpo humano para traficar drogas, debido a que a través del ganado se puede enviar mayores cantidades".

La lucha contra el narcotráfico es una guerra monumental, con fuerzas disparejas y que muchos consideramos, en términos estratégicos, perdida, porque los recursos que la sostienen son demasiados, el mercado consumidor es enorme y los mecanismos nacionales para detener esa maquinaria internacional, claramente insuficientes. En esta guerra interminable, la principal aspiración es ganar la mayor cantidad posible de batallas y tratar de que el daño a la sociedad sea, por lo menos, manejable.

La mitad de la droga que se produce en el mundo se consume en un país: Estados Unidos; las cantidades que la Casa Blanca gasta en la guerra contra las drogas son millonarias, muy superiores a los cinco mil millones de dólares. Los costos, altísimos: por primera vez en su historia, Estados Unidos tiene más jóvenes presos por delitos relacionados con las drogas (unos dos millones) que estudiantes cursando carreras universitarias. Una encuesta nacional realizada en ese país en marzo de 2001 por el Centro de Investigación PEW para el Público y la Prensa confirmaba esa percepción: tres cuartas partes de los encuestados consideran que su país está perdiendo la guerra contra las drogas y que la demanda es tan alta que será imposible contener el consumo, pero, al mismo tiempo, que la detención de los distribuidores y la ruptura de las redes del narcotráfico deberían ser las prioridades del gobierno de George Bush, que comenzó el 20 de enero de ese año. Dos terceras partes de los entrevistados consideran que las naciones latinoamericanas jamás eliminarán la producción de drogas, y la mitad considera que con los consumidores se debería tener una actitud más tolerante y considerar la adicción como una enfermedad. Un tercio de los encuestados sostiene que la adicción es, simplemente, un delito.

En México, la percepción es similar, pero está concentrada, sobre todo, en el tema de la seguridad pública. Una encuesta nacional realizada por María de las Heras para MVS Multivisión en enero de 2001 mostró que, cuando se le preguntó a la gente cuál era el mayor de sus problemas, 41 por ciento contestó que la seguridad. La distancia con los demás temas fue abrumadora: en segundo lugar quedó el desempleo, con 7 por ciento y todos los demás quedaron por debajo de 5 por ciento. Paradójicamente, la gente no percibía la inseguridad pública que abruma a la mayoría de las ciudades del país como una consecuencia del narcotráfico o del crimen organizado: sólo 4 por ciento señaló que el mayor problema en su localidad es la drogadicción. Y no deja de ser paradójico en doble sentido: primero, porque es un hecho que la inseguridad pública va de la mano de la presencia del crimen organizado en cualquier ciudad y, segundo, porque el consumo de drogas alcanza ya niveles tan altos en ciertas partes de México que emula a los de las localidades de alto consumo en Estados Unidos: alrededor de 14 por ciento de personas han consumido drogas en Tijuana o Ciudad Juárez; más de 7 por ciento, en Guadalajara o la ciudad de México.

Por eso, cuando el recién electo presidente Vicente Fox dijo que el narcotráfico era un problema policial, y los hombres encargados originalmente de las áreas de seguridad en el equipo de transición, Francisco Molina y José Luis Reyes, sostuvieron lo mismo con mayor énfasis, al tiempo que informaban que retirarían al ejército de la lucha contra el narcotráfico —incluso, Molina declaró que el mismo no constituía un desafío para la seguridad nacional—, las luces rojas se encendieron en muchas partes de México y, sobre todo, en el gobierno estadounidense.

Y es que Vicente Fox llegó a la Presidencia de la República con poca experiencia en temas de seguridad. Como demuestra la encuesta de María de las Heras, muchos mexicanos piensan que la seguridad pública sólo es un problema que se puede solucionar con la buena voluntad y con la decisión de los gobernantes, que, en todo caso, es un problema de corrupción derivado del viejo régimen priísta y que con el cambio de gobierno se solucionarían esos problemas. Es más, como muchos otros militantes del Partido Acción Nacional (PAN) antes de llegar al poder, Fox, antes de ser presidente, tenía una marcada desconfianza hacia el mundo militar, al que veía como un sostén del priísmo, sin comprender cómo funciona en realidad el Ejército mexicano. Unos meses antes de la elección, cuando aún era precandidato por su partido, le pregunté en una entrevista para televisión si aceptaría que el Estado Mayor Presidencial (EMP) le brindara seguridad durante su campaña. Me dijo que no, que eso sería como poner la Iglesia en manos de Lutero. Fuera de cámaras le pregunté qué haría entonces si ganaba la Presidencia, porque por ley su protección recaería en manos del EMP; como respuesta, Fox sólo sonrió. Semanas después, ya como candidato formal de su partido, terminó aceptando la vigilancia del EMP y comprendió, poco a poco, cómo funcionaba éste, cuál era el verdadero papel del Ejército en el sistema político mexicano y cuáles eran sus funciones. En este sentido, Fox partió de muy atrás, ya que como gobernante, en Guanajuato, nunca enfrentó graves problemas de seguridad pública o de crimen organizado, y mucho menos debió hacerlo en sus tiempos de empresario. Pero demostró, también, la que es quizá su mejor cualidad: es un hombre que sabe escuchar, aprender y rectificar. Aunque a veces el tiempo que se pierde en ese proceso es muy difícil de recuperar.

En los hechos, la administración Fox perdió en el ámbito de la seguridad pública y la lucha contra el crimen organizado todo el periodo de transición entre la elección del 2 de julio y la toma de posesión el 1 de diciembre. Fue hasta las últimas semanas de la transición cuando el presidente electo comprendió claramente el enemigo que tenía enfrente y lo decisivo que era para ello la utilización de los cuerpos de seguridad y, sobre todo, de las fuerzas armadas.

En busca del tiempo perdido

Durante los primeros cuatro meses del periodo de transición, Vicente Fox dejó encargada el área que él mismo llamó de orden y respeto al ex delegado de la Procuraduría General de la República (PGR) en Guanajuato (y su abogado personal), José Luis Reyes, y al ex fiscal antidrogas durante el periodo de Antonio Lozano Gracia al frente de la PGR, Francisco Molina Ruiz. Ambos cometieron muchos errores, mantuvieron una pésima relación personal pero, sobre todo, se equivocaron radicalmente en la conceptualización de la estrategia de seguridad pública que requería el nuevo gobierno.

El más memorable de sus errores fue cuando, apenas designados en sus responsabilidades, declararon (con mayor énfasis Molina) que el narcotráfico no era un problema de seguridad nacional, que se trataba de un simple tema policial y que, lo tanto, no era necesaria la presencia de las fuerzas armadas, particularmente del ejército, en su combate. Algunos celebraron la declaración de los encargados del equipo del área de seguridad como un triunfo de la civilidad, pero la mayoría comprendió que, de esa forma, lo único que se lograría sería un sonoro fracaso en la lucha contra el crimen organizado y una ruptura en la estrategia continental que, al respecto, se había construido en los últimos años.

Fue durante la primera visita de Vicente Fox a Estados Unidos, ya como presidente electo, en septiembre de 2000, cuando éste pudo comprender claramente la magnitud del error cometido, la trascendencia del problema y cómo estaban tejidos en realidad los hilos de la colaboración con Estados Unidos y otros países, particularmente Colombia: una coordinación que se establece, o se pierde, entre agencias e instituciones civiles, pero que en los hechos fluye de la colaboración entre los cuerpos militares, particularmente de esos tres países. La construcción de ese andamiaje de colaboración entre instancias militares de Estados Unidos, México y Colombia fue lo que permitió los éxitos relativos que se obtuvieron en los últimos años y la razón por la que el general Barry McCaffrey estuvo durante casi todo el periodo de la Presidencia de Clinton al frente de la oficina antidrogas de la Casa Blanca. Las instancias operativas se dieron entre el jefe del Estado Mayor conjunto del Ejército estadounidense, el general William Perry, el general Enrique Cervantes, en México, y, en Colombia, el general José Serrano Cadena, encargado de la lucha antidrogas. Por eso mismo, resultó tan doloroso descubrir que el general Jesús Gutiérrez Rebollo (entonces designado fiscal antidrogas en México) era, en realidad, un colaborador del cártel de Juárez, porque no se trataba sólo de un acto de alta traición, sino que ponía en crisis una estrategia multinacional que se había desarrollado, con éxito, durante los últimos tres años: no se sabía, en términos estrictos, hasta dónde Gutiérrez Rebollo había podido conocer esos mecanismos y contaminarlos con filtraciones o información falsa. Superado el *affaire* Gutiérrez Rebollo, la consecuencia directa fue un reforzamiento de la colaboración entre esas instancias militares.

Por eso, las declaraciones de Molina y Reyes, aparentemente avaladas por Fox, cayeron como un balde de agua fría en Washington. La explicación de cómo funcionaba en realidad la lucha contra el crimen organizado entre México, Estados Unidos y Colombia la recibió el entonces presidente electo durante su primera visita a la capital estadounidense. Desde allí comenzó a cambiar la conceptualización, pero permanecieron los mismos hombres en el sector; Molina y Reyes también matizaron sus declaraciones pero ya era tarde: habían quedado rebasados por la realidad y, sobre todo, marcados por la desconfianza de militares y de los principales operadores civiles del sector.

Un mes antes de tomar el poder, según fuentes muy confiables, Fox entendió realmente la magnitud del problema; comprendió que los hombres que había elegido para la transición no le servirían y comenzó a buscar por otros horizontes. Hubo intercambio de información con las fuerzas armadas, con sectores civiles y también con las áreas especializadas del gobierno estadounidense, y poco después se transformó el equipo que se encargaría del sector: se comenzó por reasignar a Adolfo Aguilar Zínser, quien originalmente sería algo así como un secretario técnico de la Presidencia de la República, al Consejo de Seguridad Nacional; a él, para enmendarle del todo la plana a Molina y Reyes, se le encargó, además, el área de seguridad pública; y poco antes de la toma de posesión, se decidió no sólo que el ejército continuaría en la lucha contra el narcotráfico sino que, para fortalecer esa decisión, el propio procurador general de la república sería un militar, nada menos que el general Rafael Macedo de la Concha, hasta entonces procurador de justicia militar encargado, entre otros casos, de enjuiciar a Gutiérrez Rebollo y a los también generales Quiroz Hermosillo y Acosta Chaparro, por la relación de los tres con el narco-tráfico. Al frente de la Secretaría de la Defensa, se optó por un general con una formación especializada precisamente en temas de seguridad nacional, Gerardo Ricardo Clemente Vega García. Se trata de un hombre bien preparado y respetado dentro de las fuerzas armadas. Pero su designación implicó también otras cosas: por una parte, Fox buscaría una salida ortodoxa, en su relación con las fuerzas armadas, mantendría la tradición, pero, en este caso, con un componente adicional: al elegir al general de división que estaba en el lugar 16 del escalafón, Fox le dio una vuelta de tuerca a un proceso que el anterior secretario de la Defensa, el general Enrique Cervantes Aguirre, ya había iniciado: un movimiento generacional que terminará reemplazando, en poco tiempo, a buena parte de los más antiguos mandos militares, y desplazando definitivamente a mandos ya retirados que en más de una ocasión intentaron, sin éxito, provocar un albazo en esa estratégica posición. Era también, tanto en el caso de Macedo de la Concha como de Vega García, un hilo de continuidad respecto de lo realizado en la Sedena en los últimos años y un buen lazo con el hombre que se responsabilizará del Consejo de Seguridad Nacional y uno de sus impulsores: Adolfo Aguilar Zínser. En la Secretaría de Marina, Fox designó al almirante Marco Antonio Peyrot, un hombre con un fuerte perfil diplomático y formación en el área de seguridad.

En la nueva Secretaría de Seguridad Pública se designó a una persona que pertenecía a otros equipos (y por eso hubo muchas contradicciones internas en esa área), Alejandro Gertz Manero, quien venía no sólo de desempeñar actividades similares en el gobierno de la ciudad de México, sino que también había mantenido estrechas relaciones con las áreas de seguridad e inteligencia estadounidenses en el pasado, cuando fue jefe de erradicación de drogas en 1976 en el famoso Operativo Cóndor. Un ejemplo: de él se puede leer en el libro *Desperados,* de Elaine Shannon,[2] cómo,

---

[2] Elaine Shannon, *Desperados. Los caciques latinos de la droga, los agentes de la ley y la guerra que Estados Unidos no puede ganar,* Lasser Press Mexicana, México, 1989.

acompañado de periodistas y funcionarios estadounidenses, participaba en estas campañas. Anthony Marro, entonces corresponsal de *Newsweek*, escribió:

> Gertz Manero, con una chaqueta de piel castaño, una corbata estilo inglés púrpura-rojiza y anteojos de sol, acariciando su propia M-16, entró al campo. Mirando a las cámaras se mantuvo erguido en medio del verde campo, luego se agachó y tomó una de las amapolas en flor [...] La olió, luego alzó su rifle automático con una sola mano y con la otra hizo señas a sus hombres y a los reporteros para que vieran al helicóptero [...] no quiero —dijo— que los pilotos me digan cuántas destruyeron, quiero que me digan que las destruyeron todas.

Por cierto, la Operación Cóndor fue, en aquella época, antes del caso Camarena, la operación conjunta México-Estados Unidos más exitosa en la lucha antidrogas.

La verdad es que para el 1 de diciembre de 2000 estaban designados todos los hombres (con excepción del director del Centro de Investigación y Seguridad Nacional (Cisen); Eduardo Medina Mora fue designado hasta una semana después del inicio del gobierno; él es un hombre que trabajó en investigación, pero en sectores académicos y de la iniciativa privada, si bien ha buscado darle al Cisen un perfil diferente al del pasado, haciéndolo al mismo tiempo más eficiente y más abocado a sus verdaderas tareas como principal instrumento de información e inteligencia del gobierno federal), pero aún no había una estrategia gubernamental que reemplazara la que, sobre bases erróneas, se había construido en los meses anteriores, los de la transición. De allí han surgido muchos de los graves errores iniciales que, en ese ámbito, cometió la administración Fox.

El problema es que para tener éxito en el ámbito de la seguridad sigue faltando una visión y una conceptualización mucho mayor de la magnitud del desafío que debe enfrentar el Estado. No siempre existe una adecuada comprensión del tema. Y eso no atañe sólo al gobierno central o al foxismo. Por ejemplo, al mismo tiempo que Vicente Fox, asumió el poder en su entidad el gobernador de Morelos, Sergio Estrada Cajigal, un hombre que ganó por amplio margen las elecciones locales, en buena medida como reacción de la sociedad morelense al desgobierno y a la falta de seguridad que aqueja a ese estado, luego de la desastrosa gestión de Jorge Carrillo Olea; y en pleno acto de toma de posesión, Estrada Cajigal sostuvo que combatiría la inseguridad generando mayores fuentes de empleo y oportunidades de trabajo. Algo similar dijo Andrés Manuel López Obrador, al asumir la jefatura de gobierno de la ciudad de México.

Ambos tienen la razón, pero también están equivocados: por supuesto que hay una repercusión, en términos de seguridad, de las carencias sociales: cuanto más pobreza, mayor inseguridad. Pero en lugares como el Distrito Federal y Morelos, ambos estrechamente relacionados, en términos de delincuencia, lo más preocupante es el crimen organizado y su penetración en las estructuras gubernamentales y sociales, desde las más altas hasta las más bajas. Evidentemente, la creación de nuevas fuentes de empleo ayudará a que muchos jóvenes se alejen de la delincuencia desorganizada o de las drogas, pero será inútil para combatir a grupos organizados; y los jóvenes hambrientos no son los que manejan el negocio de las drogas en la ciudad de México ni quienes organizan el robo de 160 automóviles diarios que luego, en algunos casos, aparecen en Taiwán, Hawai o Sudáfrica.

¿Por qué no se puede avanzar en esa política de Estado sobre los temas de la seguridad pública y la seguridad nacional como debe ser? En unos casos es por celos políticos, por falta de una visión de Estado, por la ausencia de un proyecto de nación que permee a todos los partidos y a sus dirigentes; en otros, por falta de capacidad, pero también, no lo debemos subestimar, porque la corrupción presiona para que el combate a los distintos componentes del crimen organizado termine siendo un fracaso. En todo esto, la administración Fox tendrá que aplicarse a fondo: ahí está su mayor desafío. De otra forma, una visión ingenua del problema de la corrupción y la seguridad puede ser un camino directo al infierno.

El primer error o el pecado original

Vicente Fox cumplió sus primeros cien días como presidente al mismo tiempo que la caravana del Ejército Zapatista de Liberación Nacional (EZLN) estaba llegando al Zócalo capitalino. Marcos le robó, en ese sentido, la celebración al presidente: lo que tendría que haber sido un momento estelar para Fox se convirtió en una nota secundaria en la ola de información que generó la caravana zapatista.

Pero el problema iba más allá. El zapatismo le hizo perder el eje de la agenda a Vicente Fox en estos primeros cien días de gobierno. El mal cálculo inicial de la administración Fox, al colocar el tema Chiapas en la cima de la agenda política nacional, le impidió al presidente gozar y capitalizar el enorme caudal de apoyo y expectativas con el que inició su administración, y lo llevó a decir, incluso, que si fallaba la estrategia que había adoptado para Chiapas estaría "en riesgo la presidencia y mi capital político".

En cualquier otro contexto, ello sería absurdo: Vicente Fox inició el 1 de diciembre un gobierno con un respaldo popular muy amplio, con tasas de popularidad que rondaban 80 por ciento, con el beneplácito de la enorme mayoría de los sectores de poder económico e incluso hasta con la indulgencia política de sus adversarios. Pero en ninguna encuesta de diciembre o de los meses previos aparecía el tema Chiapas como uno de los que preocupara de una manera principal a la ciudadanía: no apareció tampoco en la campaña. Es más, el 2 de julio le había dado al zapatismo un golpe político descomunal, que se acrecentó con el triunfo de Pablo Salazar Mendiguchía en el estado de Chiapas: se había demostrado, a nivel federal y estatal, que la vía democrática y la lucha legal eran el camino válido y viable para llegar al poder y para hacer reformas radicales, si así lo quería la ciudadanía, al sistema político. El 2 de julio fue en muchos sentidos la culminación de casi 20 años de una transición lenta y tortuosa del sistema político que, por primera vez, culminaba en cambios de forma y de fondo que legitimaban al propio, nuevo, sistema político.

El gran error del presidente Fox al asumir el poder e iniciar su administración colocando en un primer nivel el tema Chiapas fue que así, en lugar de colocar al frente su propia legitimidad y la de las nuevas instituciones y explotar ambas al máximo para obtener los cambios que el país requiere, generó la tentación de que los cambios pueden realizarse por la fuerza de la movilización más rápido y más eficientemente que por la vía electoral, y a sus enemigos les dio una impresión de debilidad. El presidente Fox dijo el 7 de marzo de 2001, en una entrevista con Ciro Gómez Leyva, lo que tendría que haber dicho el 1 de diciembre para ser congruente con su propia legitimidad: si el EZLN pasa de la "arena militar" a la política, si está dispuesto a dejar las armas, el gobierno está dispuesto a cumplir con sus demandas. Lo que se hizo fue exactamente al revés: primero se comenzaron a cumplir demandas que todavía ni siquiera habían sido presentadas al nuevo gobierno y luego se pidió el diálogo. Y el EZLN hizo lo que debía hacer: tomó lo que se le daba, pidió más y ahora el que aparece como que no quiere o no puede seguir haciendo concesiones es el gobierno, y si acepta esas nuevas demandas, demuestra debilidad y pone en peligro su propia capacidad de gobernabilidad.

Porque lo cierto es que nada era o es más importante para la ciudadanía que la seguridad. Y la administración Fox, al inicio del gobierno, dio la impresión de no querer afrontar ese desafío, de querer ganar tiempo con una negociación en Chiapas, considerada ingenuamente más sencilla, para tener más claras las cosas en el ámbito de la seguridad pública y nacional. Pero no le dieron ese tiempo. Desde el 1 de diciembre de 2000, la administración Fox se está enfrentando a un violento desafío del crimen organizado que ha aumentado la inseguridad en casi todas las ciudades importantes del país. Eso lo ha llevado, incluso, a declarar explícitamente la guerra al cártel de los Arellano Félix y al narcotráfico en general, y comprobó, en unas cuantas semanas, que en esa guerra —porque es de verdad, sí hay muertos, daños materiales— sí se pone en juego la vida de familias enteras y no siempre se puede ganar. Pero además confirmó que sus enemigos pueden desestabilizar su gobierno.

La fuga de Joaquín *El Chapo* Guzmán, a fines de enero de 2001, no fue un episodio aislado más, ni tampoco un simple traspié policial. Fue la culminación de la peor semana del gobierno de Vicente Fox, con el inicial fracaso de la llamada guerra contra el narcotráfico, el atentado contra Patricio Martínez y los fracasos para avanzar en la negociación con el EZLN en Chiapas.

El presidente Fox había comenzado su gobierno, en términos de declaraciones, a tambor batiente: visitó las fronteras, anunció medidas contra la corrupción aduanera, en Tijuana le declaró la guerra a los Arellano Félix, aceptó las denuncias de Patricio Martínez contra los delegados de la PGR en Chihuahua y de la Policía Judicial Federal (PJF), y los hizo detener; los mandos de la PGR continuaron las investigaciones sobre los Arellano y sus relaciones con las Fuerzas Armadas Revolucionarias de Colombia (FARC), se dieron golpes contra los grupos que comanda Osiel Cárdenas en la región del Golfo e incluso se llegó a prometer que en cien días los principales líderes del narcotráfico, comenzando por los Arellano, estarían detenidos. Pero al mismo tiempo se retiraba o reposicionaba al ejército en Chiapas y se permitía que se agrediera a sus hombres impunemente: todas las posiciones exigidas por el EZLN fueron entregadas por el gobierno federal al zapatismo sin que éste se dignara, siquiera, sentarse a negociar la continuidad de la negociación.

En este sentido, parecía que en el nuevo equipo gubernamental aún pensaban que estaban en campaña, que esas decisiones no tendrían repercusiones en la política real y que la popularidad presidencial serviría como antídoto para lo que fuera. La realidad fue más terca y la virulencia del crimen organizado golpeó y sorprendió a las propias autoridades. Simplemente, al inicio del gobierno de Fox se estaban resintiendo los meses perdidos por el equipo de transición cuando se consideró al narcotráfico no como un problema de seguridad nacional sino como un simple problema policiaco, y cuando se postuló el retiro de las fuerzas armadas de todas las tareas de seguridad, desde el control en Chiapas hasta las labores de combate al crimen organizado.

El narcotráfico y el crimen organizado comenzaron a desestabilizar al país, a poner en riesgo la gobernabilidad en amplias regiones, a alterar seriamente las estrategias gubernamentales, a calar al nuevo gobierno. Todo ello, mientras no se terminaba de establecer una estrategia lógica y que integrara a todos los involucrados en el área de seguridad pública y nacional. Y es que el gobierno de Fox no quiere dar una imagen de dureza y ha enviado mensajes de todo tipo y color buscando gobernar con consensos, sin comprender, inicialmente, que en esas áreas los consensos deben centrarse en la acción. Se estaba librando, dentro del gobierno, un conflicto entre la gobernabilidad y la imagen, sin comprender que la segunda siempre quedará vulnerada si la primera sufre. Y lo comprobaron con la fuga de *El Chapo*, cuando sufrieron una dura andanada de toda la prensa nacional e internacional: por primera vez, la administración Fox tuvo fuertes críticas en *el Financial Times, Los Angeles Times*, el *San Diego Union-Tribune*, el *San Antonio Express, El País* y el *Wall Street Journal,* y recibió un duro editorial institucional del *Washington Post.* Todos estos medios informativos coincidían en un punto: no se sabe hacia dónde se dirige el gobierno en la lucha contra la corrupción, en la seguridad pública y en el caso Chiapas.

Y tenían razón, porque los lineamientos internos no están suficientemente definidos. En términos de seguridad, el narcotráfico está desafiando al régimen y las instituciones involucradas no se ponen de acuerdo sobre cuál es la línea a seguir. Se tomaban decisiones muy contradictorias: por ejemplo, por una parte, personal de la cancillería se reunía en enero de 2001 con los dirigentes de las FARC colombianas, buscando ser intermediarios para las negociaciones de paz en ese país; pero, por la otra, en la PGR se continuaba con las investigaciones que demostraban que las FARC tenían un acuerdo de intercambio de drogas por armas con los Arellano Félix, los principales adversarios, en el terreno del narcotráfico, del actual gobierno. ¿Se es intermediario o se es adversario de esos grupos? Además, el presidente Fox había apoyado públicamente el Plan Colombia, impulsado por la administración Pastrana y el gobierno de Estados Unidos para intervenir en esa nación sudamericana, buscando erradicar, por lo menos, la mitad de los cultivos de coca que, en buena medida, protegen las propias FARC.

Se estableció una ambiciosa lucha antinarcóticos, una guerra, dijo el foxismo, pero resulta que no había definiciones sobre cómo se libraría. Se requieren dispositivos de seguridad muy amplios pero lo cierto es que no hay elementos suficientes, ni en la PJF ni en la Policía Federal Preventiva (PFP), para plantear operativos de mediano plazo, estables, en las entidades asoladas por la violencia del narcotráfico. En esos primeros meses, de los seis mil efectivos que tenía la PFP, más de mil 500 tuvieron que dedicarse a la protección de la caravana zapatista. Como si eso fuera poco, el Congreso, en una acción irresponsable, redujo para el 2001 los presupuestos de los principales cuerpos de seguridad, incluyendo el de la PGR.

Los cuatro desafíos del Estado mexicano

Con el paso de las semanas, y no sin contradicciones, el foxismo ha ido asumiendo, progresivamente, la magnitud de los desafíos que enfrenta en el ámbito de la seguridad. Finalmente, el Cisen identificó cuatro capítulos como los primordiales en términos de seguridad nacional: en primer lugar, el narcotráfico, como parte central del crimen organizado; en segundo término, la situación en las fronteras, particularmente el creciente tráfico de gente, un negocio que suma ya unos dos mil 500 millones de dólares anuales, según cifras oficiales. En tercer lugar, la subversión, enfocada no tanto a la actitud actual del EZLN, sino a los grupos que, como el Ejército Popular Revolucionario (EPR) y sus derivados, particularmente el Ejército Revolucionario Popular Independiente (ERPI) y las Fuerzas Armadas Revolucionarias del Pueblo (FARP), están decididos a utilizar la violencia en su búsqueda del poder. Y en cuarto término, un fenómeno que no es particularmente nacional pero al que no se puede dejar de prestar atención: el terrorismo. México siempre ha sido lugar de paso o de refugio de muchas organizaciones terroristas, sobre todo de aquellas que están dispuestas a realizar ese tipo de acciones en Estados Unidos. La tesis, que se ha fortalecido con las medidas adoptadas contra las operaciones de la ETA desde territorio mexicano, es no permitir ese refugio para evitar que esos grupos terminen implantándose en el país.

De esos cuatro desafíos, tres son de índole nacional y se involucran directamente con la seguridad pública. Y el punto central en todo esto es el crimen organizado y, particularmente, el narcotráfico. Por la dimensión del negocio, por la cantidad de dinero, intereses, grupos y naciones involucrados, por el solo hecho de que el vecino y principal socio comercial de México, con el que se comparten tres mil kilómetros de frontera, sea Estados Unidos y el gobierno de ese país haya declarado al narcotráfico su principal desafío en términos de seguridad nacional, éste no puede ser un problema menor, o sólo de índole policial, para el gobierno mexicano. Simplemente, es un enemigo con poder real, que mueve la economía, la política y la seguridad, que está en condiciones de desafiar al Estado y de convertirse, activando todos los instrumentos que tiene a la mano, en el otro poder, el poder alternativo, el único que puede desplazar o reemplazar al Estado. Y no se trata de un enemigo nacional, sino de la principal trasnacional que maneja al crimen organizado en todo el continente.

La radiografía continental del narcotráfico

Buena parte de la articulación del crimen organizado y del narcotráfico en el continente se da en torno del negocio de la cocaína. Sin duda, no es el único: la producción de marihuana alcanza un lugar importante, también la de heroína y otros derivados de la goma de opio; están, además, las drogas sintéticas, más conocidas como metanfetaminas, cada vez más populares entre los jóvenes, de las cuales el *éxtasis* es sólo una de las más conocidas (literalmente, hay cientos de derivados con distintos diseños de laboratorio y diferentes niveles de toxicidad); existe también el *crack* y sus derivados, y drogas que se van perfeccionando cada día, como la heroína y la cocaína de colores, la heroína que se puede aspirar y muchas otras. Pero el centro del negocio y del tráfico de drogas, en América, por los desafíos que el mismo implica, gira en torno de la cocaína y, junto con ella, la heroína.

Son productos que necesitan, ambos, de un relativamente largo proceso químico, que requieren de precursores, transformadores químicos que se producen en laboratorios de grandes empresas, cuyas materias primas se producen en un lugar, se transforman en otro, que deben trasladarse a un tercer país y, desde allí, ser introducidos al mercado consumidor. El dinero, por lo menos en parte, debe hacer el recorrido inverso; la transformación de miles de millones de dólares en billetes pequeños colocados en cuentas bancarias sólidas y respetables es, quizá, más complejo que el propio narcotráfico. Se trata, en conjunto, de un proceso que demanda numerosa mano de obra, territorios de cultivo y producción, laboratorios que estén protegidos y en los que trabaja también mucha gente, medios de transporte adecuados, por tierra, aire y mar y control de territorios para el traslado, la introducción al mercado y la comercialización en éste. Una estructura de esa magnitud choca con los intereses objetivos de cualquier Estado moderno. La posibilidad de que cualquiera de esos grupos tenga tanto poder como para terminar absorbiendo parte del Estado, o compitiendo por el control territorial con éste, es una realidad y ya se da en diferentes países.

Los movimientos del tráfico de drogas y de personas suelen transitar por un mismo carril, por un mismo territorio. Y a ellos suele unirse, cada vez más, un elemento que requiere las mismas condiciones que esas redes de tráfico para poder prosperar en sus objetivos individuales: los grupos guerrilleros. El ejemplo colombiano y el de Sendero Luminoso en Perú son la mejor demostración de ello. La colaboración internacional de todos esos grupos, por otra parte, siempre es más exitosa y más intensa que la de los países de la comunidad internacional, marcados por sus propios intereses nacionales y por la desconfianza.

¿Cómo funciona el andamiaje central del juego que representa el tráfico de cocaína? A mediados de 1999 se reunió en Acapulco la llamada Conferencia Mundial para el Combate al Tráfico de Cocaína, organizada por la Interpol. Allí se manejó un documento de circulación restringida que contiene el diagnóstico mundial del problema, del que obtuvimos una copia. El siguiente es el panorama que ese documento muestra, tan sólo para el continente americano.

América y el Caribe, inundadas de cocaína

Según el documento de la Interpol, se cree que las vías fluviales y navegables de América del Sur están siendo utilizadas, cada vez más frecuentemente, para el transporte de los precursores químicos y de la cocaína ya fabricada desde las zonas productoras de coca hasta los laboratorios. Los traficantes colombianos, específica, utilizan terceros países para exportar su producto hacia Europa. Países sudamericanos como Brasil, Argentina, Ecuador, Venezuela y Paraguay están convirtiéndose en puntos de embarque importantes rumbo a Europa y Estados Unidos. España e Italia continúan siendo lugares de destino para la cocaína enviada por vía marítima desde Argentina, Brasil y Colombia.

En la región se ha detectado un gran incremento en el consumo y contrabando de la cocaína en forma de *crack*. En Brasil, en 1999, se decomisaron 176.5 kilos de *crack*, droga que los jóvenes consumen cada vez más. Se estima que 44.6 por ciento de los drogadictos venezolanos consumen *crack*, pero en 1999 sólo se confiscaron en Venezuela 2.7 kilos de este tipo de droga. En América Central el incremento del turismo ha llegado acompañado de un alto consumo de *crack*, en particular en la costa atlántica. Todas las ciudades costeras del Caribe han registrado un notable aumento de los decomisos de *crack*, y lugares como Puerto Limón (Costa Rica), Colón (Panamá) y La Ceiba (Honduras) se han convertido en mercados populares de esta droga, consigna el documento de la Interpol.

Esta tendencia se debe al pago en especie que se da a los traficantes locales por el almacenamiento y por sus servicios como pasadores. Solamente en Estados Unidos, durante 1999 seis mil personas fueron detenidas por delitos relacionados con el *crack*. Otros países de la región han informado también del decomiso de cantidades más pequeñas; por ejemplo: Jamaica (3 543 paquetes

FOX ANTE LA HIDRA

y 81 pipas de *crack*), Guatemala (5 800 bolas de *crack*), El Salvador (5 300 kilos), Granada (882 bolas, lo que representa 80 por ciento más de la cantidad confiscada en 1998), Guyana (3 100 kilos), Belice (1 500 kilos), Islas Caimán (600 gramos), Dominicana (250 gramos) y Paraguay (280 gramos). Según informaciones de las autoridades de Estados Unidos, el crack es la droga que supone una mayor amenaza en el país, debido a que influye grandemente en el debilitamiento de la calidad de vida en muchas ciudades y pueblos a causa del aumento de la violencia relacionada con el consumo de esa droga.

Esta forma barata de la cocaína sigue siendo utilizada y distribuida masivamente entre grupos étnicos, como los formados por dominicanos, puertorriqueños y jamaiquinos, que dominan el mercado del crack al por menor en muchas de las principales ciudades.

Pero el principal comercio lo sigue representando la cocaína como tal. En 1999 fueron decomisadas en Colombia más de 135 toneladas de hojas de coca y 37 toneladas de cocaína base y clorhidrato de cocaína. Durante ese mismo periodo, y en operaciones policiales como las de "Miraflores", "Invierno", "Magdalena Medio", "Especial Gibraltar fases I y II" y otras similares, fueron desmantelados 98 laboratorios de fabricación de pasta de coca y 58 de fabricación de clorhidrato de cocaína. Las autoridades colombianas, en cooperación con las de Estados Unidos, México y Ecuador, prepararon la "Operación Milenio", como resultado de la cual fueron detenidos traficantes de droga importantes, entre ellos una gran figura del cártel de Medellín, Fabio Ochoa, y sus socios en Estados Unidos y México. Se cree que este grupo estaba transportando mensualmente hacia Estados Unidos, a través de México, enormes cantidades de cocaína a la vez que enviaba otras cantidades a Europa. Esta banda criminal, continúa el documento de la Interpol, era considerada como muy activa y compleja y, por consiguiente, esas detenciones han sido el más importante golpe asestado a los traficantes colombianos desde las detenciones del cártel de Cali en 1995.

En Bolivia, en 1999 se decomisaron más de siete toneladas de cocaína base y 802 kilos de clorhidrato de cocaína, además de 70 toneladas de hojas neutralizadas en los cultivos de coca y en los laboratorios. Igualmente, en ese año, las autoridades de Perú desmantelaron una banda importante de traficantes de cocaína. La organización delictiva Los Camélidos trató de introducir de contrabando más de dos toneladas de cocaína en el puerto de Callao, con destino a España. Las investigaciones subsiguientes permitieron seguir las actividades de blanqueo de fondos de esta banda criminal en varios países, entre ellos Panamá y España. En el año referido, fueron confiscadas 4.1 toneladas de clorhidrato de cocaína y 6.3 de cocaína base. Durante ese mismo periodo, fueron decomisadas 165 toneladas de hojas de coca y desmantelados 285 laboratorios de fabricación de clorhidrato de cocaína, así como otros 33 dedicados a la cocaína base.

Los servicios peruanos, reconoce el diagnóstico de la Interpol, han detectado un incremento de contrabando de cocaína tanto por vía fluvial, hacia Colombia, Brasil y Bolivia, como por vía terrestre, hacia Chile y Ecuador. Se cree, asimismo, que existe mayor actividad en lo que respecta a la fabricación de clorhidrato de cocaína con destino a la exportación internacional y que, consiguientemente, ha aumentado el consumo local de cocaína y su precio, debido a que el pago a los traficantes locales se hace en especie.

El aeropuerto Mariscal Sucre, en el norte de Quito, se ha convertido también en un punto importante para el tránsito de la cocaína que se envía a Europa, a menudo vía Brasil. En mayo de 1999, la unidad antinarcóticos de Pichicha descubrió 500 kilos de cocaína, ocultos en un envío de muebles de madera procedente de Colombia por flete postal. Se pretendía que la mercancía, una vez en Ecuador, fuera transportada por tierra hasta Guayaquil para luego enviarla desde Puerto Santos (Brasil) hacia Europa, vía Panamá. Se calcula que durante 1999 fueron decomisadas 11 toneladas de cocaína base y clorhidrato de cocaína, y cinco toneladas de hojas de coca; también se desmantelaron algunos pequeños laboratorios.

Igualmente, Venezuela y Brasil han conocido un incremento de las actividades del tráfico debido en gran parte a que cuentan con puertos marítimos de gran calado, lo que permite el acceso a las rutas marítimas internacionales, así como por la frecuencia y abundancia de vuelos internacionales y su proximidad a las regiones productoras de cocaína. Venezuela se está convirtiendo en un lugar de tránsito para el clorhidrato de cocaína y la heroína procedentes de Colombia, principalmente desde puertos importantes como Puerto Cabello y Maracaibo. En 1999, fueron decomisadas 12 toneladas de clorhidrato de cocaína y 257 kilos de cocaína base. Como ejemplo, se puede citar el decomiso de tres toneladas de cocaína de una gran pureza, confiscadas en una sola operación en Chacachacare (Venezuela), efectuada en ese puerto marítimo por la Guardia Nacional de Venezuela y la DEA de Estados Unidos. Se cree que la droga venía de La Guajira (famosa sede de un cártel) y que estaba destinada a los mercados estadounidenses y europeos. Pero Estados Unidos y Europa no son los únicos destinatarios de la cocaína de contrabando procedente de Venezuela. En febrero de 1999, durante un control rutinario, la Guardia Nacional venezolana decomisó 131 kilos de cocaína en un navío con matrícula panameña. La droga estaba destinada a llegar a Australia y fueron detenidos como responsables del tráfico dos ciudadanos chinos.

Durante el mismo año, prosiguieron los contactos entre los traficantes brasileños y las bandas criminales europeas. La Policía Civil de Sao Paulo descubrió una operación criminal entre Brasil y los países de Europa del Este que buscaba introducir de contrabando grandes cantidades de cocaína. Brasil se ha convertido a su vez en un importante productor de recursos químicos y drogas sintéticas. En 1999, fueron confiscadas seis toneladas de clorhidrato de cocaína y 636 kilos de cocaína base y pasta de cocaína, además de 68.5 toneladas de hojas de coca. La cocaína base pasa de la región de los Andes a los laboratorios de fabricación en Colombia, misma ruta que sigue, de manera principal, el clorhidrato de cocaína dirigido a Estados Unidos y Europa, mediante envíos en contenedores comerciales, así como también para el consumo local, gracias al transporte por carretera, principalmente.

Seguimos con el informe continental de la Interpol. Chile, dice el documento, continúa siendo altamente vulnerable a la explotación por parte de las organizaciones de traficantes de droga que tratan de reducir el peligro en Colombia y otros países de la región. Los vuelos de las compañías aéreas internacionales, y la amplia variedad y cantidad de exportaciones a numerosos países de todo el mundo, convierten a Chile en un importante centro de tránsito para la cocaína. Durante 1999, fueron decomisados más de una tonelada de pasta de coca y 853 kilos de clorhidrato de cocaína. Chile no es un país productor de droga, pero es un punto importante para el envío desde los países productores hacia Estados Unidos y Europa, debido al gran movimiento de sus puertos y a la capacidad de los traficantes para cambiar sus *modus operandi* y los itinerarios del contrabando. A Chile llegan grandes cantidades de cocaína base para ser tratadas allí o para ser transportadas directamente a Europa. En los últimos años, 80 por ciento de la cocaína capturada en Chile procedía de Bolivia, aunque actualmente el principal proveedor es Perú, tanto para el consumo local como para la exportación a otros países. Vemos así, por ejemplo, que los servicios de Interpol Santiago han informado del decomiso de cocaína llegada a esa ciudad desde Tacna (Perú), a través de la ciudad fronteriza de Arica (Chile), cruzando el puesto fronterizo o utilizando el ferrocarril.

Paraguay es un importante país de tránsito para la cocaína boliviana en ruta hacia Argentina, Brasil, Estados Unidos, Europa y África, debido a su extensa red fluvial y sus amplias fronteras terrestres. El río Paraguay-Paraná es utilizado para enviarla de Bolivia a Paraguay, la parte sudoriental del Brasil, Uruguay (el puerto de Montevideo) y Argentina (el puerto de Buenos Aires). El mejoramiento de las infraestructuras en lo que respecta a los transportes por carretera y fluviales facilita el intercambio comercial y, además, el tráfico de drogas en la región. Las autoridades paraguayas afirman haber confiscado 95 kilos de clorhidrato de cocaína en 1999.

Argentina, según el documento de la Interpol, está convirtiéndose en una importante región para el tránsito de clorhidrato de cocaína colombiana procedente de Bolivia, y ahora para la heroína en camino para Europa y Estados Unidos. Según informaciones recibidas, los cargamentos en contenedores marítimos comerciales son uno de los principales medios de contrabando para los envíos de cocaína. Durante 1999, se confiscaron en Argentina 68.5 toneladas de hojas de coca, mil 626 kilos de clorhidrato de cocaína y 34.3 kilos de cocaína base. Este país continúa siendo también un camino de paso para la cocaína procedente de Bolivia, Perú y Colombia, tanto a través del aeropuerto internacional de Ezeiza como de sus conexiones fluviales con Uruguay. Casi la mitad —48 por ciento— de los pasadores de droga detenidos en Argentina durante 1999 eran de nacionalidad paraguaya y 16 por ciento de nacionalidad argentina. Este incremento en la actividad de los pasadores aéreos de droga desde los países productores hacia Argentina se debe al aumento en el consumo de dicha droga en el país.

Decomisos de cocaína efectuados durante 1999[3]

País	Kg	País	Kg
Antigua y Barbuda	21.5	Islas Caimán	1,402
Antillas holandesas	89.2	Islas Vírgenes	432
Argentina	1,660	Granada	46
Aruba	17.2	Guatemala	10,000
Bahamas	1,870	Guyana	37.4
Barbados	140.8	Haití	280.7
Belice	38.6	Jamaica	2,460
Bolivia	7,835	México	32,994
Brasil	6,650	Montserrat	0
Canadá	1,000	Nicaragua	38.7
Colombia	36,000	Panamá	1,695
Costa Rica	1,076	Paraguay	95.2
Cuba	12.8	Perú	9,500
Chile	1,878	Puerto Rico	13,500
Dominica	82.7	Rep. Dominicana	2,000
Ecuador	10,164	Santa Lucía	1.5
El Salvador	28	Trinidad y Tobago	15.6
Venezuela	12,415		

[3] Cocaína base y pasta de coca, clorhidrato de cocaína y crack, comunicados en las estadísticas nacionales de 1999 hasta el 1 de julio del 2000.
Fuente: Interpol.

Uruguay, por otra parte, representa un pequeño papel en el tráfico de droga en la región. El gobierno ha llevado a cabo con éxito algunas operaciones de control en las fronteras; por ejemplo, el llamado Plan Embudo en el aeropuerto internacional de Carrasco, y el Plan Vigía en el aeropuerto comercial de Montevideo.

La ruta del Caribe

El corredor del Caribe es una de las rutas que más interesan a la organización policial internacional nucleada bajo las siglas de la Interpol. El Caribe, dice el documento de diagnóstico distribuido entre los participantes en la Conferencia Mundial contra el Tráfico de Cocaína, es también un itinerario muy activo para el transporte de la droga por vía marítima hacia Estados Unidos, así como una ruta muy popular para grandes envíos hacia Europa. Se calcula que 60 por ciento de toda la cocaína que sale de las costas de América Latina transita actualmente por esa región.

Las bandas criminales que operan desde América del Sur introducen de contrabando cocaína y heroína en América del Norte, primero y principalmente por carretera, a través de los países de América Central y México, y en segundo lugar por vía marítima, a través del corredor del Caribe; utilizan, en tercer lugar, los vuelos internacionales.

La cocaína es objeto de contrabando tanto por vía aérea como marítima, en cruceros, yates, pesqueros, buques de recreo y pequeños aviones especialmente adaptados para el tráfico de droga. Las lanchas rápidas son utilizadas amplia y frecuentemente en la región para el transporte de droga, ya que pasan desapercibidas, circulan a alta velocidad y pueden transportarla en grandes cantidades. Según algunas estimaciones, casi 80 por ciento de la cocaína que llega a Estados Unidos por vía marítima lo hace utilizando estas lanchas. El consumo de crack se ha convertido en un grave problema en la región; gran cantidad de la cocaína importada se transforma en crack, tanto para el consumo local como para la exportación.

En 1999 (una fecha que coincide con el derrumbe de la célula del sureste del cártel de Juárez, localizada en Cancún y protegida por el entonces gobernador Mario Villanueva), continúa este documento de circulación restringida, se detectó en la región del Caribe un incremento del número de decomisos de cocaína transportada por vía marítima. Algunos ejemplos: en enero de 1999, las autoridades portuarias estadounidenses y británicas decomisaron en el Caribe, 4 500 kilos de cocaína y, poco tiempo después, en junio, otros 4 596 kilos; en ambos casos la droga era transportada en barcos con bandera panameña. En noviembre, en las Islas Vírgenes (EUA) fueron confiscados 2 100 kilos de cocaína procedentes de Colombia, con destino a Surinam y luego a Europa. En esas mismas islas fue descubierta también media tonelada de cocaína en 1999. Algunos días después, las autoridades jamaiquinas decomisaron más de una tonelada de cocaína en una lancha rápida que venía de aguas territoriales colombianas. Desde Kingston se ha informado, dice la Interpol, de la detención de 750 personas por delitos relacionados con el tráfico de cocaína, así como del decomiso de más de 2.4 toneladas de cocaína, incluidos los mil 66 kilos que fueron interceptados en noviembre de ese año por un buque del servicio de guardacostas estadounidense en una lancha rápida en aguas de Jamaica.

Desde Colombia se han abierto nuevas rutas directamente hacia Haití, la República Dominicana y Jamaica, utilizando para ello lanchas rápidas. Santo Domingo ha informado de numerosas intercepciones de cocaína efectuadas durante 1999. La mayor de ellas fue la efectuada en agosto, en Boca Chica, en la que se incautaron 430 kilos de cocaína. Haití está convirtiéndose en otro centro importante de transbordo de las drogas ilegales que se dirigen a Estados Unidos desde Sudamérica. Lanchas rápidas oceánicas hacen viajes con cocaína de ida y vuelta desde Colombia y Venezuela hasta la costa meridional de Haití en menos de un día (Haití está situada 692 km del punto más al norte de Colombia). A Haití han llegado también pasadores colombianos, vía Panamá y por vuelos internacionales. Así, 275 kilos de cocaína se decomisaron en los suburbios de Puerto Príncipe, en una operación internacional llamada Columbus, coordinada con las autoridades de Estados Unidos para el tráfico internacional de drogas y armas. El gobierno estadounidense estima que más de 135 toneladas de cocaína colombiana han transitado por Haití durante los dos últimos años con destino a su país, y que 14 por ciento de la cocaína que se vende en sus mercados pasa a través de esa nación. Las pequeñas islas del Caribe Oriental se han convertido en importantes centros de tránsito y almacenamiento para los traficantes de droga, a la vez que en paraísos para el lavado de dinero.

Dominica está convirtiéndose en un importante lugar de tránsito para la cocaína destinada a Europa. Situada estratégicamente entre dos territorios franceses (Guadalupe y Martinica), puede decirse que Dominica se halla a una hora del mercado europeo, lo que la hace un lugar ideal para el tránsito de la droga a Europa y Estados Unidos. La cocaína se transporta en lanchas rápidas y pequeños navíos desde Santa Lucía, San Vicente, Trinidad, San Martín y Antigua. Buques pesqueros y de carga la transportan principalmente desde Venezuela y Colombia. Una parte es convertida en crack para el consumo local, así como para la exportación a Guadalupe. En marzo de 1999, los servicios antidrogas franceses (OCTRIS) decomisaron en la Guayana Francesa 334 kilos de cocaína que iba oculta en una avioneta privada procedente de Perú. Cuba presenta una situación similar a la de sus países vecinos en lo que respecta al tráfico de drogas en la región del Caribe. En septiembre de 1999, las autoridades cubanas comunicaron a la Interpol del decomiso de 500 kilos de cocaína en Cayo Confites. El gobierno cubano ha firmado acuerdos de cooperación con otros países implicados en la producción y tráfico de drogas, por ejemplo, la alianza estratégica firmada con el gobierno colombiano a comienzos de 1999.

Una de las mayores redadas jamás efectuadas en la región del Caribe fue la que tuvo lugar en Guayana en octubre de 1999, en un barco de carga con bandera panameña, en el que fueron encontrados 3 mil 154 kilos de cocaína dentro de un cargamento de arroz procedente de Panamá y destinado a los Países Bajos. En los últimos años las aguas territoriales de Guyana se han convertido en estacionamiento para la cocaína colombiana destinada a Estados Unidos y Europa. Curaçao es considerada actualmente como el punto central del transbordo de grandes cantidades de cocaína colombiana destinada a la Antigua y, desde allí, a Puerto Rico.

Puerto Rico y Bahamas siguen siendo utilizados por los traficantes de cocaína para almacenar la droga destinada a Estados Unidos. La oficina local de Interpol de San José informó haber incautado más de 13.5 toneladas de cocaína en los territorios estadounidenses de ultramar: Puerto Rico y las Islas Vírgenes. En 316 decomisos efectuados en las Bahamas, en los que fueron detenidas 345 personas, se confiscaron casi dos toneladas de cocaína. En el aeropuerto internacional de Nassau, en un solo decomiso se interceptaron 975 kilos de cocaína cuando los traficantes iban a transferirla a una lancha rápida.

Estas cifras, diagnostica el informe de la Interpol, confirman la evolución del tráfico de cocaína hacia Europa en el transcurso de los últimos diez años, en los que se han producido cambios tales como el contrabando directo desde los países de origen y el almacenamiento de la droga en otros países no productores, en la región del Caribe.

Los decomisos actuales ponen en relieve el creciente papel que desempeña América Central como región de almacenamiento de la cocaína. A pesar de esta tendencia general, Panamá ha comunicado un espectacular descenso de las capturas efectuadas en 1999 en comparación con los dos años anteriores. En 1999, fueron decomisadas 3.1 toneladas de cocaína, lo que representa 80 por ciento menos que en 1998; esto refleja un cambio en las rutas seguidas por el contrabando y en los métodos de ocultamiento. Los traficantes han iniciado nuevos itinerarios que van directamente de Colombia a Guatemala y también a Haití, República Dominicana y Jamaica, utilizando para ello lanchas rápidas. La cocaína se almacena en Panamá antes de ser reempaquetada para su envío a Estados Unidos y Europa. La cooperación de Panamá con otros países ha permitido incautar grandes cantidades de la droga destinada a Europa. En el aeropuerto internacional de Tucumán, fueron detenidos numerosos pasadores cuyo destino eran Estados Unidos y Europa. En un buque con bandera panameña, fueron decomisadas 2.7 toneladas de cocaína en cooperación con los servicios aduaneros estadounidenses y fuera de las aguas territoriales panameñas.

La cocaína sigue siendo transportada por vía aérea en aviones no comerciales desde Colombia hasta Yucatán, Guatemala y Honduras; lanchas rápidas llevan igualmente cargas hasta Panamá, Honduras y México. En Honduras, los contrabandistas colombianos utilizan aeródromos clandestinos para descargar en ellos la cocaína destinada a Estados Unidos, especialmente en la remota región de Mosquitia. Extraoficialmente, se cree que las autoridades de este país han confiscado más de 700 kilos de cocaína, lo que significa una gran disminución frente a la cantidad decomisada en 1998, casi 1.5 toneladas.

En Guatemala se han efectuado varios decomisos importantes de cocaína, hasta un total de 9 959 kilos en el último año. En Colombia se han establecido nuevos itinerarios directos hacia Guatemala, y de allí se envían contenedores marítimos a Estados Unidos. Se comunicó la captura de grandes cantidades de cocaína en Nicaragua durante 1999, lo que confirma el creciente papel que este país desempeña como lugar de tránsito y como centro de almacenamiento de la cocaína en la costa atlántica. Se estima que el consumo local de crack se ha incrementado. En noviembre se confiscaron 125 kilos de cocaína, descubiertos junto con armas de fuego, explosivos y municiones en la residencia de uno de los miembros de una banda criminal. Dos semanas después, fueron encontrados 262 kilos en un navío privado, que navegaba por aguas territoriales nicaragüenses en tránsito desde el puerto panameño de Cocosolo hasta Guatemala. En ambos casos participaron ciudadanos colombianos y guatemaltecos asociados con nicaragüenses.

En los últimos cinco años, y debido a su estratégica situación en la principal región de tránsito de la cocaína destinada a Estados Unidos, Costa Rica ha desarrollado su papel en el mercado de esta droga. De un simple puente de tráfico de la cocaína que transitaba por las carreteras de América Central, este país se ha convertido en una zona de almacenamiento temporal que facilita tanto el tránsito interior como la distribución para el consumo local. Las autoridades costarricenses han detectado un incremento en el precio del clorhidrato de cocaína, debido a la popularización del consumo de cocaína. Los análisis de información sugieren un aumento de la participación de ciudadanos costarricenses en las organizaciones del tráfico de droga. En 1999 fueron decomisadas 1.9 toneladas, lo que supone un notable descenso si se compara con años anteriores. Se cree que en ese mismo año se incautó 10 por ciento del total de cocaína que transita por la región. Para el contrabando de cocaína se utilizan pequeños vehículos, en lugar de grandes camiones-remolque. Se han detectado algunos aeródromos clandestinos en regiones remotas del país, muy difíciles de neutralizar por las fuerzas del orden. El lavado de dinero se ha convertido asimismo en una importante actividad ilícita en Costa Rica, dice el informe Interpol. Ejemplo de ello es la confiscación de más de dos millones de dólares, efectuada en 1999 en una sola operación, a un grupo colombiano de traficantes de droga.

Debido a su proximidad con México y con las rutas del tránsito de la droga por el Caribe occidental, Belice se está convirtiendo en un importante centro de almacenamiento de cocaína. En 1999, sólo allí se decomisaron 37 kilos de cocaína. Otro pequeño país de tránsito es El Salvador, donde se utilizan pequeñas embarcaciones para el tráfico regional. Se informó haber incautado un total de 28 kilos de cocaína en 1999. Se sospecha que por este país pasan grandes cargamentos con destino a Guatemala y México. En los dos últimos años se ha podido observar un sensible aumento en el consumo de crack.

Camiones de alquiler y vehículos privados, vuelos internacionales y paquetes enviados por mensajería urgente son utilizados para introducir la droga en Estados Unidos, sin que olvidemos mencionar el empleo de fletes marítimos. Las bandas criminales que operan desde Sudamérica introducen las drogas hacia América del Norte, utilizando para ello, principalmente, los itinerarios terrestres a través de México y los marítimos a través del corredor del Caribe, así como vuelos internacionales.

Aunque los traficantes que operan desde Colombia controlan la distribución al por mayor de la cocaína por todo el superpoblado noreste de Estados Unidos, los que operan desde México lo hacen en el oeste y centro del país, como en Chicago, que se está convirtiendo en un punto importante para las operaciones con cocaína mexicana. Asimismo, ha podido observarse el creciente papel que desempeñan las organizaciones mexicanas en el mercado de la cocaína en la ciudad de Nueva York, históricamente un bastión de los grupos colombianos. En 1999, se decomisaron en Estados Unidos 138 toneladas de cocaína. Washington ha informado de la detención de más de 15 mil personas en 1999 por delitos relacionados con el tráfico de cocaína. En Miami, fue desmantelada una importante red internacional de tráfico de droga y se detuvo a 58 individuos, muchos de ellos empleados de compañías aéreas, que fueron acusados de participar en una amplia red de contrabando de droga establecida en el aeropuerto internacional de Miami. Parece ser que utilizaban sus posibilidades de acceso a las aeronaves para retirar la droga. También fueron detenidos varios empleados pertenecientes a esta banda criminal en Colombia.

México sigue siendo el principal itinerario de tránsito hacia Estados Unidos, dice el informe de la Interpol. En 1999, se observó un incremento de la actividad delictiva en la península de Yucatán. Este país ha surgido en los últimos años como la principal ruta de acceso para los traficantes que envían cocaína a Estados Unidos. Y no olvidemos que produce igualmente importantes cantidades de heroína y marihuana. Las organizaciones delictivas mexicanas han perfeccionado los métodos de ocultamiento de los envíos de ilícitos, utilizando para ello dobles fondos en las maletas, compartimentos secretos y productos perecederos que impiden la detención y localización de las sustancias. Las autoridades mexicanas han elaborado varios programas para detectar los envíos ilícitos, como el programa Puntos de Revisión y Control (PRECOS), y han llevado a cabo una operación de gran éxito, la llamada Operación Sellamiento, en la península de Yucatán, en la frontera sur y en el golfo de California. El resultado ha sido un incremento importante de la cantidad total de cocaína decomisada, que se elevó a unas 33 toneladas en 1999.

Solamente los decomisos efectuados por vía marítima totalizaron unas 23 toneladas de cocaína. En agosto de ese año fueron incautadas 10 toneladas de cocaína en un barco pesquero mexicano, el *Xoloizcuintle*, frente a la costa del Pacífico. Se cree que esa droga iba destinada a Estados Unidos. Ésa fue la mayor captura realizada por las autoridades mexicanas en los últimos diez años, superando a la de 7 044 kilos de cocaína realizada en junio de 1999 en el buque *Mazatlán IV*. A principios de diciembre de ese mismo año, fueron encontradas dos toneladas de cocaína, flotando a 300 millas de la costa de Acapulco. En una operación conjunta, el servicio de guardacostas de Estados Unidos y las autoridades mexicanas, incautaron 8.1 toneladas de cocaína que se encontraban en un bote de pesca; éste fue el segundo más importante decomiso del año, tanto por la cantidad recogida como por la coordinación con que se llevó a cabo la operación.

Varios son los factores que contribuyen al incremento de los decomisos marítimos realizados en México frente a las costas del Pacífico; entre ellos figura la creciente cooperación existente entre las autoridades marítimas de Estados Unidos y la Marina mexicana, y merece destacarse también la eventual reaparición del empleo del corredor del Pacífico para el transporte por vía marítima de la cocaína procedente de Colombia. En cierta época, éste era un itinerario ampliamente seguido para el transporte de drogas desde Colombia a Estados Unidos, vía México. Parece, pues, que ese itinerario es nuevamente popular.

Se calcula que cada año son introducidas en Canadá unas 15 toneladas de cocaína, que son distribuidas en las ciudades de Canadá oriental y central por traficantes colombianos, así como por bandas de motociclistas que se ocupan de la importación y distribución en gran escala. Las autoridades canadienses han detectado un importante incremento en el consumo de cocaína, en particular entre los jóvenes de la calle y los estudiantes. En ese país entran grandes cantidades de cocaína, ya sea directamente desde los países productores, o desde Estados Unidos por medio de aeronaves privadas o buques nodriza. Los contenedores marítimos llegan directamente a los puertos canadienses desde Sudamérica con cargamentos de 50 a 300 kilos de cocaína; algunos desembarcan primero en puertos estadounidenses y luego son transportados a Canadá por la vía terrestre.

Quebec es la base de muchas de las compañías comerciales canadienses involucradas en la importación de droga, principalmente de Estados Unidos. Algunos traficantes cambian marihuana por cocaína. Utilizan vehículos privados, autobuses, autocares de pasajeros y camiones de carga. Las organizaciones criminales de origen asiático cambian a menudo cocaína por heroína. Durante el último año, fueron decomisados más de 300 kilos de cocaína enviados en cargamentos marítimos, con pasajeros de aviones y por correo aéreo.

Las redes canadienses introducen de contrabando grandes cantidades de cocaína desde los países productores en la región del Caribe. Una vez allí, reparten la droga en pequeños alijos que dirigen hacia Canadá mediante envíos aéreos o por medio de pasadores que utilizan para sus viajes las líneas comerciales. En el tráfico de cocaína en Canadá están involucrados no sólo los contrabandistas tradicionales (colombianos, italianos y las bandas de motoristas), sino bandas criminales de asiáticos, portugueses, caribeños y canadienses. Durante 1999, la Real Policía Montada de Canadá confiscó más de una tonelada de clorhidrato de cocaína.

¿Cuáles son los principales problemas que presenta actualmente el tráfico de cocaína?, se pregunta a modo de conclusión este documento. Sigue observándose, dice, una importante presencia de cocaína base, que pasa de la región andina a los laboratorios de los países vecinos, y se cree que existe también un contrabando cada vez mayor de ésta desde los países productores hacia los mercados de consumo. En Europa, se han efectuado decomisos de esta forma de droga a comienzos del año 2000, en el sur de España, en Lisboa y en Praga. Consiguientemente, las organizaciones de tráfico de droga instalarán cada vez un mayor número de laboratorios para fabricar cocaína en los países europeos, ya que en ellos es más fácil tener acceso a los precursores químicos.

El consumo de crack se ha convertido en un grave problema debido al pago en especie a los traficantes locales. Su consumo ha aumentado espectacularmente en América Central, en la región del Caribe y en algunos países sudamericanos, entre ellos Argentina y Brasil, y se está volviendo también una de las drogas favoritas de África, porque es más asequible que las otras formas de cocaína; de este modo, su adquisición está más al alcance de la población menos adinerada. Gran cantidad de la cocaína importada será transformada en crack para el consumo local y para exportación.

Asimismo, a lo largo de los últimos diez años se ha confirmado el tráfico de cocaína desde la región del Caribe hacia Europa. De su contrabando directamente desde los países de origen se ha pasado al almacenamiento de la droga en otros países no productores, en la región del Caribe, que están menos sujetos a investigaciones aduaneras. Los traficantes siguen explotando los vínculos históricos, buscando oportunidades para transportar la cocaína hacia Europa a través de las antiguas y actuales posesiones europeas en la región del Caribe.

Los países de Europa oriental están convirtiéndose en importantes centros de tránsito y almacenamiento para la cocaína sudamericana. En los primeros seis meses del año 2000 se hicieron diversos decomisos de varias toneladas, lo que sugiere que en el transcurso del presente año la cantidad de cocaína capturada aumentará. Por ejemplo, en enero de 2000, fueron confiscadas 8.5 toneladas de clorhidrato de cocaína en la costa chilena, dentro de un buque de bandera panameña. En junio de ese mismo año, fueron incautadas en Puerto Rico otras dos toneladas. Las autoridades mexicanas han efectuado diversos decomisos de varias toneladas de cocaína. México ha comunicado la captura de más de 13 toneladas de cocaína en el primer semestre de 2000. En ese mismo periodo, las autoridades colombianas informaron del decomiso de 20 toneladas. Hasta aquí el informe de la Interpol.

Es un buen diagnóstico, pero lo importante radica en comprender que, como dice el documento, los decomisos de drogas llegan, como máximo, a 10 por ciento de lo que realmente se logra traficar y colocar en los mercados de consumo. La visión que da este informe es de un enloquecido y constante tráfico de productos ilícitos a través de todo el continente y con vastas ramificaciones en el resto del mundo que pareciera, en términos reales, imposible de detener. Un negocio que puede llegar a 300 mil millones de dólares anuales. Por eso, lo importante es no sólo seguirle la pista a la droga, sino también al dinero sucio que ésta genera y que con singular rapidez entra en el flujo de los mercados financieros internacionales. Y en este tema, la información no es tan amplia.

Los paraísos del lavado de dinero

Hay dos estudios importantes sobre dónde se lava el dinero del narcotráfico en el mundo: uno lo realiza la Organización para la Cooperación y el Desarrollo Económico (OCDE); el otro, el llamado Grupo de Acción Financiera contra el lavado de capitales (GAFI), que pertenece al Grupo de los Siete (G-7), las naciones más industrializadas del mundo.

La OCDE incluye a 35 paraísos fiscales en su lista: ocho de ellos son ex colonias o protectorados británicos, dos de Estados Unidos, otros dos de los Países Bajos y uno de Francia (el principado de Mónaco). Esos sitios son: Belice, Panamá, las Bahamas, las islas de Turks y Caicos, Aruba, Antillas Holandesas, las Islas Vírgenes, la isla de Anguilla, Antigua, Sant Kitts y Nevis, Montserrat, Dominica, Santa Lucía, Barbados, San Vicente, y Granada, todos ellos en el Caribe. En Europa, figuran la isla de Man, Jersey y Guernesey (todas protectorados británicos), Liechtenstein, Mónaco, Andorra y Gilbraltar. En África, destacan Liberia y Bahrein. En Asia, las islas Maldivas, las Seychelles, Samoa, las islas Marshall (administradas por EU), Nauru, Vanuatu, Tonga, Niue e Islas Cook.

El estudio del G-7 utiliza otros mecanismos de evaluación, pero, de todas formas, llega a la conclusión de que 15 países son los principales paraísos para el lavado de dinero: allí incluye, entre otros, a Rusia, Israel, Líbano, las Islas Caimán y Filipinas. Los lugares que coinciden en los estudios de la OCDE y el G-7 son nueve: Panamá, Bahamas, San Kitts, San Vicente, Liechtenstein, las islas Marshall, Nauru, Niue e Islas Cook.

Llama la atención que ninguno de estos informes califique como paraísos para el lavado de dinero a uno solo de los países del propio G-7. La pregunta es obvia: ¿pueden lavarse, por ejemplo, 300 mil millones de dólares anuales sin la participación de los grandes grupos financieros internacionales y en muchos de los casos sin la colaboración de los gobiernos donde se asientan esos grupos financieros? La OCDE y el G-7 dicen que sí.

El narcotráfico en la relación México-Estados Unidos

Si el tema del narcotráfico es el principal desafío a la seguridad nacional en México, ello se debe no sólo a coyunturas nacionales, sino también a la relación con Estados Unidos: el principal país consumidor de drogas, pero también la principal potencia mundial, la mayor economía del mundo y donde se quedan la mayor parte de los recursos provenientes del narcotráfico; una potencia que ha reemplazado el desafío comunista por el de la guerra contra el narcotráfico y donde, pese a todas las evidencias, suelen seguir viéndolo como una agresión externa, no como un problema de su propia sociedad.

México, en este sentido, está irremediablemente atado, con mayor o menor laxitud de acuerdo con las circunstancias, a los avatares de esa guerra contra el narcotráfico que libra Estados Unidos. Si durante la Guerra Fría se daban condiciones para poder aparentar una cierta neutralidad y buscar una suerte de tercera posición, equidistante de ambos polos de la confrontación, en la guerra contra las drogas México, como Colombia, no puede aislarse porque lisa y llanamente es un actor principal. Por eso, cuando el presidente electo Fox viajó por primera vez a Estados Unidos, luego de esas declaraciones según las cuales el narcotráfico no era un desafío a la seguridad nacional mexicana, sino un simple problema policial, seguido de la declaración de que se retiraría a las fuerzas armadas de cualquier aspecto de la lucha contra el narco-tráfico, en Washington no sólo fruncieron el entrecejo, sino que le mostraron al presidente y a su comitiva cómo funciona realmente la lucha antinarcóticos continentalmente y el papel central que juegan en ellos los ejércitos, las fuerzas armadas. Es allí, no en otro lugar, donde se da la real colaboración e integración de infor-mación e inteligencia y, como en toda guerra, donde se dictan las verdaderas directivas de operación. La diplomacia, las procuradu-rías, los departamentos legales, las agencias policiales y de seguri-dad, juegan, sin duda, su papel, pero si hay una guerra, sus estrategias se definen en los mandos militares, y en ello México y Estados Unidos han tenido, desde esa perspectiva, experiencias muy exitosas en los últimos años. El presidente Fox comprendió rápidamente el verdadero contexto en que se daba esa lucha y, desde entonces, tanto su lenguaje como sus actos y declaraciones comenzaron a ir de la mano con esa nueva realidad.

Lo anterior no se consiguió sin presiones. Cuando se dijo que el narcotráfico era un problema policial e incluso durante la pro-pia campaña electoral del año 2000, cuando los candidatos de todos los partidos trivializaron o minimizaron el tema, el embaja-dor estadounidense en México, Jeffrey Davidow, lanzó una serie de mensajes que, vistos a la distancia, eran una advertencia a los competidores, primero, y a los ganadores de la elección, después, para que comprendieran la importancia que Estados Unidos le daba al tema del narcotráfico. En esos meses, Davidow dijo en varias oportunidades que México se había convertido en una suer-te de sede del narcotráfico mundial, donde cada cártel del mundo tenía algo así como una sucursal.

Se trataba, sin duda, de una visión controvertida, sobre todo porque ignoraba que el problema del narcotráfico es internacional y continental, porque no aceptaba que es en el mercado de Esta-dos Unidos donde se consume la mitad de las drogas del mundo y donde se quedan, según las cifras más conservadoras (que son las que maneja Barry McCaffrey, entonces zar antidrogas de ese país), nada menos que unos 60 mil millones de dólares anuales, produc-to del propio tráfico.

Sin embargo, era verdad que, como dijo Davidow, en México exixten sucursales y representantes, de todos los cárteles del mundo. No olvidemos que, por ejemplo, durante la Guerra Fría, todos los sistemas de inteligencia y espionaje del mundo tenían importantes oficinas en México: evidentemente, no les interesaba tanto espiar lo que sucediera o dejara de suceder en nuestra vida política y económica, sino que México constituía una magnífica base para operar sobre Estados Unidos y, para éste, lo era para el contraespionaje respecto de sus aliados y adversarios. Algo similar ocurre ahora: probablemente todos tienen sus sucursales aquí, pero, sin duda alguna, todos, absolutamente todos, operan hacia y en Estados Unidos, porque es allí donde comercializan su mercancía, donde tienen su principal mercado y donde lavan la mayor parte del dinero proveniente de tales actividades.

El problema es más grave porque ésta es una guerra desigual. De los verdaderos jefes de los cárteles estadounidenses no se sabe públicamente ni sus nombres. Por eso, cuando se le pregunta a las autoridades estadounidenses quiénes manejan el narcotráfico en su país, hablan de los colombianos, los mexicanos, los orientales, los jamaiquinos o los rusos. O, como me dijo McCaffrey en una entrevista, sí hay cárteles estadounidenses, pero tienen "un alto contenido étnico". El gobierno estadounidense, lo encabece William Clinton o George Bush, jamás aceptará que la guerra contra el narcotráfico pueda adoptar sólo características nacionales. En parte, se debe reconocer que tienen razón porque estamos ante un negocio evidentemente globalizado. En parte, utilizan ese hecho para establecer mecanismos de control sobre otras naciones, que no utilizan para su propia sociedad.

Las presiones en aquellos días pre y postelectorales (no sólo en México, sino también en Estados Unidos) fueron generales. A Davidow le tocó presionar a México, pero otros funcionarios estadounidenses, incluyendo al propio McCaffrey, presionaron a Colombia, y se presentó públicamente el Plan Colombia (que, regresando de aquella visita a Washington, el presidente Fox se apresuró a apoyar públicamente); la información de la Drug Enforcement Administration (DEA) "descubrió" que Haití se había convertido en un importante centro de envío de drogas y el esquema se repitió, con exactitud, en todos los países del área.

Se trata de un juego doble o triple, donde intervienen los distintos países involucrados, las relaciones bilaterales que llevan esos países con el gobierno de Estados Unidos y, además, la propia dinámica interna de Washington, sobre todo los conflictos entre la Casa Blanca y el Congreso, con sus distintos grupos de interés. Por ejemplo, ese hombre que fue durante décadas el gran enemigo de los gobiernos priistas y que ahora se ha reconciliado íntimamente con México, el senador Jesse Helms, además de ser profundamente conservador, es el abogado de las empresas tabacaleras de Carolina, tanto o más cuestionadas dentro de su propio país que muchos narcotraficantes. Para Helms, ser azote de otros países con el tema del narcotráfico o la lucha contra el comunismo es una necesidad para desviar de la agenda interna el tema de la industria del tabaco (una de las principales contribuyentes a las campañas electorales de buena parte de los candidatos demócratas y republicanos en Estados Unidos) y para su propia legitimación.

Pero el principal impugnador de México es el representante John Mica, un republicano de Florida que preside el subcomité de Justicia Criminal, Política de Drogas y Recursos Humanos de la Cámara de Representantes. Mica se ha dedicado a impulsar la ley antinarcóticos destinada a castigar empresas e instituciones financieras que pudieran tener relación con el narcotráfico. Al mismo tiempo, es el más firme impulsor de la exigencia de que México permita que los agentes de la DEA puedan operar armados en territorio nacional. En el periódico de la secta Moon, el *Washington Times*, publicó un extenso artículo en el cual acusaba a la administración Clinton de complicidad con México, respecto del narcotráfico.

Pero el caso de Mica es ejemplificador. Es representante por el distrito 7 de Florida, localizado en los suburbios de Orlando y Daytona Beach. En ese distrito casi no hay población latina, apenas 6 por ciento contra 90 por ciento de anglosajones. En ese distrito, sin embargo, las propias autoridades locales han calificado el consumo de drogas como una verdadera "epidemia": en ese distrito, el número de muertos por sobredosis superó en 1998 el de muertos por homicidios y se considera que 80 por ciento de los delitos que se cometen está relacionado con el consumo de drogas. Además, según investigaciones oficiales del gobierno estadounidense, esa zona de Orlando está considerada uno de los principales puntos de ingreso de heroína a Estados Unidos. Esa heroína no proviene de México, como tampoco la mayor parte de la droga que se consume en ese distrito, ni son mexicanos los traficantes que allí operan. Pero Mica eligió a México como enemigo, ¿quizá para no molestar a los verdaderos introductores?

Mica sí ha impulsado, en su iniciativa de ley de 1999, por ejemplo, que como parte de las exigencias de Estados Unidos hacia México en la lucha antinarcóticos, se le demande que todo el equipo para combatir el tráfico de drogas sea adquirido en el propio Estados Unidos. Esa demanda, similar a la que se estaba haciendo a Colombia antes de aprobar el paquete de ayuda económica destinado a la lucha contra el narcotráfico, apoya, sobre todo, a dos empresas estadounidenses: la Sikorsky Aircraft y la Bell Helicopter Textron, los dos principales fabricantes de helicópteros y aviones especializados en la lucha antinarcóticos: cada una de ellas, si aceptaba Colombia, como los aceptó, los términos del acuerdo, recibiría en forma inmediata un pedido por más de treinta helicópteros de combate. Uno de los principales impulsores de la iniciativa es el senador demócrata por el estado de Connecticut, Christopher Dodd, donde casualmente están las instalaciones de la empresa Sikorsky. ¿Debemos recordar que muchas de las acusaciones que se han hecho a funcionarios de pasadas administraciones en el área de seguridad en México, sean éstas ciertas o no, se basaron, por ejemplo, en que se compró equipo de intercomunicación "inapropiado" para el sistema nacional de seguridad pública de origen francés, de marca Matra, cuando, casualmente, había fabricantes estadounidenses que esperaban esos contratos multimillonarios?

Muchos de los otros legisladores que impulsan esta iniciativa tienen graves problemas de drogas y narcotráfico en sus distritos, pero, paradójicamente, sus proyectos están dirigidos hacia México, no al área de la que son representantes. Por ejemplo, el senador republicano Paul Coverdell y el representante, también republicano, por el séptimo distrito, Bob Barr, ambos de Georgia, provienen de una zona calificada por las propias autoridades estadounidenses como un centro de almacenamiento, distribución, venta y consumo de todo tipo de drogas. Atlanta está considerada, además, uno de los principales centros de lavado de dinero de todo el país, donde, por cierto y según datos oficiales, se quedan 90 centavos de cada dólar proveniente del tráfico de drogas. ¿Quiénes, en ese contexto, financian al senador Coverdell? Casualmente, empresas de consultoría financiera locales, como King & Spalding, Amresco y Travelers Group, además de la Coca-Cola y la controvertida Asociación Nacional del Rifle, que oficialmente aportó para su campaña más de 95 mil dólares.

No es el único. También en Florida, como John Mica está el representante Clay Shaw, un representante republicano por el distrito 22. La suya es una zona caracterizada por el gobierno estadounidense como un centro de entrada y distribución de heroína, crack y cocaína. Otro añejo impulsor de la descertificación de México en el Congreso (y que defiende la iniciativa de Mica de julio de 1999) es Spencer Bachus, del sexto distrito de Alabama. El suyo es un distrito calificado como una importante puerta de entrada de drogas a Estados Unidos, y desde allí se distribuye al resto del país. Adicionalmente, se acepta que la zona es uno de los principales productores de marihuana para el mercado estadounidense: no se conoce ninguna iniciativa del representante Bachus para atacar este problema. Es similar la situación en el distrito 17 de Ohio, del que es representante el señor James Traficant.

Es más grave la situación que se registra en Nueva York, cuyo representante por el distrito 20 es Benjamin Gilman, también republicano. En el distrito de Gilman se registra 50 por ciento de todos los decomisos de heroína que se realizan en Estados Unidos: por cierto, la mayoría de esa heroína no proviene de Colombia o México, sino de Europa o directamente de Asia. Gilman no ha presentado iniciativa alguna al respecto, tampoco en relación con las 261 empresas que, según las autoridades estadunidenses, se dedican al lavado de dinero en esa ciudad.

El narcotráfico en Estados Unidos

Como todos los años desde 1986, en la última semana de febrero la Casa Blanca entrega al Congreso de su país la lista de los países "descertificados" en la lucha contra las drogas, los cuales se pueden hacer acreedores a distintas sanciones, mismas que pueden ser suspendidas si el gobierno estadounidense considera que ello puede afectar su seguridad nacional. Paradójicamente, el único gran centro del narcotráfico internacional que no es investigado, que no está sujeto a certificación alguna, es un país que consume 50 por ciento de las drogas ilegales que se producen mundialmente, que tiene 20 millones de consumidores habituales, seis millones de adictos, un país al cual el tráfico de drogas le genera, según las cifras oficiales y más conservadoras, utilidades por 60 mil millones de dólares anuales, que no sabe, oficialmente, quiénes son los jefes de esas extensas redes y que considera que dentro de sus fronteras no hay cárteles: se trata de Estados Unidos, el certificador descertificado.

Estados Unidos niega la existencia de cárteles dentro de su país, acepta que hay redes delictivas que distribuyen la droga que llega de otras naciones, pero sostiene que esas organizaciones tienen "contenido étnico", por no decir que están controladas por inmigrantes; asegura que, en su caso, lo que existe es una extensa red de comercio de drogas "al menudeo". Evidentemente no es así: por supuesto que existen redes mexicanas, colombianas, jamaiquinas, chinas, japonesas y rusas, entre otras muchas, en Estados Unidos; pero en un país donde 30 por ciento de la población es de primera o segunda generación originaria de otras naciones, ello es irrelevante.

Pero esta política que niega la existencia de sus propios cárteles es la que justifica, internamente, las acciones unilaterales de Estados Unidos hacia terceros países. Según ésta, la sociedad norteamericana es "víctima" de los cárteles extranjeros en complicidad con las ineficaces y corruptas autoridades de las naciones productoras. Sin embargo, el narcotráfico responde a la lógica del libre mercado: a creciente demanda, creciente oferta. Y el principal mercado está en la Unión Americana.

Desde 1990, la Office of National Drug Control Policy, institución responsable de establecer, coordinar y evaluar la política antidrogas de la Casa Blanca, junto con el Departamento de Justicia y los gobernadores de los estados, ha establecido un programa llamado High Intensity Drug Traffiking Areas (HIDTA), con el propósito de ubicar las regiones que presentan una problemática crítica relacionada con, o en función del narcotráfico y sus efectos colaterales dentro de su propio país. Es una información que no suele presentarse más que al público especializado en este tema.

Estas zonas se caracterizan, según la legislación estadounidense, por ser centros de producción, elaboración, importación y distribución de drogas; donde los gobiernos locales y estatales han destinado importantes recursos económicos para combatir este delito, las comunidades han sufrido impactos negativos como resultado de este fenómeno y, sin embargo, el mismo no pudo disminuirse con esos recursos locales.

Actualmente, casi todo el territorio estadounidense entra en esa categoría. Se han designado 26 zonas como HIDTAs y cubren prácticamente la totalidad del país. El programa destina para el combate al narcotráfico 184 millones de dólares (recordemos que el narcotráfico genera en Estados Unidos 60 mil millones de dólares anuales, según su propio gobierno). Una de las primeras HIDTA fue la de Los Ángeles. Ahí, según los informes elaborados por el propio gobierno estadounidense, además de importarse, distribuirse, venderse y consumirse todo tipo de drogas, se cultiva marihuana, se producen metanfetaminas y existen actividades de lavado de dinero. Nombres de estadounidenses como Mark Stephen Gayer, Steven Martin Wolosky, Thomas Norman Kearns y George Ralph forman parte de la lista de los narcotraficantes más buscados en la zona. Se considera que operan en la zona de Los Ángeles 145 cárteles locales.

En la costa este, Nueva York y Nueva Jersey integran, por sí solas, otro de los HIDTA más antiguos. Y es que la mitad de los decomisos de heroína que realiza la DEA cada año en Estados Unidos ocurren en Nueva York, y se sabe que existen, en estas dos entidades más de 260 empresas dedicadas al lavado de dinero.

Un poco más al sur, el estado de Baltimore, y la capital, Washington D.C., se integran como HIDTA desde 1994, debido a los altos niveles de distribución y consumo de marihuana, cocaína y crack. Los norteamericanos Olden Anthony Minnick, Denarda Hartwell y Samuel Duane Livingston, entre otros, se mantienen como prófugos de la justicia y son los que manejan el tráfico de drogas en esa región.

El HIDTA de la costa del Golfo, que incluye a los estados de Alabama, Lousiana y Misisipi, además de ser uno de los principales puertos de entrada de drogas a Estados Unidos gracias a su infraestructura en carreteras, lo que permite la rápida distribución de los cargamentos hacia el interior del país, se caracteriza por ser una de las principales regiones donde se produce marihuana.

Un poco más al norte, en el HIDTA de los Apalaches, formado por los estados de Kentucky, Tennesse y Virginia del Oeste, la marihuana ha desplazado al tabaco como componente esencial de la economía de la región, con base en sus altos niveles de cultivo, distribución, venta y consumo.

Otra área de alta intensidad de tráfico de drogas se ubica en las Montañas Rocallosas e incluye los estados de Colorado, Utah y Wyoming. Sólo este último estado ocupa el segundo lugar nacional en consumo *per capita* de cocaína. La región es, además, uno de los principales centros de trasbordo de drogas para enviarla a otros estados y un importante centro de lavado de dinero.

El HIDTA del noroeste, que corresponde básicamente al estado de Washington, presenta altos niveles de consumo y tráfico de cocaína, heroína y metanfetaminas, además de la marihuana que se produce localmente, lo que ha provocado un incremento de actos violentos relacionados con el uso y distribución de drogas. Sus cárteles están relacionados con los de California.

En el área que abarca Puerto Rico y las Islas Vírgenes, se estima que de las 13 toneladas métricas de cocaína que ingresan anualmente, 12 llegan al continente y 85 por ciento de los crímenes que se cometen en estos archipiélagos están relacionados con el narcotráfico. Recordemos que las Islas Vírgenes, además, están consideradas unos de los principales paraísos para el lavado de dinero en el mundo, según la OCDE.

Otras áreas designadas como de Alta Intensidad de Tráfico de Drogas según las autoridades norteamericanas son Atlanta (centro de distribución de drogas y lavado de dinero), Florida central, Chicago (uno de los principales centros de distribución de cocaína), Hawai, Houston (existen 169 grupos destinados al tráfico de drogas y al lavado de dinero, muchos relacionados con el cártel de Juárez), Filadelfia, la frontera suroeste (que incluye los estados de California, Arizona, Nuevo México y sur y oeste de Texas, estratégica por ser la frontera con México), Lake County (en el estado de Indiana) y Miami, principal puerto de entrada de cocaína, crack y heroína.

La llamada zona del medio oeste, que abarca los estados de Iowa, Kansas, Missouri, Nebraska y Dakota del Sur, se ha especializado en la producción interna y la distribución a nivel nacional de metanfetaminas; otras zonas de alta incidencia de drogas son el sureste de Michigan, Milwaukee, y Nueva Inglaterra, que incluye Connecticut, Maine, Massachusetts, New Hampshire, Rhode Island y Vermont (enlace para el tráfico de drogas hacia Nueva York), norte de Texas, norte de California, Ohío, Oregon y valle central de California, especializado en la producción de metanfetaminas. Por cierto, la gran mayoría de las metanfetaminas o drogas sintéticas que se consumen en Estados Unidos, así como más de la mitad de la marihuana, se produce *dentro* de ese país.

Alguna vez se le preguntó al célebre periodista Bob Woodward, el del caso Watergate, por qué en sus investigaciones no incluía el narcotráfico dentro de su propio país. El hombre que con sus investigaciones había tirado a Richard Nixon simplemente dijo que eso era demasiado peligroso. Y, efectivamente, no hay investigaciones periodísticas serias, en los medios más influyentes, sobre el narcotráfico en ese país.

No faltan elementos para iniciar esa investigación, incluso tienen nombre y apellido. Según la justicia estadounidense, son 300 los narcotraficantes que considera como los principales distribuidores de drogas *dentro* de sus fronteras. Sin embargo, de ésos, casi todos están prófugos y, en enero del 2000, sólo se había capturado a uno de ellos. Algunos tienen órdenes de aprehensión vigentes desde 1983 que aún no se han cumplido, lo que nos podría llevar a cuestionar, como lo hace Estados Unidos con otros países, la ineficacia y el grado de corrupción de las policías norteamericanas.

Dentro del más grande mercado de narcóticos en el mundo, existe una compleja estructura de comercialización en todas sus etapas: ingreso, distribución, venta e incluso producción de drogas. Y el problema no es "el contenido étnico": según las propias agencias estadounidenses, uno de cada tres prófugos en el país relacionado con el narcotráfico es de origen norteamericano. Sólo en Washington D.C., su capital, casi la totalidad de estos fugitivos son "étnicamente" norteamericanos.

De la lista de 248 narcotraficantes que operan en suelo norteamericano y a la que se puede acceder a través de Internet en las páginas de la DEA, el FBI, los US Marshals y la oficina de aduanas o US Customs, 72 son originarios de este país, los demás son de origen mexicano, colombiano y asiáticos, pero todos viven en Estados Unidos. Sin embargo, a diferencia de lo que se hace con los cárteles extranjeros, las agencias estadounidenses que luchan contra el narcotráfico no identifican cabecillas de organizaciones dentro de su propio territorio.

Empero, la información existente muestra otra cosa. Por ejemplo, en julio de 1998, el FBI informó que había descubierto una red de narcotraficantes que, dijo, estaba ligada a los Arellano Félix (quienes, según todos los testimonios, viven la mayor parte del tiempo en la ciudad de San Diego). La red comenzó a ser descubierta por casualidad, cuando un perro amaestrado olió restos de cocaína en una camioneta estacionada en la entrada de la oficina antinarcóticos de Los Ángeles. La sorpresa fue mayor cuando se comprobó que la camioneta era de Richard Waybe Parker, señalado durante los ocho años anteriores como uno de los más eficientes policías antinarcóticos de esa ciudad. Ahora se sabe que manejaba una red de narcotraficantes desde 1991.

Nunca se dio a conocer completamente cómo estaba estructurada esa red, tan comprometedora para la policía de Los Ángeles. Sin embargo, se pudo saber que este hombre, adscrito a la policía de Riverside, basaba buena parte de su red en el robo de la cocaína que la propia policía angelina decomisaba. Por lo pronto, se ha podido comprobar que fue el responsable del robo, el 4 de julio de 1997, de media tonelada de cocaína pura del propio depósito de Riverside. Ese hurto no había sido divulgado públicamente, hasta que se inició el juicio contra Waybe Parker. No se sabe cuántos otros realizó su banda antes de ser descubierta.

Otra información, de las muy pocas que se filtran sobre estos temas en la prensa estadounidense, demuestra el grado de penetración de las redes del narcotráfico en las instituciones de ese país. En diciembre de 1998, fueron detenidos unos 50 oficiales y *marines* de la armada de Estados Unidos en la base naval de San Diego, la más grande del mundo. Se comprobó que utilizaban la propia base y su infraestructura para introducir drogas en su país. Estaban ligados con los Arellano Félix, pero, evidentemente, no eran de origen mexicano.

A fines de diciembre de 1998, el vocero de la Marina estadounidense, Wayne Clookie, no dio mayores detalles sobre la operación y se limitaron a especificar que, de los 10 mil *marines* asentados en San Diego, "sólo" unos 50 participaban en esta red. Sin embargo, el problema no es precisamente menor. El vocero del Departamento de Defensa reconoció que, solamente durante 1998, habían sido procesados por tráfico y consumo de drogas, cuatro mil 888 hombres y mujeres pertenecientes a las fuerzas armadas de Estados Unidos.

El escenario del narcotráfico en Estados Unidos es más complejo de lo que el discurso oficial acepta y de lo que la opinión pública de este país conoce. La sociedad estadounidense no sólo es víctima de actores extranjeros, y Estados Unidos no es únicamente un mercado en el mundo del narcotráfico. En los hechos, el discurso de la negación se transforma en uno de aceptación con base en los escasos recursos que, comparados con la magnitud del negocio ilícito que se desarrolla dentro de sus fronteras, se destinan allí a la lucha contra el narcotráfico interno y a los programas de prevención y tratamiento. En ese caldo se cuece la lucha antidrogas, dentro del propio Estados Unidos.

La nueva amenaza antinarcóticos de Estados Unidos

En 1985, después del asesinato del agente de la DEA Enrique Camarena, el Congreso estadounidense impuso la llamada certificación, mediante la cual la Casa Blanca tendría que elaborar, año con año, antes del último día de febrero, una lista de todas las naciones en las que hubiera fuerte presencia del narcotráfico, y establecer cuáles de ellas no colaboraban lo suficiente con ese país en esa lucha. Los países descertificados por la Casa Blanca se harían acreedores a distintas sanciones, aunque ninguna demasiado dramática: básicamente, la sanción afecta el acceso a créditos de instituciones multilaterales, aunque, sin duda, constituye una suerte de deslegitimación internacional.

La certificación fue cambiando de sentido con el paso de los años. En primer lugar, no hay motivos para dudar que fue una reacción ante la muerte de Camarena; pero también, una forma de presión para la propia DEA y las demás agencias estadounidenses a fin de comprobar, desde el Congreso, cómo cumplían con sus programas. Recordemos que existe información en torno al caso Camarena, en la propia investigación que llevó a cabo la corte de San Diego, donde se instruye el caso, respecto a la participación de otras agencias, como la CIA, en la lucha interna que llevó a la muerte de ese agente en Guadalajara, asesinado por narcotraficantes mexicanos, encabezados por Rafael Caro Quintero y Ernesto Fonseca. Según algunas de las versiones que constan en ese proceso, y de acuerdo con el testimonio de un testigo llamado Víctor Harrison, que trabajaba para la CIA, pero que fue presentado por la DEA, la agencia de inteligencia habría colocado micrófonos en las oficinas de la DEA en Guadalajara para evitar que las investigaciones descubrieran las relaciones que esa organización habría establecido con narcotraficantes mexicanos, hondureños y colombianos, para abastecer de armas a cambio de impunidad al movimiento contrarrevolucionario nicaragüense, en el contexto de la fallida operación Irán-contras.

Lo cierto es que en 1986, la lucha de las agencias estadounidenses entre sí estaba en su apogeo y, además, el descubrimiento de la conexión del Irangate con la contra nicaragüense literalmente dejó en crisis a los servicios de inteligencia de ese país, incluyendo a la CIA y la DEA. En ese contexto, la certificación se fue convirtiendo, rápidamente, en un instrumento de presión utilizado tanto por el Congreso o por alguno de sus sectores para el ajuste de cuentas y de ratificación de sus propios intereses, como por la DEA, más que otras agencias, para presionar dentro y fuera del país: dentro, a fin de fortalecer su presupuesto y espacios de poder; fuera, para tener mayores márgenes de operación.

La certificación continúa vigente y posiblemente no desaparecerá en lo inmediato, pero ha quedado en claro que llegó ya a sus límites y que poco ayuda a fortalecer la lucha antinarcóticos, pero tampoco sirve para facilitar las relaciones de la Casa Blanca con los distintos países involucrados en las cadenas internacionales del narcotráfico.

Ante ese virtual fracaso de la certificación, se decidió establecer otro mecanismo que se considera que puede ser más eficiente, que ya se probó con éxito en Colombia y que ahora se extiende a todos los países. Se trata de la llamada Acta 3164, misma que impone sanciones económicas a personas extranjeras que se compruebe, según el gobierno estadounidense, que están involucradas en el tráfico de drogas. En otras palabras, antes de cada 1 de junio, la Casa Blanca tendrá que dar a conocer una lista de los principales narcotraficantes buscados por el gobierno estadounidense debido a su involucramiento en el tráfico de drogas desde otros países hacia Estados Unidos. Inmediatamente después, antes del 1 de julio, puede expedir otra lista en la cual figuren las personas o empresas que mantienen relaciones económicas y financieras con estos narcotraficantes. Los incluidos en esta lista verán suspendidas automáticamente toda relación comercial o financiera dentro de Estados Unidos, y sus bienes en ese país serán embargados o congelados.

Evidentemente, en este contexto, suena como una ley que puede ser durísima contra los narcotraficantes y sus asociados, pero también discrecional, ya que, sin mayores pruebas, podría ser utilizada para activar movimientos en contra de empresas que, por alguna razón, sean consideradas incómodas por sus competidores en Estados Unidos.

En realidad, el proceso de decisión es muy complejo. ¿Qué dice el Acta 3164? Básicamente, busca la identificación pública y la sanción a los que considera los más importantes narcotraficantes extranjeros. Esa identificación debe realizarse por primera vez antes del próximo 1 de junio y realizarse cada año, antes de esa fecha. El responsable de ello es el propio presidente de los Estados Unidos, quien deberá presentar un informe con los nombres de los principales narcotraficantes al llamado Comité Selecto Permanente de Inteligencia y a los comités Judicial, de Relaciones Internacionales, de las Fuerzas Armadas y de Formas y Procedimientos de la Cámara de Representantes, así como a los comités Selectos de Inteligencia, Judicial, de Relaciones Internacionales, de Fuerzas Armadas y de Finanzas del Senado. Como se ve, la lista será cualquier cosa menos secreta. Los que estén incluidos en ella serán objeto de las sanciones contempladas en el acta.

Ahora bien, antes del 1 de julio, el presidente deberá entregar otra lista, sólo a los Comités Selectos de Inteligencia de la Cámara de Representantes y del Senado. Este reporte sí será secreto, y en él se describirá qué tipo de sanciones económicas y financieras se aplicará a las empresas o personas físicas o morales involucradas con los negocios de estos narcotraficantes. La decisión sobre las sanciones no la toma ninguno de los comités del Congreso sino la propia Casa Blanca, con base en información, sobre todo, del Departamento del Tesoro.

Pero, además, cualquiera de estas sanciones podrá ser eliminada cuando el director de la CIA o el procurador de justicia informe que la divulgación de esos nombres afectan, entre otras cosas, la seguridad nacional u otro tipo de investigaciones realizadas por esas mismas instituciones. Es más, según la propia acta, estas agencias están en libertad de no revelar la identidad de cualquier persona, si el director de la CIA determina que tal hecho podría comprometer "una operación, actividad, fuente o método de inteligencia de Estados Unidos". No deja de llamar la atención que cualquier persona que esté en estas listas, también puede ser retirada posteriormente de ella por el presidente estadounidense, si se considera que "ya no está comprometida con esas actividades", lo cual parece ser una muy buena noticia para los testigos protegidos.

¿Cuáles son las sanciones que se aplican? Según el Acta 3164, "se bloquearán todas las propiedades e intereses en propiedad dentro de Estados Unidos o bajo la posesión o control de cualquier estadounidense que sean poseídas o controladas por: 1) cualquier narcotraficante extranjero importante identificado públicamente por el presidente; 2) cualquier persona extranjera que el secretario del Tesoro, bajo consulta con el procurador general, el director de la CIA, el administrador de la DEA, el director del FBI, el secretario de la Defensa y el secretario de Estado, determine que proporciona apoyo financiero o tecnológico, suministra bienes o servicios a narcotraficantes extranjeros identificados por el informe presidencial". Evidentemente, los sancionados no podrán realizar ninguna operación financiera o comercial dentro de Estados Unidos ni con sus empresas.

Como se ve, no es una operación sencilla: están involucradas muchas más personas y agencias que en el proceso de certificación, y sus sanciones potenciales son mucho más duras. La diferencia es que la certificación se aplica a Estados y esta ley se aplicará exclusivamente a personas y empresas. La decisión final queda en manos del propio presidente estadounidense, pero es notable cómo se fortalece en este esquema la participación, por una parte, de la CIA (que ha tenido divergencias históricas con la

FOX ANTE LA HIDRA

DEA sobre el tema) y del Departamento de Justicia, y, en la etapa posterior, del Departamento del Tesoro, que será, en última instancia, el que señalará a las empresas sancionadas.

Lo que preocupa al gobierno mexicano y a muchas empresas, sobre todo bancos, es el último capítulo de esta ley antinarcóticos, porque no sólo se puede sancionar y se pueden bloquear los bienes de quienes se compruebe que son narcotraficantes o que están directamente asociados a éstos, sino de quien se "determine que proporciona apoyo financiero o tecnológico, suministra bienes o servicios a narcotraficantes extranjeros identificados por el informe presidencial". La pregunta es obvia: si una empresa vendió equipo de cómputo a un narcotraficante, ¿implica ello que le brindó apoyo tecnológico? Si un narcotraficante abrió cuentas en un banco ¿significa que se le brindó apoyo financiero? Si se le vendieron propiedades, ¿quiere decir entonces que se le están suministrando bienes? Si utiliza los servicios de cierta agencia de viajes, ¿implicará que se le está apoyando con servicios?

Los funcionarios estadounidenses consultados aseguran que esa decisión no será discrecional, y que la idea es sancionar a las personas o empresas que se sepa, se compruebe fehacientemente, que en forma consciente están apoyando de una u otra forma a los narcotraficantes o a empresas que, de alguna forma, son propiedad de éstos.

Hasta ahora, no ha habido en México empresas importantes sancionadas como consecuencia del Acta 3164. Pero el temor no ha desaparecido. En todo caso, se ha buscado en el país, fortalecer los mecanismos para evitar el lavado de dinero y otros esquemas de control, pero queda la duda sobre en qué grado se requerirá sustentar públicamente una acusación para congelar y en los hechos embargar todos los bienes de una empresa en Estados Unidos o bajo custodia de un estadounidense (por ejemplo, cuentas bancarias depositadas en bancos de ese origen), además de prohibirle cualquier operación financiera o comercial con ese país o con sus empresas. La medida, sin duda, puede ser muy eficaz, en Colombia lo ha sido, pero también mucho más peligrosa que la certificación, de acuerdo con el uso que se haga de ella.

Cómo se ve México desde Washington D.C.

En este contexto, por lo menos en el ámbito público, el gobierno estadounidense, o bien la agencia encargada en ese país de la lucha contra las drogas, tiene una visión extraña sobre cómo funciona el narcotráfico en México. Por lo menos si nos basamos en sus declaraciones y documentos. A fines del año 2000, el libro de información de la DEA señalaba que existían cuatro grandes cárteles en México.

Uno de ellos era el de los hermanos Arellano Félix, responsables, decían los documentos públicos de la DEA, "de la transportación, importación y distribución de multitoneladas de cocaína y marihuana, al igual que grandes cantidades de heroína y metanfetaminas". Aseguraba algo conocido, que Benjamín Arellano era la cabeza de ese cártel y que el mismo "opera en Tijuana, Baja California, y parte de los estados de Sinaloa, Sonora, Jalisco y más recientemente Tamaulipas". El segundo de los cuatro cárteles que señala la DEA es el de Caro Quintero: "la organización de Caro Quintero tiene sede en Sonora y se enfoca al tráfico de cocaína y marihuana. Originalmente encabezada por Rafael Caro Quintero, la organización fue parte de la famosa Federación Mexicana del Narcotráfico (*sic*). Rafael fue encarcelado en México desde 1985 [...] desde entonces, la organización ha sido encabeada por su hermano Miguel [...] a pesar de que Miguel fue arrestado en 1992, ese esfuerzo fue en vano cuando un juez federal mexicano en Hermosillo retiró los cargos y ordenó su liberación [...] en junio de 1999, la Suprema Corte de México dictaminó que Miguel podría ser extraditado a Estados Unidos para enfrentar cargos por lavado de dinero y tráfico de marihuana en caso de que lo detenga la policía mexicana."

El tercer cártel en importancia para la DEA en México es el de Amado Carrillo. Acepta que éste fue el narcotraficante más poderoso del país hasta su muerte, el 4 de julio de 1997, y dice que todavía ese cártel está involucrado en el tráfico de marihuana, cocaína y heroína. "Luego de la muerte de Amado Carrillo —continúa este informe de la DEA—, la guerra callejera dentro de las ciudades fronterizas de México y Estados Unidos se incrementó, afectando tanto a los narcotraficantes como a gente inocente [...] queda claro que causó una lucha de poder que dio como resultado aproximadamente 60 homicidios relacionados con el narcotráfico en Juárez entre agosto de 1997 y septiembre de 1998." El cártel, dice el informe de la DEA, sigue funcionando y "Vicente, hermano de Amado, es ahora considerado el líder de la organización".

El cuarto cártel en México, decía la DEA aún a fines del año 2000, es el de los hermanos Luis, Jesús y Adán Amezcua Contreras, "una de las organizaciones de tráfico de metanfetaminas más prominentes de las que operan en la actualidad, al igual que el principal abastecedor de químicos a otras organizaciones que trafican metanfetaminas". Luego cuenta las vicisitudes legales que se han vivido en torno a los tres hermanos, actualmente detenidos pero con posibilidades de quedar en libertad, como ya ocurrió con Adán en 1999, quien volvió a ser detenido en el 2001. Pero el informe no especifica cómo funciona este cártel; sólo dice que "al explotar el comercio legítimo de químicos, ellos mantienen un papel clave en la producción de metanfetaminas en gran escala".

Seguramente, los organismos de seguridad de Estados Unidos, incluyendo por supuesto la DEA, tienen un diagnóstico sobre cómo funciona el narcotráfico en México mucho más sofisticado y cercano a la realidad que éste. Porque así no está dividido el poder del narcotráfico en nuestro país, ni esa es la estructura ni el poder real de esas organizaciones ni tampoco es ése el grado de desafío que conllevan para el Estado mexicano.

La radiografía del otro poder en México es radicalmente diferente a lo que muestran esos documentos. Resulta mucho más complejo, más sutil y más violento; más inquietante. Mucho más real que un relato de buenos contra malos.

CAPÍTULO II

Los Arellano Félix:
los dueños del Pacífico

> *Cada ciudad recibe su forma*
> *del desierto al que se opone.*
> ITALO CALVINO

—Como hombres, ¿lo tienen vivo o muerto?

—Sí, está vivo.

—Entonces, como hombres, ¿cuánto para que lo entreguen?, como se encuentre.

Era la madrugada del miércoles 2 de mayo de 2000 y ésa era la plática que sostenía uno de los militares encargados de la detención de Ismael Higuera, alias *El Mayel*, principal operador en libertad de los Arellano Félix, con una persona no identificada pero que, suponían, era uno de los célebres hermanos, por el teléfono celular que le acababan de encontrar al detenido.

Hacía apenas unos minutos que la operación había concluido y había sido realizada exclusivamente por fuerzas militares y grupos de elite, sin advertirle a las policías o delegaciones de organismos de seguridad asentados en el estado de Baja California. Incluso así, a los pocos minutos de la detención de *El Mayel*, la información ya había trascendido.

Al ser detenido, *El Mayel* estaba desnudo y alcoholizado, al igual que su hijo, a las siete de la mañana del miércoles 2 de mayo. *El Mayel* tomó una pistola y comenzó a disparar sin sentido alguno hasta que los militares que realizaron el operativo empezaron a lanzar gases lacrimógenos que lo paralizaron. Ismael Higuera, su hijo, dos mujeres colombianas que los acompañaban y sus custodios fueron sometidos y trasladados a la base aérea de El Ciprés. De allí fueron llevados, sin escalas, al Campo Militar número 1, en la ciudad de México. Durante las tres horas que estuvo en El Ciprés, aún en estado de ebriedad, según publicó Jesús Blancornelas en la revista *Zeta* de Tijuana, *El Mayel* habló y reveló información importante sobre socios y rutas de los Arellano Félix. Ya en sus cabales, en el Campo Militar número 1, el silencio fue la norma.

El Mayel, el duro entre los duros, el encargado de las rutas y las ejecuciones del cártel de Tijuana, habló debido a sus debilidades. Y también cayó por ellas: su rastro se siguió a partir de la detección de las dos mujeres colombianas que lo acompañaban en el momento de su detención, Gena Alexandra Soto Soria y Luisa Fernanda Bermúdez. Ambas salieron de Colombia y viajaron a Los Ángeles; de allí fueron a San Francisco, bajaron hacia San Diego y cruzaron por tierra hasta Tijuana, donde fueron recibidas por *El Mayel*. Luego, juntos se encerraron en Ensenada, donde los detuvieron los militares. Se informó que las jóvenes no eran drogadictas ni narcotraficantes, simplemente estaban detectadas como damas de compañía, diría la revista *Hola!*, de un grupo de narcotraficantes colombianos cercanos a los Arellano y al propio *Mayel*. Poco después de la detención, fueron deportadas a Colombia.

La del narcotráfico es una guerra de información y desinformación. Una semanas antes de ser detenido, Higuera impulsó su propia operación de desinformación, en la guerra que en el terreno del espionaje y la información está desarrollando ese cártel contra las autoridades federales. Se divulgó ampliamente que estaba detenido en Mazatlán: los medios se hicieron eco de la información y, por algunas horas, las autoridades se mostraron confundidas al respecto. Incluso, unos días después, una autoridad militar aceptó que, en efecto, *El Mayel* había sido detenido en Mazatlán, "pero que no sabía dónde estaba ahora". Conociendo el desenlace posterior de la historia, cabe suponer que esa declaración fue una respuesta a la operación de desinformación: el objetivo era dar datos confusos a los propios miembros del cártel de los Arellano Félix, cuando, en realidad, esos mismos mandos militares ya tenían los datos que les permitirían llegar, días después, al más violento de los operadores de ese cártel.

Durante los últimos años, el grupo de los hermanos Arellano Félix funcionó con un muy organizado esquema de corrupción. En marzo de 1997, días antes de ser designado delegado de la Procuraduría General de la República en Tijuana el general brigadier José Luis Chávez García, un abogado militar que había sido miembro del Tribunal Superior de Guerra, mantuvo una larga reunión con el procurador general de la República Jorge Madrazo, y sus principales asesores en temas sobre narcotráfico. Allí se le aleccionó sobre cómo podría ser el "recibimiento" que le ofrecería el narcotráfico en esa estratégica plaza: desde pagos para concurrir a alguna fiesta hasta ofertas económicas directas, pasando por amenazas y advertencias, con todos los grises que se pueden intercalar entre esos dos extremos.

Por eso, cuando el 28 de febrero de ese mismo año Chávez García recibió una llamada del también general brigadier Alfredo Navarro Lara, pidiéndole una cita en Tijuana para un asunto urgente y secreto, el abogado militar llegó preparado: llevaba entre sus ropas una grabadora para registrar la plática que tendría en una habitación del hotel Lucerna de Tijuana. Más aún porque Navarro Lara era un hombre bajo sospechas, mismas que se habían acrecentado desde la detención de uno de sus protectores, el general Jesús Gutiérrez Rebollo.

Cuando se supo que Navarro Lara había llegado a Tijuana en un vuelo privado desde Guadalajara, a donde había sido trasladado debido a las sospechas y denuncias que se habían presentado por su actuación bajo el mando del general José Luis Enríquez García, la desconfianza fue mayor; Chávez podía prever que ese hombre sería el encargado de su "recibimiento" por parte del narcotráfico en la plaza.

El resto de la historia ya es conocida, pero ha permitido contar, por primera vez, con un testimonio confiable y abierto, la manera en que compran los narcotraficantes a los funcionarios de la lucha antinarcóticos: un millón de dólares mensuales o la vida del delegado y su familia. Chávez, al grabar la oferta que le hiciera Navarro Lara, tenía, por primera vez, una prueba testimonial de una operación de ese nivel. El involucramiento de Navarro con el cártel de los Arellano Félix confirmaba también que Guadalajara sigue siendo el pivote en torno al cual operan los dos principales cárteles actuales: el de los famosos hermanos y el de Juárez; mostraba también que el monto de los sobornos se está incrementando.

Por ejemplo, en 1994 la secretaria del asesinado jefe de seguridad de Tijuana, Federico Benítez López, denunció que el entonces subdelegado de la PGR, Salvador Gómez Ávila, le había ofrecido a su jefe 250 mil dólares mensuales para que no interfiriera en las actividades de los Arellano Félix. Benítez no aceptó el soborno y dos meses después fue víctima de una emboscada en las afueras del aeropuerto de Tijuana.

Las investigaciones actuales sobre estos hechos están enfocadas no sólo a las relaciones que mantuvieron con el narcotráfico, sino también con numerosos casos de asesinatos y secuestros ocurridos en la región y que podría incrementar los cargos contra Gutiérrez Rebollo, Horacio Montenegro y, potencialmente, contra Navarro Lara, que en la grabación obtenida por Chávez de su "oferta", se autoinvolucraba en el asesinato del ex delegado Ernesto Ibarra Santés. Actualmente, hay 18 procesos por desapariciones o secuestros en los que podrían haber participado estos personajes.

Un cártel con historia

El cártel de Tijuana funcionaba, igual que el de Juárez, como una confederación de grupos controlados por un consejo de administración en el que participan los hermanos Benjamín y Ramón Arellano Félix, los jefes de la banda; Jesús *El Chuy* Labra, su principal operador financiero y verdadero cerebro del cártel; Amado Cruz, responsable de las relaciones con Colombia y enlace con los contactos dentro de los cuerpos de seguridad; Manuel Aguirre Galindo, responsable de operaciones de lavado de dinero y de la asociación con los empresarios locales; Jorge Humberto Rodríguez Bañuelos, alias *La Rana*, uno de los principales gatilleros del grupo; y Arturo Everardo *El Kitty* Páez, jefe de los llamados *narcojuniors*. Todos, menos los hermanos Arellano Félix, están detenidos, y *El Kitty* Páez, preso desde noviembre de 1997, fue extraditado a Estados Unidos en mayo de 2001.

A pesar de la leyenda que los hace primos o sobrinos de quien fuera llamado el zar de la cocaína, Miguel Ángel Félix Gallardo, involucrado en el asesinato del agente de la DEA, Enrique Camarena en 1985 y detenido por ese caso desde 1989, los Arellano Félix son hijos de Francisco Arellano Sánchez y Alicia Isabel Félix Azueta, quienes procrearon diez hijos, de los cuales cuatro están involucrados en el cártel: Francisco Rafael, el único que está detenido, Benjamín, cabeza del grupo, Ramón, responsable de la seguridad y Francisco Javier. Según fuentes de la DEA, uno de los hermanos es sacerdote y reside en Roma, en el Vaticano.

No nacieron en Tijuana, sino en Sinaloa. Hace poco más de 20 años, vivían en Culiacán y, como otros, comenzaron en el negocio de la droga con muchas menos ambiciones: se dedicaban al contrabando de aparatos electrónicos y ropa para colocarlos en su vecindario, en un barrio llamado El Coloso, una suerte de Tepito en Culiacán. Allí conocieron a quienes serían en el futuro sus principales operadores y desde allí comenzaron a crecer y desarrollarse en la industria del narcotráfico, con una enorme presencia en la producción y venta de marihuana.

En aquella ciudad sinaloense, cuando se iniciaban en el negocio, Benjamín (a quien todos califican como un hombre brillante) conoció a uno de los principales lugartenientes de Félix Gallardo, Javier Caro Payán, quien se encargaba de la plaza de Tijuana para el zar de la cocaína. Éste simpatizó con Benjamín y se lo llevó como su secretario a Tijuana, y con Benjamín comenzaron a instalarse en esa plaza los demás hermanos.

Los investigadores de la PGR dicen que la relación que permitió la expansión de los Arellano Félix en Tijuana fue un lejano tío, Jesús *El Chuy* Labra, quien contaba con muchos contactos en el mundo empresarial, del espectáculo y del deporte local, incluyendo al promotor de boxeo Ángel Gutiérrez. De allí los contactos que tuvieron en el pasado los Arellano con figuras como el boxeador Julio César Chávez o el grupo Los Tucanes de Tijuana, sin duda los favoritos del cártel.

Si Benjamín es el cerebro del grupo y *El Chuy* Labra el principal y discreto operador, Ramón es un hombre de acción. En el semanario *Proceso* se publicó un testimonio en el que Alejandro Hodoyán (uno de los llamados *narcojuniors*, que en un confuso episodio fue detenido, después convertido en testigo protegido, luego escapó y terminó desaparecido) decía: "donde hay peligro se mete Ramón [...] en 1989 o 1990 estábamos en una esquina de Tijuana y no teníamos nada que hacer; entonces Ramón decía: chingue su madre, vamos a matar a alguien. ¿Quién tiene broncas con alguien? El que era indicado aparecía muerto a la semana. Nomás por matar." Pero, a pesar de ser considerado el más violento de todos los grupos del narcotráfico, los Arellano Félix fueron ganando territorio, primero, en lo económico y después, mediante la corrupción y los negocios, las relaciones con hombres de dinero, de poder y de las fuerzas de seguridad.

La caída de Miguel Ángel Félix Gallardo, en 1989, les dio la oportunidad para quedarse con el control de la plaza y de toda la región. Y también representó el inicio de la guerra. Se asegura que, como ocurrió después de la muerte de Amado Carrillo Fuentes, ante la detención de Félix Gallardo, el más experto de los jefes del narcotráfico en libertad, Juan José Esparragoza Moreno *El Azul*, organizó una reunión con los principales capos y distribuyó una ciudad, una plaza, para cada uno de ellos. La de Tijuana le tocaba a quien era, por lo menos formalmente, el jefe de los Arellano en esa fecha: el doctor Caro Payán (familiar, ése sí, de los hermanos Caro Quintero). Pero, por la detención de Félix Gallardo, Caro Payán tuvo que salir un tiempo de Tijuana y refugiarse en Estados Unidos. Más tarde, se supone que fue delatado y detenido en Canadá, oportunidad que esperaban Benjamín, Labra y Ramón para tomar oficialmente el control de la plaza. Resuelta su detención en Canadá, Caro Payán regresó a Tijuana, pensando en recuperar lo que consideraba le correspondía. Un muchacho muy joven se le acercó un día y le disparó en la cabeza. Murió en el acto y allí mismo comenzó la guerra entre los Arellano Félix y los distintos grupos que se identifican como los cárteles de Juárez y Sinaloa que son, en realidad, una amplia confederación que defiende la distribución de plazas que en 1989 hizo Esparragoza Moreno.

Chuy y el *Mayel*: los ángeles caídos

La caída de *El Mayel*, antes la de *El Chuy* Labra, posteriormente la de Rodríguez Bañuelos y la extradición de *El Kitty* Páez, parecen golpes demoledores para los Arellano Félix, pero los hechos han demostrado que éstos siempre han podido recuperarse gracias a sus extensas redes en Centro y Sudamérica para el aprovisionamiento de droga y a su red de producción de marihuana y goma de opio en todo el litoral del Pacífico. No obstante, la detención de *El Mayel* abriría la puerta a una de las historias más complejas de la relación entre el narcotráfico y el poder: la asociación entre los Arellano Félix y las guerrillas colombinas de las FARC. Pero primero se debe analizar el papel que jugaba *El Mayel*.

La información ahora disponible parece hacer coincidir la detención de este hombre con la anterior de Jesús Labra. Ambos tenían una fuerte red de protección entre las autoridades locales, que se movilizaba cada vez que se intentaba una operación en su contra. Por eso, tanto Labra como Higuera fueron detenidos en acciones secretas, encubiertas, en las que no tuvieron participación ni información las autoridades y las policías locales.

Jesús Labra Avilés fue quien permitió el ingreso y el desarrollo de los Arellano Félix en la plaza de Tijuana. No era un hombre de acción, no se relacionó con los actos de violencia, sino con una constante labor de expansión del negocio, de establecimiento de lazos financieros, de corrupción o de complicidad con las principales familias de la ciudad y del estado, en la compra de protección, así como de las difíciles, complejas, tramas de lavado de dinero. Es el verdadero cerebro del grupo, el operador que llevaba a cabo las estrategias que diseñaba Benjamín. Y, sin embargo, hasta fines de 1997, no figuraba en la mayoría de las listas de los integrantes del cártel ni, tampoco, tenía una orden de captura, que apenas fue emitida al año siguiente; pero nadie duda que el verdadero jefe de la plaza de Tijuana, durante años, fue *El Chuy* Labra. Es verdad que los Arellano se han hecho famosos por su extrema crueldad y violencia, pero aquél era la demostración de que su verdadero poder lo hicieron con base en complicidades y en una eficiente utilización del dinero. Labra fue quien diseñó la estrategia de compra de protección en una escala nunca vista: según la DEA, la nómina semanal de los Arellano Félix para la compra de protección supera el millón de dólares. Lo grave, para este grupo, es que esa red comenzó a ser rota desde fuera. Y por allí cayeron Labra, Higuera y, antes, *El Kitty* Páez.

La personalidad de Labra y su forma de operar se puso de manifiesto en su propia detención. Fuerzas de elite del ejército lo aprehendieron el 11 de marzo del año 2000, en un estadio de futbol americano, donde estaba viendo un juego en el que participaba su hijo, acompañado de padres de las mejores familias de Tijuana, en el campus de la preparatoria federal Lázaro Cárdenas. En el intermedio fue capturado, literalmente en la mitad del campo de juego, por un grupo de elite del ejército mexicano que había llegado a Tijuana sin informarle a las autoridades locales ni a la delegación de la PGR. Labra estaba solo, acompañado por un sobrino, Marco Antonio Labra Reyes, y algunos aseguran que portaba una pistola, pero que estaba sin custodia alguna. Cuando se vio cercado, intentó correr, mas, al ver que estaba rodeado, se limitó a levantar los brazos y entregarse.

Poco antes había caído, y rápidamente había sido condenado con un pena aparentemente benigna, otro de los hombres clave del cártel, quien presumiblemente trabajaba para Labra. Se trata de Amado Cruz Anguiano, encargado de lavado de dinero y operaciones financieras. Sólo tuvo una condena de cuatro años de prisión, expedida un mes antes de la detención de Labra.

Muchos consideran que las detenciones de este último, la de Cruz Anguiano y la de *El Kitty* Páez comenzaron a demostrar que la red de protección de los Arellano era vulnerable. Con ello se dio inicio a una intensa guerra que, según nuevos testimonios, está basada en la ejecución, desde dentro, de toda persona que pudiera colaborar con las autoridades y ayudar a capturar a los Arellano Félix. En este sentido, han sido notables los asesinatos de los abogados defensores del propio *Chuy* Labra. Apenas unos días después de su detención fue secuestrado en la ciudad de México y apareció muerto, el 15 de marzo de 2000, con señales de tortura y asfixiado con una bolsa en la cabeza, su primer abogado defensor: Gustavo Gálvez; horas antes de ser secuestrado había anunciado que pediría un amparo para lograr la liberación de su cliente, y que presentaría una denuncia ante la Comisión de Derechos Humanos porque se le mantenía incomunicado. Después de ofrecer una conferencia de prensa, se fue en su automóvil. Al día siguiente apareció muerto.

En julio de 2000, el abogado que lo reemplazó, Eugenio Zafra García (quien había asumido también la defensa de Ismael Higuera) fue ajusticiado con cuatro disparos en la cabeza en la ciudad de Toluca, en el estado de México. Zafra era un abogado muy conocido por su defensa de distintos narcotraficantes, pero también por casos muy controvertidos, como los de Vicente y Rodolfo Mayoral, aquellos hombres que fueron detenidos en marzo de 1994, acusados de ser parte de la conspiración que acabó con la vida del candidato priísta a la Presidencia, Luis Donaldo Colosio, el 23 de marzo de ese año, en el barrio Lomas Taurinas, en las afueras de Tijuana. Antes, Zafra había tomado el caso de otro hombre importante del cártel de los Arellano: Alfredo Hodoyán.

Unos meses atrás, otro abogado del cártel, Joaquín Báez, fue asesinado en Tijuana; recibió 43 impactos de bala al salir de su despacho. Había llevado el caso de Manuel Aguirre Galindo, uno de los encargados por los Arellano de abrir la plaza de Chihuahua para su grupo. También estaba relacionado con el intento de soborno al delegado de la PGR José Luis Chávez por parte del general Alfredo Navarro Lara. Su hermano, Efrén Báez, había sido el contacto para esa reunión que terminó con la detención del general. Un hijo de Efrén Báez, sobrino del abogado, fue asesinado unos días antes. Y lo mismo ocurrió con otra hermana, Yolanda, relacionada con una de las familias más importantes de la ciudad y con el ahora extraditado a Estados Unidos, Everardo.

El Mayel: plata o plomo

La muerte del abogado Eugenio Zafra aparentemente se relaciona más con la detención de *El Mayel* que con la de Labra. Ismael

Higuera fue detenido cuando se logró perforar, a través de fuerzas de elite del Ejército, esa red local de protección, como antes había ocurrido con Labra, y muchos investigadores consideran que la información recogida a partir de la detención de éste permitió llegar a Higuera. Si se produjeron algunos disparos en el momento de detener a Higuera, fue porque éste, alcoholizado, tomó una pistola y disparó inútilmente contra sus captores. Pero la llamada que relatamos al inicio de este capítulo demuestra lo estrecho de los márgenes en los que se deben realizar este tipo de operaciones y el grado de información y protección que tienen las organizaciones criminales entre los sectores locales de poder.

Muestra, también, cómo funciona el dilema de plata o plomo que el propio Higuera manejaba con maestría, según fuentes oficiales. Un "argumento" para tratar de liberar o preservar la integridad de *El Mayel* fue esa llamada casi en el instante de su captura. Horas después, cuando el conocido narcotraficante ya había sido trasladado a la ciudad de México, presumiblemente al Campo Militar número Uno, pero unas horas antes de que hubiera sido reconocida oficialmente su detención, se produjo un extraño atentado (en este contexto, no tanto) contra la residencia oficial de Los Pinos: desde un automóvil stratus negro, una persona hizo siete disparos contra la puerta número uno de la residencia presidencial a las 8:30 de la noche. La advertencia, aparentemente, estaba planteada: primero se intentó con la plata; luego, con el plomo.

La red de protección de Higuera era impresionante, porque ese dilema de plata o plomo había alcanzado altos niveles de eficiencia. Hacía siete años que Higuera vivía, con su familia, en la colonia Colinas del Mar, en Ensenada, una ciudad de la que Higuera era, literalmente, el dueño. Allí vivían una hermana, algunos de sus hijos, una de sus parejas. A menos de 500 metros de la casa que habitaba *El Mayel,* se ubica el rancho El Rodeo, que se hizo famoso en 1997 porque ahí fueron asesinadas por un comando 19 personas, vinculadas con un narcotraficante de mediano nivel, Fermín Castro, ajeno a los Arellano Félix, quien sobrevivió a ese ataque, pero fue muerto dos semanas después cuando convalecía en un hospital privado de Tijuana, supuestamente bajo vigilancia de fuerzas policiales locales. Si antes de ese día de septiembre de 1997, aún existían dudas sobre quién mandaba en Ensenada, luego de la masacre de El Rodeo se disiparon.

Pero la protección para Higuera no se explicaba sólo por la violencia. Cuentan reporteros locales que cuando *El Mayel* llegó a Ensenada, la ciudad estaba hundida en una grave crisis, debido a una serie de fraudes financieros que hicieron perder su ahorros a innumerables familias, sin contar los costos derivados de la crisis financiera que azotó al país en 1994 y 1995. Dos años después, la propia Cámara de Comercio local, en una expresión entre ingenua y cómplice, decía que la expansión económica que vivía Ensenada era "milagrosa", con altas inversiones y fuertes corrientes migratorias. El autor del "milagro" era, en buena medida, *El Mayel,* inversionista, vía lavado de dinero, de enormes cantidades en la ciudad. Tanto que, desde entonces, las policías preventiva y ministerial quedaron puestas a su servicio. Y también la ciudad, donde crecieron en forma geométrica el tráfico de drogas, el de inmigrantes ilegales, los negocios de juego de todo tipo y los prostíbulos, con la característica de que la mayoría de éstos eran distribuidos por Higuera a las autoridades policiales, militares y municipales para su administración y beneficio. Ensenada se comenzó a convertir también en un centro operativo del tráfico de autos robados. Con el tiempo, ya para 1998, *El Mayel* no sólo controlaba Ensenada, sino también buena parte de las ciudades y zonas rurales cercanas. Ensenada se convirtió, para la misma fecha, en un punto estratégico para el comercio y la relación de los Arellano Félix con Asia y con las organizaciones delictivas japonesas y de Hong Kong, con las que se tenía relación para el tráfico de automóviles robados; para el ingreso de migrantes ilegales de origen chino y para el envío de cocaína a cambio de heroína. Si a eso le sumamos la importancia creciente de *El Mayel* en la operación cotidiana del cártel y sus contactos con Colombia, es comprensible el desconcierto y también el pánico que generó en los mandos del cártel su detención, casi simultánea con la de *El Chuy* Labra.

Eso explica la subsecuente operación de desinformación, que recuerda aquella protagonizada por *El Mayel*. La noche de 15 de mayo de 2000, en un accidente automovilístico, en Tijuana, una persona murió; al ser revisada su documentación, resultó ser nada menos que Ramón Arellano Félix. Inmediatamente, desde las autoridades locales se comenzó a divulgar que el capo del cártel de Tijuana había muerto. Interrogadas en la mañana del siguiente día, autoridades federales aseguraron que, efectivamente, ese accidente se había producido y que el muerto sí se llamaba Ramón Arellano Félix, pero que era un "homónimo" del célebre narcotraficante.

No descartamos que pudiera haber un homónimo de Ramón Arellano Félix en Tijuana, pero, la verdad, resultaría por lo menos extraño y la vida de ese hombre, si existió en realidad, debe haber sido un infierno con tal apelativo, sobre todo viviendo en Tijuana. Por eso, no se descarta que se haya tratado de una operación de desinformación, donde a alguna víctima se le colocaron documentos falsos con esa identidad para tratar de desconcertar, con su hipotética muerte, las investigaciones oficiales que, después de la caída de Labra e Higuera, tienen a los Arellano Félix más cerca que nunca de la cárcel, según la versión de las mismas autoridades.

No habría que descartarlo porque la red de protección de estos hombres en todo el estado es mucho más profunda de lo que se cree. No sólo hay que tener en cuenta a las autoridades, los policías, los encargados de áreas de seguridad localizados en esa región, sino a grupos sociales, políticos y económicos, de poder real, que de una u otra forma los han encubierto o, por lo menos, han ignorado sus actividades. ¿Qué mejor demostración de ello que el sacerdote Gerardo Montaño Rubio, responsable del seminario del Río, quien falsificó y adulteró los libros de bautizos de su parroquia para darle a los hermanos una coartada que demostrara que, al momento de la muerte del cardenal Juan José Posadas Ocampo, ambos estaban en un bautizo en Tijuana, fungiendo Benjamín nada menos que como padrino de un niño y no en el tiroteo de Guadalajara? Se trató del mismo sacerdote que, meses después, llevó a los Arellano Félix a la nunciatura apostólica para que se entrevistaran, en dos oportunidades, en diciembre de 1993 y enero de 1994, con Girolamo Prigione, ocasiones en las cuales el gobierno federal, avisado previamente, decidió no detenerlos "para que no hubiera violencia". Por cierto, el sacerdote Montaño jamás ha sido detenido, ni siquiera interrogado por las autoridades; vivió en un convento de Sacramento, California, protegido, a pesar de todo, por los propios hombres de la Iglesia. Hoy vive nuevamente en Baja California, casualmente en Ensenada, donde dirige la iglesia de San José Obrero, la más grande del estado, apoyado plenamente por el obispo de Tijuana, Rafael Romo. Hasta ahí, y aún más allá, llegaba, llega, la red de protección de estos grupos. ¿Por qué entonces asombrarse?

La caída de Ismael Higuera es decisiva, como se ha dicho, para el futuro del cártel de los Arellano Félix y para la reconfiguración del narcotráfico en nuestro país. Lo cierto es que con la caída de *El Mayel*, casi todos los hombres del llamado consejo de administración del cártel de Tijuana, con excepción de los propios Arellano Félix, están detenidos, y, más grave aún para su causa, pareciera que, por primera vez, sus redes de protección están siendo desmanteladas o, por lo menos, perforadas por las instituciones.

Según una reciente investigación del periodista tijuanense Jesús Blancornelas, los Arellano habrían comenzado desde el inicio del 2001 una operación de exterminio entre sus propias filas de los posibles personajes que no serían de plena confianza del grupo y que pudieran dar pistas para llegar a ellos; al mismo tiempo, estarían reconstruyendo su organización. El encargado de esa labor de exterminio interno, hasta el momento de su detención, el 30 de marzo de 2001, fue Jorge Humberto Rodríguez Bañuelos, *La Rana,* sin duda uno de sus más temibles operadores.

El último brinco de *La Rana*

Jorge Humberto Rodríguez Bañuelos podría haber recordado lo que decía Rubén Blades en *Pedro Navaja*: "la vida te da sorpresas, sorpresas te da la vida". Y vaya si lo fue descubrir que Carlos Durán Montoya, un hombre que había sido detenido el 30 de marzo de 2001 en Tijuana en un tiroteo, y sobre el que pesaban denuncias por portación de armas, drogas y homicidio, de quien se pensaba que era sólo un oscuro gatillero del cártel de los Arellano Félix, resultó ser nada más y nada menos que *La Rana* Rodríguez Bañuelos, el principal sicario de los Arellano Félix, responsable durante años de la seguridad personal de los jefes del cártel de Tijuana y el único miembro del llamado consejo de administración de los Arellano que aún quedaba, supuestamente, en libertad.

Rodríguez Bañuelos fue identificado como tal luego de investigar la identidad del detenido Durán Montoya durante meses: no sabían quién era este hombre, pero los principales mandos de la PGR estaban convencidos de que no era quien decía ser. La duda surgía porque, al ser detenido, si bien mostró documentos a nombre de Durán Montoya, nunca pudo acreditar plenamente su identidad. Desde entonces, el procurador Rafael Macedo de la Concha había ordenado una investigación exhaustiva, realizada en colaboración con la Secretaría de la Defensa, para definir quién era en realidad el detenido.

Los primeros peritos que analizaron el caso en Tijuana llegaron a la conclusión de que el detenido era quien decía ser, pero la investigación continuó. Entonces se comenzaron a comparar sus huellas con las que se contaban en los archivos de la Procuraduría, hasta que coincidieron con las de Rodríguez Bañuelos. Por distintas vías se llegó a la convicción de que se trataba del buscado lugarteniente de los Arellano y, finalmente, el 10 de julio, éste reconoció que ésa era su verdadera identidad.

No se trata de un personaje menor en el narcotráfico en México. Desde que literalmente rescató a los hermanos Benjamín y Ramón Arellano Félix de la emboscada que les había tendido Joaquín *El Chapo* Guzmán en la discoteca *Christine* en Puerto Vallarta, en 1993, *La Rana* avanzó velozmente en el escalafón del cártel de Tijuana. Hasta ese episodio era sólo uno más del equipo; pero entonces comenzó a encargarse de la seguridad personal de los hermanos, y también de la mayoría de los más importantes ajustes de cuentas, particularmente en Baja California, Jalisco y Sinaloa. Sólo en Jalisco, tiene unas 15 órdenes de aprehensión acusado de distintos homicidios, incluyendo su participación en el del cardenal Juan Jesús Posadas Ocampo.

Las autoridades no sabían de su detención, pero tampoco los Arellano Félix, quienes pensaban que su lugarteniente andaba desaparecido, según nos han confirmado fuentes de la PGR. *La Rana* estaba irreconocible a simple vista: se había hecho cirugía facial, liposucción, había perdido 40 kilos, se había injertado cabello y tenía otra identidad. Detenido en el penal de Tijuana, siempre insistió en que su nombre era Durán y, a pesar de que allí estaban presos hombres que habían pertenecido a su propio grupo, nadie lo identificó. ¿Por qué Rodríguez Bañuelos no hizo llegar a sus jefes el recado de que estaba detenido? Seguramente por varias razones, pero una, la principal, es que los Arellano lo habían estado utilizando para deshacerse de su entorno, de sus lugartenientes. Como hemos señalado, luego de las detenciones de *El Chuy* Labra y *El Mayel*, los Arellano comprendieron que entre sus propios colaboradores cercanos estaban sus principales enemigos y comenzaron, con la operación de *La Rana*, a deshacerse tanto de sus adversarios de otros cárteles que les incomodaban como de los hombres y mujeres que tenían información que podría contribuir a su identificación y ubicación. Y Rodríguez Bañuelos seguramente sabía que, si se revelaba que estaba detenido, ésa sería, muy probablemente, su suerte. Por eso, antes de dar a conocer su verdadera identidad, la PGR lo trasladó al penal de Puente Grande, pues si se hubiera filtrado con antelación que él no era Durán Montoya, su seguridad en Tijuana habría estado en serio peligro.

El *affaire La Rana* muestra varias cosas: primero, que los Arellano Félix han decidido realizar un cambio drástico de estructuras, aliados y asociados para sobrevivir y preservar sus redes, partiendo de la renovación del equipo para la introducción de drogas a México y Estados Unidos, y también de sus grupos armados y de protección. Y eso, sin duda, tendrá consecuencias. Los tres hombres que manejaron esas áreas en los últimos años, *El Chuy* Labra, *La Rana* y *El Mayel*, están detenidos y deben ser reemplazados. Segundo, que ante la oleada de detenciones que está sufriendo ese cártel, por primera vez están pensando seriamente en la posibilidad de que sean traicionados por sus propios lugartenientes. Tercero, que los golpes que han recibido son reales y por primera vez están acusando una cierta debilidad. Cuarto, que es previsible un recrudecimiento de la guerra entre los operadores de menor nivel para quedarse con parcelas de ese territorio.

El cambio de rutas y de piel

Al mismo tiempo que se produce esa "limpia" interna en el cártel, los Arellano están cambiando sus lugares de residencia: según fuentes oficiales, por ejemplo, Benjamín, además de Tijuana y todo el sur de California, está cada vez más presente en el sureste del país, sobre todo en la zona de la costa oaxaqueña, en los alrededores de Huatulco, donde el narcotráfico ha crecido en forma notable, en un nivel tal que la propia DEA ha confirmado algo que se sabía desde varios meses atrás: la utilización de pequeños submarinos (como los que se utilizan en distintos centros turísticos para realizar paseos) que pueden transportar hasta tonelada y media de cocaína por viaje y que traen la droga desde Colombia o alguna región de Centroamérica hasta el istmo, para desde allí moverla por tierra, o que se reaprovisionan en la franja que va de Huatulco a Puerto Escondido, para seguir viaje al Norte.

Estas modificaciones de costumbres y rutas son clave para que los Arellano puedan subsistir, sobre todo a partir de la detención de *El Mayel*. La importancia de Higuera era doble y había crecido en los últimos tiempos. Se dedicaba a dos delicadas funciones: por una parte, era el principal encargado del transporte de cocaína desde Colombia a la península y de su introducción a Estados Unidos (aunque los informes sobre el tema indican que los Arellano Félix en los últimos tiempos habían ido alejándose de la cocaína, para concentrarse mucho más en la marihuana, la goma de opio —recordemos que es el único cártel mexicano que había logrado establecer relaciones con sus homólogos del lejano Oriente—, y los grupos dedicados a la fabricación de drogas sintéticas, un mercado que en el pasado estuvo penetrado por los Amezcua, aliados, a su vez, con los Arellano). Pero *El Mayel* se encargaba también de los grupos armados del cártel de Tijuana, una de las organizaciones más violentas del ya de por sí violento mundo del narcotráfico. No en vano, otro de los sobrenombres que se le aplicaba era el de *El Mataelefantes.*

Su importancia, sin embargo, había crecido por dos detenciones que han sido invaluables para comprender los duros golpes que han sufrido los Arellano. En primer lugar, la de *El Kitty* Páez, virtual jefe de los llamados *narcojuniors,* un joven proveniente de las mejores familias de Tijuana, casado con la hija de un prominente maquilador de la región, y responsable de encabezar uno de los fenómenos que explican el peso que los Arellano adquirieron en toda la zona: el involucramiento directo de los hijos de muchas de las familias emblemáticas de la entidad en el tráfico de drogas. Los *narcojuniors* cumplieron un papel clave en la consolidación de los Arellano, al grado de que comenzaron a desafiar el poder de los hermanos y a buscar quedarse con el control de la organización criminal. Sin embargo, la detención de Páez y los ajustes de cuentas internos en este grupo terminaron destruyéndolos, pero también privando a los Arellano de un brazo muy eficiente en términos de influencia local y de operación.

Mucho más grave fue la detención de Jesús Labra, ocurrida en los primeros meses de 2000. Este hombre, desde siempre, fue el verdadero cerebro de los Arellano: manejaba la parte financiera, la operación y las relaciones políticas del cártel. Cuando cayó, se desató una violenta respuesta de los Arellano, marcada con la firma de *El Mayel,* lógica si se considera el costo que la detención de Labra tuvo para el grupo. La diferencia entre las dos figuras de ese cártel la puede dar su propia aprehensión: mientras Labra fue detenido cuando observaba tranquilamente un juego de fútbol americano escolar, *El Mayel* fue detenido en una casa de seguridad, acompañado de su hijo, siete pistoleros y un par de mujeres; el primero no opuso resistencia; para detener al segundo, hubo que establecer un fuerte operativo militar y se registró un enfrentamiento armado previo.

La pregunta es obvia: ¿por qué ahora los Arellano se han convertido en el objetivo número uno de la guerra contra el narcotráfico, cuando durante más de diez años no habían sentido, salvo momentos esporádicos, la verdadera presión de las autoridades? Porque los Arellano Félix se habían convertido en uno de los mayores desafíos para la seguridad nacional. Primero, porque participaron activamente en el proceso de desestabilización política registrado en 1994: no sólo por su participación en el asesinato del cardenal Juan José Posadas Ocampo en Guadalajara, en mayo de 1993, de la que aún no terminan de quedar claras la manera y las razones, sino también por lo ocurrido en el propio asesinato de Luis Donaldo Colosio: son muchas las voces que se han preguntado por qué, hasta el último periodo de las investigaciones y en forma notable durante la gestión del ex fiscal especial para el caso, Pablo Chapa Bezanilla, nunca se quiso investigar la vertiente del narcotráfico en los hechos de Lomas Taurinas.

Segundo, porque desafiaron abiertamente al Estado: cuando el ex presidente Zedillo fue a Tijuana a afirmar que se enfrentaría al crimen organizado, los Arellano contestaron con una ola de asesinatos. Lo mismo ocurrió a partir de diciembre de 2000, cuando el presidente Fox les declaró la guerra.

Hay elementos al respecto que no pueden obviarse. En principio, la amplia red de protección de la que gozaban los integrantes del cártel de Tijuana, formada por policías y fuerzas de seguridad, sobre todo locales o asentadas en la entidad; ése es un llamado de atención grave para el gobierno panista de Baja California, porque se ha demostrado que no es inmune al fenómeno, como también le ha ocurrido a otras administraciones de los más diversos colores políticos cuando les toca gobernar estados con un peso específico demasiado intenso del narcotráfico (de ahí que banalizar el tema, utilizarlo como un simple eslogan de campaña es, por lo menos, una estupidez o una irresponsabilidad). Para intentar romper con esa red fue necesario que se estableciera un mecanismo de operación especial, organizado por las Secretarías de la Defensa Nacional y de Gobernación, con participación de sectores de elite de la

PGR, que estuviera en condiciones de asestar golpes como la caída de *El Mayel* y *El Chuy* Labra.

La voluntad del poder contrasta, por ejemplo, con la mostrada en otras épocas contra estos grupos, lo que explica también cómo pudieron consolidarse de tal manera. Recordemos de nuevo, por ejemplo, que entre fines de 1993 y principios de 1994, en dos oportunidades los hermanos Arellano Félix visitaron la nunciatura apostólica para hablar con el entonces nuncio, Girolamo Prigione, y, según la versión difundida, para explicarle al embajador del Vaticano, lo que verdaderamente ocurrió cuando resultó asesinado el cardenal Posadas.

Lo cierto es que en esas oportunidades, Prigione —que será controvertido pero que nunca pecó de falta de inteligencia— advirtió de la visita a las autoridades federales y éstas, según ha explicado Jorge Carpizo, procurador general de la república durante la primera visita y secretario de Gobernación durante la segunda, decidieron, vía el propio Carpizo, no intentar capturarlos "porque esos grupos siempre van armados y con custodias, y se podía generar violencia". Así, evidentemente, nunca se iba a lograr detener a los Arellano o a sus principales hombres.

¿Se les logrará detener ahora? Es difícil saberlo, porque existen muchas versiones respecto a dónde viven realmente los Arellano, si en México o en Estados Unidos, y cuál es su verdadero papel, en la actualidad, en la propia organización delictiva que ellos crearon; hay muchas voces que aseguran que están en una especie de situación de retiro, simplemente mediando entre distintos grupos y utilizando a sus operadores para ello; el problema es que se acaban de quedar sin ellos. Un segundo punto que no se puede negar es que sus redes de protección no se dan sólo en Baja California; se extienden al resto de la península, a Guadalajara, en forma destacada al Distrito Federal y a zonas de la frontera sur. Sin embargo, si en todo esto hay cierta lógica, se debe presumir que, tarde o temprano, cuando —como le ocurrió a Amado Carrillo o antes a Juan García Ábrego—, dejen de ser útiles para los intereses que los mueven, terminarán siendo detenidos o aparecerán muertos, quizá como consecuencia de una "liposucción".

Los Arellano y las FARC: no los une el amor

El 23 de noviembre del año 2000, el entonces fiscal antidrogas, Mariano Herrán Salvatti, confirmó lo que era un secreto a voces: las relaciones entre la principal organización guerrillera latinoamericana, las Fuerzas Armadas Revolucionarias de Colombia, las FARC, y el cártel de los Arellano Félix, en un acuerdo mediante el cual los primeros proporcionaban cocaína y los segundos pagaban la droga con armas.

La historia fue divulgada originalmente por la revista colombiana *Cambio*, que dirige el escritor Gabriel García Márquez. Lo cierto es que esa relación está confirmada y las repercusiones que está adquiriendo la investigación, en la que participan los gobiernos de México, Colombia y Estados Unidos, serán muy amplias.

La historia es la siguiente: un médico colombiano, Carlos Ariel Charry Guzmán, llegó a México el 9 de agosto de 2000. Este hombre, que visitaba frecuentemente nuestro país y que incluso gozaba de un permiso de trabajo en México como no inmigrante, es propietario de una clínica en San Vicente del Caguán, uno de los principales bastiones guerrilleros en Colombia y el lugar donde se estaban realizando las negociaciones entre el gobierno de Colombia y las FARC.

El 28 de agosto, Charry fue detenido en el hotel Jena, en la colonia Tabacalera, en la ciudad de México. Poco antes, había sido aprehendido en Tijuana un operador colombiano del cártel de los Arellano Félix, apodado *Giovanni*. Ambos, Charry y *Giovanni*, se habían reunido apenas unos días antes y habían negociado el convenio del trueque de armas por drogas.

Según la fiscalía antidrogas de México, Carlos Charry era un mensajero de uno de los más conocidos y duros dirigentes de las FARC, Jorge Briceño, apodado *El Mono Jojoy*, para organizar ese intercambio. Como carta de presentación, Charry traía un disco láser en el cual se veía al médico en San Vicente acompañado de *El Mono Jojoy*. Ha trascendido que en Colombia se encontró un video de Ismael Higuera *El Mayel*, en el cual respondía afirmativamente a la propuesta de las FARC. Según esta misma investigación, el contacto estaba establecido desde tiempo atrás; la diferencia es que, hasta ese momento, la droga era pagada con dinero por los Arellano Félix. Un senador colombiano, Vicente Blel Saad, sería uno de los contactos para ese intercambio, pero su involucramiento, se supo después, iría más allá.

Lo cierto es que con la documentación que se le incautó a *El Mayel* en el momento de su detención, se descubrió que su relación con Charry era vieja. Las visitas del médico a México, e incluso sus reuniones en prisión con *El Mayel,* se remontan por lo menos a 1998. Además, se han detectado otros tres encuentros de Charry con *Giovanni* y una visita del médico a la cárcel de máxima seguridad en Tijuana, donde está recluido *El Mayel.*

Pero ¿cómo se llegó a descubrir esta red? El secreto está en un personaje que entonces no estaba identificado más que por el apodo de *El Primo* y que, según las autoridades, era uno de los principales operadores de los Arellano Félix. El seguimiento de un número telefónico y la investigación han llevado también a la detención del ex director general de la Policía Federal de Caminos, Enrique Harari Garduño.

Todo comenzó con la declaración de un testigo protegido apodado *Raúl,* quien aseguró que él había apoyado a *El Mayel* en el traslado de cocaína de Colombia a México y en el lavado de dinero en ambos países. Un primer hilo surge de una afirmación de este testigo, quien asegura que *Giovanni* recibió un millón de dólares de *El Mayel* como pago de un cargamento, mismo dinero que Higuera se robó, cuando *Giovanni* fue detenido. Para tratar de recuperar ese dinero, fue enviado a México el senador colombiano Vicente Blel, quien según esta declaración actúa como intermediario para el lavado de dinero. El senador, según el mismo testimonio, había sido enviado a México por un individuo ligado a las FARC y apodado *El Doctor.* También dijo que *El Mayel* y *El Doctor* tuvieron diversas reuniones en Tijuana en las que participaba el representante del cártel de Tijuana en Colombia, un individuo apodado *José.* El mismo testigo protegido es el primero que nombra a quien sería el representante del cártel de los Arellano

Félix en el Distrito Federal: sólo sabía que se le apodaba *El Primo* y que se comunicaban con él mediante un localizador con el número 801-7090.

Otro testigo protegido, identificado como Juan López, también aseguró que participaba en el tráfico de cocaína desde Colombia destinada al cártel de Tijuana, además de actividades de lavado de dinero. También él aseguró que mediante esa actividad conoció a un personaje llamado *El Primo*, quien dijo, era el responsable de ejecutar a los adversarios de *El Mayel* en el DF, y era el encargado, agregó, de enviar dinero a los colombianos para pagar la cocaína recibida. Dijo que se comunicaba con ese hombre mediante un localizador con el número 801-7090. Ese número estaba asentado en la agenda que se le decomisó a este testigo protegido en el momento en que fue detenido.

Por la misma fecha, fue aprehendido el ex comandante de la Policía Federal de Caminos Enrique Harari Garduño. Entre sus propiedades se encontró una tarjeta en clave con el nombre de *El Primo* y un número telefónico: el mismo 801-7090. El papel de Harari Garduño en este acuerdo era clave, porque era el responsable de proporcionar las armas para pagar el intercambio por cocaína. Las relaciones de Harari con el trasiego ilegal de armas son antiguos e incluso hace años fue procesado en San Diego acusado de traficar con este tipo de objetos.

Casi al mismo tiempo que Harari era detenido en el hotel Jena, *El Doctor*, quien resultó ser Charry Guzmán, aceptó haber estado en Tijuana en diciembre de 1999, cuando, según el testigo protegido *Raúl*, se habría reunido con *El Mayel* para negociar el cambio de drogas por armas. Los documentos migratorios de Charry confirman esa entrada a México y ese viaje a Tijuana. Por su parte, *El Doctor* afirmaba en su declaración que había venido a México a comprar equipo para tomografías computarizadas, que, en su versión, sólo se comercializan en Tijuana: las investigaciones posteriores permitieron confirmar que en esa ciudad fronteriza no existe ninguna empresa especializada en ese tipo de equipo. Pero en la agenda de Charry vuelve aparecer el nombre de *El Primo* y un teléfono, el 801-7090.

Se investigó en la empresa de localización y envío de mensajes los que había recibido ese número. Varios de los mensajes anuncian la llegada de *José* y *El Doctor* y piden confirmación a distintos teléfonos celulares. Otro mensaje señala que "*El Doctor* no pudo partir por problemas con la visa". Posteriormente, otro asegura que "el problema ya está solucionado" y confirma el viaje y la llegada de *El Doctor.*

Entre las pertenencias de Charry se encontró documentación que involucra a *El Mono Jojoy*, al senador Blel y al citado *Giovanni*; también anotaciones sobre envíos de droga por aire y mar. Mediante el mismo operativo se terminó deteniendo a una pieza muy importante de esta red: Sergio Rodríguez Tapia, apodado *La Gorda de Manzanillo*, quien en su agenda también tenía registrado el número telefónico 801-7090.

¿Cómo funcionaba esta red? Todo indica que quien la operaba en México era *El Mayel* y que a la detención de éste la siguió manejando *El Primo*. Harari era el responsable, según la investigación de las autoridades, de conseguir las armas para el canje por drogas, mientras que Rodríguez Tapia era uno de los encargados de la recepción de la droga y del envió de las armas. Del lado colombiano, el contacto en las FARC sería *El Mono Jojoy*; el operador, Charry Guzmán, y el senador Blel actuaba en el proceso de lavado de dinero.

El ex zar antidrogas de Estados Unidos y principal impulsor del Plan Colombia, Barry McCaffrey, de visita en ese país declaró, con base en la información recopilada, que "la principal organización de producción de cocaína en el mundo son las FARC" y que esa organización es directamente responsable "del gigantesco incremento en la producción de cocaína" en Colombia.

El mismo funcionario estadounidense estimó las utilidades de las FARC, producto del tráfico de drogas, entre 500 y mil millones de dólares al año. Aseguró, finalmente, que los monitoreos por satélite que realiza su país confirman esa producción en las regiones controladas por las FARC y en la llamada zona de despeje, una suerte de zona abierta que se estableció al inicio de los diálogos de paz y que ha terminado bajo el control de la organización guerrillera.

En el ámbito nacional, esta confirmación de la relación de las FARC con el cártel de los Arellano Félix implica diversos desafíos: esa guerrilla tiene una representación oficial, casi diplomática, en México; tiene un espacio en la Coppal (la Conferencia de Partidos Políticos de América Latina, con fuerte influencia priista), al mismo tiempo que se sospechan relaciones no sólo con los Arellano sino también con grupos como el Ejército Popular Revolucionario (EPR) y con secuestradores profesionales. Por si esto fuera poco, dos ciudadanos mexicanos se encuentran hoy secuestrados, como rehenes, en Colombia por las FARC. Todo eso en un contexto donde el apoyo al Plan Colombia y la tesis de avanzar en un combate global al narcotráfico, basado en el triángulo México-Colombia-Estados Unidos, parece ser una piedra angular en la estrategia antidrogas de Vicente Fox.

No obstante de las contradicciones, la administración Fox decidió dar una vuelta de tuerca a esta política y, al mismo tiempo que se mantuvo la estrecha relación con Pastrana y el apoyo al Plan Colombia, se buscó ser interlocutor con las propias FARC.

La información, que surgió de Colombia y luego fue confirmada en México, bien podría haber pasado desapercibida. El embajador Andrés Rozenthal, encargado de misiones especiales en la cancillería, se entrevistó en esa nación sudamericana con Manuel Marulanda, mejor conocido como *Tirofijo,* líder histórico de las FARC, sin duda la organización guerrillera aún en operaciones más antigua del continente y la más poderosa. Según la información de Radio Caracol de Colombia, el encuentro tuvo como fin dialogar sobre una eventual verificación internacional, en la que participaría México, para intercambiar guerrilleros presos por los secuestrados que, desde hace meses, tiene en su poder la guerrilla colombiana. El encuentro se realizó en San Vicente del Caguán, el centro de las negociaciones gobierno-guerrilla y también de la zona de despeje, un territorio libre de control policial y militar de 42 mil kilómetros cuadrados.

La visita de Rozenthal no pasaría por ser más que un paso importante en la búsqueda de ese apoyo que el gobierno mexicano ha ofrecido al colombiano en las negociaciones de paz y un refrendo a la amistad que existe entre Andrés Pastrana y Vicente Fox, si no fuera por un par de "detalles" francamente preocupantes. El principal de ellos es el involucramiento de las FARC con el cártel de los Arellano Félix.

Pero los contactos diplomáticos de la cancillería no impidieron que las investigaciones continuaran.

El lunes 26 de marzo de 2001, el encargado de la Fiscalía Especializada de Atención a Delitos contra la Salud, José Luis Santiago Vasconcelos, ahora responsable de la Unidad Especializada en la Lucha contra la Delincuencia Organizada (UEDO), confirmó que existía algo más que un intento de relación entre el cártel de Tijuana y las guerrillas de las FARC. Luego de una exhaustiva investigación que concluyó con la detención de seis miembros de una célula de los Arellano Félix que controlaba los mercados de la ciudad de México y Guadalajara, se confirmó que entre las FARC y el cártel de Tijuana se había llegado ya a acuerdos concretos y que los Arellano ya habían enviado dinero a Colombia, mientras que la guerrilla colombiana hizo llegar a México, antes de estas detenciones, un primer y "pequeño" cargamento de 800 kilogramos de cocaína pura que fuera recibido por los Arellano.

En este sentido, la detención de Rigoberto Yánez Guerrero, alias *El Primo*, que tenía esa relación familiar con Ismael Higuera, es clave para desmantelar todo este tinglado. *El Mayel* fue uno de los principales operadores del cártel de Tijuana y fue quien había establecido los contactos con las FARC a través de Charry Guzmán, que trabajaba para el responsable militar de esa organización, Jorge Briceño, apodado *El Mono Jojoy*.

Las pláticas que sobre este tema mantuvimos con José Luis Santiago Vasconcelos confirmaron dicha información. La caída de Charry y de los otros operadores detuvieron esas operaciones y, según la fiscalía antidrogas, Rigoberto Yánez ya había comenzado a establecer nuevas relaciones con otros narcotraficantes colombianos para restablecer los envíos de cocaína a México.

La detención de *El Primo* y de otros miembros de la banda de los Arellano Félix deja varias líneas de investigación abiertas. Por una parte, se confirma que la ciudad de México es una plaza controlada por el cártel de Tijuana, una presencia que creció en forma notable con las designaciones que hizo en el pasado el ex procurador de Justicia capitalino Samuel del Villar, en distintas áreas policiales y de seguridad de la capital. Se puede adelantar también que buena parte del crimen organizado que opera en Tepito y otras zonas del DF está relacionada con ese grupo.

Por otro lado, algunas de las detenciones, y las investigaciones que de ellas se derivan, habrían confirmado no sólo los sólidos lazos de los Arellano hacia el sur del continente, sino también en Estados Unidos. Por cierto, esta investigación habría tenido, según nos confirmó Santiago Vasconcelos, la colaboración de las fuerzas de seguridad estadounidenses en término de información e inteligencia. Recordemos que el gobierno de Estados Unidos le declaró "la guerra" a los Arellano en su propio territorio, donde se ha demostrado que ese cártel está firmemente asentado en buena parte de California, incluso con una producción intensiva en grandes extensiones dedicada a la siembra, cosecha y distribución de marihuana.

Y todo esto permite confirmar también que la relación entre los Arellano Félix y las FARC no se deterioró por una decisión política de alguno de esos grupos, sino por los golpes que recibieron de parte de las autoridades mexicanas.

Finalmente, el asunto confirmó la existencia de una red de tráfico de cocaína que surge de las zonas controladas por la guerrilla colombiana en ese país, droga que sale por avión pero sobre todo por barco (porque las guerrillas cada vez más aliadas del narcotráfico o convertidas ellas en narcotraficantes, controlan también litorales), hacia el Pacífico, y llegan a México a través de diferentes caminos: una parte se queda en Guatemala, cerca de la frontera con Chiapas, e ingresa por tierra a nuestro país. Otra sube hasta Michoacán y, sobre todo, hasta Colima, de donde es trasladada por tierra hacia la frontera norte. Mucha entra a Estados Unidos por tierra, pero también se ha descubierto su arribo vía aérea, como pudimos investigarlo en toda la zona del llamado triángulo de oro, donde confluyen los estados de Sinaloa, Durango y Chihuahua, o en Sonora, donde se utilizan avionetas para pegar literalmente saltos en la frontera, con vuelos muy cortos, a muy baja

LOS ARELLANO FÉLIX: LOS DUEÑOS DEL PACÍFICO

altura, imposibles de detectar por radar en zonas de baja densidad demográfica. Las armas y el dinero se trasladan por vías similares, haciendo el recorrido inverso.

México-Colombia, narcotráfico y guerrillas: una historia antigua

No es la primera vez que existe este tipo de relación entre narcotraficantes colombianos y mexicanos. En los años ochenta, ambos fueron utilizados, paradójicamente por fuerzas de inteligencia de Estados Unidos, en la operación Irán-contras, para aprovisionar de armas a la contrarrevolución nicaragüense. Los narcotraficantes colombianos, ligados entonces al cártel de Medellín de Pablo Escobar, pagaban en Estados Unidos las armas que llegaban a México; los propios cárteles mexicanos, encabezados entonces por Miguel Ángel Félix Gallardo, las enviaban a Honduras, donde las recibía un hombre de Escobar, Matta Ballesteros; ahí se concentraba también la cocaína que proveniente de Colombia, que regresaba a México en los mismos aviones que llevaban las armas. Y desde México la droga era introducida a Estados Unidos, que era precisamente de donde provenía la mayoría de las armas.

El esquema, entonces, es viejo, y en él, como se comprobó en las investigaciones derivadas del asesinato del agente de la DEA Enrique Camarena en 1985, en Guadalajara, estuvieron involucradas distintas agencias de inteligencia. Paradójicamente también, de ese tipo de actividades provino el involucramiento de muchos ex agentes de la Dirección Federal de Seguridad en el narcotráfico y presumiblemente también la actividad de protección, en muchos sentidos inexplicable (o demasiado explicable) de que goza el cártel de los Arellano Félix (sobrinos y herederos de Félix Gallardo) en sectores de inteligencia y seguridad estadounidense, sobre todo en el sur de California.

La relación y asociación de narcotraficantes con miembros de cuerpos de seguridad pública y nacional no es nueva: tiene por lo menos una historia de 15 años, cuando se produjo la explosión del consumo de cocaína en Estados Unidos y la consolidación de los cárteles del narcotráfico en América Latina, en asociación con grupos de poder de esos países.

Ése fue, paradójicamente, el resultado de la más ambiciosa operación realizada en los últimos años de la Guerra Fría por el gobierno estadounidense: el aprovisionamiento de armas a la contra nicaragüense, ordenado por Ronald Reagan el 1 de diciembre de 1981, a través de una orden secreta que autorizaba a la CIA para elaborar un plan de ayuda militar a una fuerza contrarrevolucionaria en Nicaragua y derrocar al entonces naciente gobierno del Frente Sandinista de Liberación Nacional. El problema fue que, por restricciones del Congreso, sólo le concedieron al grupo de tareas la cantidad de 19.9 millones de dólares anuales para cumplir con esa misión. Para compensarlo, Reagan firmó otras dos directivas de seguridad nacional que echaron a andar, en forma encubierta, el capítulo más oscuro de esta historia.

El jefe de la operación, según las directivas, ahora públicas, firmadas por Reagan, era el entonces vicepresidente George Bush, quien ya había sido director de la CIA. Inmediatamente por debajo de él, se ubicaba su consejero de seguridad nacional, Donald Greeg, y, dependiendo de éste, Oliver North. El resto de la red la formaban el dirigente de la contra, Adolfo Calero, y en Honduras, su jefe militar, el coronel Enrique Bermúdez. Eso era lo público: después se supo, merced a una investigación del *San José Mercury*, que la parte encubierta estaba encabezada por un tal Juan Meneses, que desde los años setenta era conocido en Managua como el Rey de la Droga; este personaje acordaba directamente con Oliver North y se ostentaba como "jefe de inteligencia y seguridad" de la contra en California. La DEA tenía en 1984 nada menos que 45 procesos contra Meneses, quien nunca fue detenido ni enjuiciado. La otra pieza de la red clandestina era un exiliado nicaragüense: Óscar Blandón. Básicamente, de lo que se trataba era de establecer un amplio acuerdo con las redes de narcotraficantes en el continente y de abastecer, por ese conducto, con armas y recursos a la contra. Por ese servicio, se les autorizó a los cárteles introducir *crack* a Estados Unidos para distribuirse entre los sectores más pobres de la población en Los Ángeles, particularmente entre grupos radicales, un esquema muy similar al utilizado a principios de los sesenta para financiar la contrarrevolución cubana.

Pero lo importante es cómo llegaba la droga a Los Ángeles. Existían dos vías: el general Noriega, en Panamá, que entonces trabajaba para la CIA, que aprovisionaba de armas a la contra en Costa Rica y utilizaba la ruta del Caribe para llegar a Miami. La segunda era más directa: la organizaba un oficial de las fuerzas aéreas salvadoreñas, Marcos Aguado, y el agente de la CIA Félix Rodríguez. Operaban en la base militar de Ilopongo, según relató en la investigación del *Irangate* el agente de la DEA Celerino Castillo. De Ilopongo se llevaba la droga a Honduras. Allí entraba en operación la red mexicana.

El contacto con la contra en Honduras era el narcotraficante Juan Matta Ballesteros, del cártel de Medellín; su jefe directo en México era Miguel Ángel Félix Gallardo y su principal operador *Don Neto*, Ernesto Fonseca Carrillo, actualmente en prisión por el asesinato de Enrique Camarena. Bajo las órdenes de Fonseca Carrillo trabajaba Rafael Caro Quintero y un sobrino de *Don Neto* que no pasaba, en ese entonces, de desempeñar tareas menores: Amado Carrillo Fuentes. Este grupo se encargaba de transportar armas a Honduras y, a cambio, regresaban a México (vía aérea y con camiones a través de Chiapas) *crack* y cocaína para trasladarla a Estados Unidos. Tan estrecha fue la relación que en ranchos de Jalisco, propiedad de Caro Quintero, se entrenó a combatientes de la contra.

Evidentemente, una operación de ese tipo, a pesar de la siempre enorme distancia personal que separó a Miguel de la Madrid de Ronald Reagan, no se hubiera podido realizar sin respaldo de grupos muy poderosos. El grado de complejidad y relación que mantuvieron estas organizaciones de narcotraficantes con el poder y con la CIA era tal, que por lo menos dos muertes se atribuyen directamente a haber descubierto estos nexos: la del periodista Manuel Buendía, el 30 de mayo de 1984 y, un año después, la del agente de la DEA Enrique Camarena. Recordemos que, acusado de la muerte de Buendía, está preso el entonces jefe de la Direc-

ción Federal de Seguridad (DFS), José Antonio Zorrilla. Por el asesinato de Camarena, están detenidos una veintena de miembros
de la desaparecida DFS, además del cuñado del ex presidente Luis
Echeverría, Rubén Zuno, recluido actualmente en Los Ángeles y
condenado a cadena perpetua. El toque macabro del asunto lo dio
la información proporcionada ante los tribunales de San Diego
por el ex agente de la CIA —y luego miembro de la DEA— Víctor
Harrison, quien asegura que la muerte de Camarena se debió a
que descubrió la participación de la CIA en ese operativo con la
DFS y los narcotraficantes. El mismo Harrison declaró que él colocó el sistema de escucha en las oficinas de la DEA en Guadalajara,
con el que se pudo confirmar ese hecho.

El libro ya citado, *Desperados*, de la periodista estadounidense
Elanie Shannon, un texto realizado para reivindicar la figura de
Enrique Camarena y construido con base en archivos de la DEA,
describe con precisión lo que ocurrió entonces. Un informante
mexicano no identificado cuenta que

> a mediados de los años setenta, cuando las bandas de Sinaloa
> guerreaban entre sí y con la PJF y la DEA, los comandantes de la
> Dirección Federal de Seguridad, Esteban Guzmán y Daniel Acu-
> ña fueron a ver a los señores de la droga de Sinaloa, Ernesto
> Fonseca, Miguel Ángel Félix Gallardo, los Caro y los Quintero.
> Les aconsejaron que dejaran de lado la violencia y que edifica-
> ran una base de operaciones en Estados Unidos [...] Los funcio-
> narios de la DFS persuadieron a los traficantes de Sinaloa de que
> se reubicaran en Guadalajara [...] Los agentes de la DFS edifica-
> ron una especie de complejo narcoindustrial.[1]

Según el mismo testimonio, "los funcionarios de la DFS presentan
a los traficantes con personas de influencia en Guadalajara, les
hallaron casa y les asignaron guardaespaldas de la DFS. Los traficantes les proporcionaban músculo y sangre y los dirigentes de la

---

[1] Elaine Shannon, *Desperados. Los caciques latinos de la droga, los agentes de la
ley y la guerra que Estados Unidos no puede ganar*, Lasser Press Mexicana México, 1989, p. 209.

DFS aportaban cerebro, coordinación, aislamiento de otras agencias del gobierno y poder de fuego en forma de miles de armas automáticas introducidas de contrabando".

Todo ello es verdad, pero también lo es que esos grupos tendrían una cortina de protección aún más amplia que, según testimonios oficiales recogidos en Estados Unidos, involucraba incluso a la CIA. La razón fue sencilla: estas organizaciones de narcotraficantes estaban concebidas como plataformas para combatir las guerrillas centro y sudamericanas, y participaron directamente en la operación encubierta elaborada por la CIA para abastecer de armas a la contra nicaragüense a partir de 1980.

La protección que tuvieron muchos de los agentes de la DFS por parte de la CIA, según cuenta la propia Shannon en su libro, sin poder comprender la magnitud del acuerdo, se basaba en la sociedad que tenían esas dos organizaciones en torno a objetivos que consideraban superiores al combate del narcotráfico: lo que entendían como la seguridad nacional. Las organizaciones del narco eran sus aliados en esa lucha. El testimonio de Víctor Harrison, un agente de la CIA que actuó en aquellos años en México y que actualmente colabora con la DEA, brindando ante el jurado que en San Diego siguió el caso Camarena, deja poco lugar a dudas: según Harrison, la CIA y la DFS participaron en el aprovisionamiento de armas a la contra nicaragüense, apoyándose en la organización de Félix Gallardo, Caro Quintero y Ernesto Fonseca (tío de Amado Carrillo). De allí los lazos indisolubles que comenzaron a tejerse entre estos narcotraficantes y miembros de las fuerzas de seguridad. Cuando, la DFS desapareció envuelta en este escándalo y en su participación en los asesinatos de Camarena y Manuel Buendía, muchos de sus miembros continuaron dirigiendo el tráfico de drogas, y otros se trasladaron, incluidos sus contactos, a la PJF. En ese entonces, algunos mandos medios militares que participaron en el combate al narcotráfico, como el propio general Jesús Gutiérrez Rebollo, comenzaron a tejer relaciones y aprendieron el *modus operandi*.

Al narrar la historia del narcotráfico desde una perspectiva periodística, sobre todo partiendo del asesinato del agente de la

DEA, nos encontramos ante lo que aparentemente es, una vez más, un conflicto de intereses entre ésta y la CIA, y ante el ejercicio de presiones políticas con distintas fachadas.

Los conflictos entre estas instancias en relación con el narcotráfico (sus vertientes políticas y de tráfico de humanos y armas) no han sido ajenos a muchos capítulos de extraña factura en la relación entre México y Estados Unidos. Por ejemplo, los periodistas franceses Mylène Sauloy e Yves Le Bonniec, en su libro *A qui profite la cocaine* (*¿A quién beneficia la cocaína?*),[2] demuestran que México fue un espacio central en el circuito ilegal de armas hacia Centroamérica, establecido en torno a lo que luego se llamaría el *Irangate,* y que para ello la CIA estableció sólidos contactos con narcotraficantes y grupos políticos con ellos relacionados. Es más, ese contacto fue lo que definitivamente politizó al narcotráfico mexicano y lo que terminó involucrando a grupos de poder.

En los documentos y libros que hacen referencia a esa época, el nombre de Víctor Harrison vuelve a aparecer como un factor determinante. Según las declaraciones testimoniales del ex agente de la CIA que se entregó como informante a la DEA, la primera utilizaba las haciendas de Rafael Caro Quintero y de Ernesto Fonseca para el entrenamiento de combatientes de la contra, con la protección de la Dirección Federal de Seguridad que comandaba entonces Miguel Nazar Haro, estrechamente ligados, la institución y su jefe, con el espionaje estadounidense. Según el libro de Sauloy y Le Bonniec, el socio de Miguel Ángel Félix Gallardo (y jefe de Caro Quintero y Fonseca), Juan Ramón Matta Ballesteros, quien desde Honduras manejaba los contactos del cártel de Medellín, las relaciones con Félix Gallardo y todo el comercio de esa ciudad colombiana con Europa, sobre todo con España, era también el responsable de la distribución de las armas a la contra desde la base de Honduras.

Harrison atestiguó ante el Departamento de Justicia de Estados Unidos, que la droga que Matta Ballesteros, Félix Gallardo,

---

[2] Myléne Sauloy e Yves Le Bonniec, *¿A quién beneficia la cocaína?*, TM Editores, Bogotá, 1994, 392 pp.

Caro Quintero y Fonseca enviaban a Norteamérica era protegida por fuerzas de la CIA. La investigación de Sauloy y Le Bonniec presenta testimonios de narcotraficantes colombianos muy cercanos a Pablo Escobar, quienes aseguran que "la oficina de Medellín despachaba la cocaína en aviones de la CIA pertenecientes a una sociedad que servía de máscara (después se supo que era la Southern Air Transport, con sede en Miami). La *coke* hacía escala en El Salvador, Honduras, Belice y México, y después era descargada en Miami y Los Ángeles".[3]

Según su propia versión, Harrison era un agente de la CIA que trabajaba, al mismo tiempo, para la agencia estadounidense, para los narcotraficantes mexicanos y para la desaparecida DFS. Su principal labor fue instalar un sistema que le permitió a los narcotraficantes intervenir la red de comunicaciones de la DEA en Guadalajara, prevenir aquella alianza y sobre todo, cuidar el esquema clandestino ideado por Oliver North para apoyar a la contra y que devino luego en el *Irangate*. Según el ex agente, Enrique Camarena fue asesinado porque había descubierto esa conexión del narco con la CIA; con ello, desenmascararía la operación de North y utilizaría la información en la lucha interna de la DEA contra la CIA. Esta habría sido también la causa real de la muerte de Manuel Buendía.

En efecto, el asesinato de Camarena rompió esa relación, la hizo parte del debate interno de la DEA y la CIA en el gobierno estadounidense y obligó a la Central a romper con Medellín y refugiarse en el apoyo al cártel de Cali. A la DEA le dejaron el campo libre para golpear a Escobar (quien, en una acción política que habría que estudiar mucho más a fondo, estableció entonces una alianza con movimientos insurgentes como el M-19, al cual el cártel de Cali le asesinó dos candidatos presidenciales en la campaña electoral de 1989) y a sus socios foráneos: Félix Gallardo, Matta Ballesteros, Caro Quintero y demás involucrados en el caso Camarena.

Con la detención del líder del cártel de Cali, Gilberto Rodríguez Orejuela, *El Ajedrecista*, se hizo evidente que esa organiza-

---

[3] *Ibid.*, p. 191.

ción era lo más parecido a la tradicional estructura de la mafia moderna, vertical, cohesionada, con lógica de empresa y dirigentes cultos y refinados. Según la DEA, desde 1989 este *holding* dominaba el mercado de la cocaína en Nueva York, Houston, Chicago, Los Ángeles, Las Vegas, San Francisco y México. Ese mismo año, mientras Miguel Ángel Félix Gallardo (antiguo zar de la droga y estrecho socio de los cárteles de Bogotá y Medellín) era detenido, Amado Carrillo Fuentes, el hombre que manejaba buena parte de los contactos del cártel de Cali en México, cabeza del ahora conocido como cártel de Juárez, era capturado por la PGR, en aquella inolvidable época de Javier Coello Trejo. Pero en seis meses quedó en libertad.

En Cali, *El Ajedrecista* se separaba de los actos violentos del cártel de Medellín, se dedicaba a fortalecer su equipo empresarial contratando a los principales financieros de su país y de Estados Unidos, y a consolidar sus contactos con las fuerzas de seguridad; Carrillo hacía lo mismo en México en torno al cártel de Juárez: allí se concentraron industriales, políticos, comandantes de la policía judicial, gente de los medios y del espectáculo. Ambas organizaciones tenían un punto en común que demostraba, independientemente de su asociación, que eran grupos "tratables": habían participado apoyando a la CIA y en el *Irangate*.

Desde entonces han pasado más de 15 años, pero todo parece fluir en círculos. Hoy, nuevamente México, Colombia y Estados Unidos están relacionados en una dinámica que vincula la lucha contrainsurgente, las negociaciones de paz y el narcotráfico. Pero no sólo eso. El círculo se cierra cuando se comprueba que la misma empresa contratada por los servicios estadounidenses para, en el contexto del Plan Colombia, realizar los vuelos de erradicación de drogas en esa nación sudamericana, es la que en los ochenta había contratado Oliver North para llevar armas a la contra nicaragüense y, según las denuncias publicadas, para regresar, a cambio de ellas, con drogas desde Honduras.

La empresa se llama Eagle Aviation Services and Technology (EAST) y se ha sabido ahora que opera las misiones estadounidenses consideradas peligrosas en Colombia desde hace diez años.

No está contratada directamente por el Departamento de Estado norteamericano sino por Dyncorp Aerospace Technology, una empresa de la industria militar que es la que tiene los contratos oficiales para realizar las operaciones antidrogas de Estados Unidos en Colombia. La función de los aviones de EAST, oficialmente, es sólo fumigar los campos de hoja de coca.

En el Congreso estadounidense, según un reporte de la agencia CNN, ha comenzado la preocupación por el involucramiento de esta empresa en el Plan Colombia, y por la utilización que se hizo en la operación Irán-contras de empresas privadas para labores de espionaje estadounidense. El caso se disparó porque se comprobó que la avioneta derribada por militares peruanos el 20 de abril de 2001, incidente en el que murieron una mujer estadounidense y una bebé, se debió a una información errónea de uno de estos aviones subcontratados, que informó a las autoridades peruanas que se trataba de un avión de narcotraficantes, cuando en realidad allí viajaban turistas y misioneros. EAST está dirigida por un coronel retirado de la Fuerza Aérea estadounidense, Thomas Fabyanic, quien no ha querido hacer declaraciones sobre las obligaciones adquiridas en sus contratos con el Pentágono y el Departamento de Estado. Actualmente, esa empresa, que a pesar de haber estado involucrada en el escándalo Irán-contras nunca fue sancionada por las autoridades estadounidenses, recibe contratos de la Defensa estadounidense por 30 millones de dólares anuales.

Fox y Pastrana ante el narcotráfico y las FARC

La relación Fox-Pastrana es sólida y antigua, tanto como la de la corriente que encabeza Pastrana en el Partido Conservador de Colombia (cercana a la democracia cristiana internacional) con el Partido Acción Nacional (PAN); y desde el momento en que Fox fue declarado presidente electo, la misma se ha profundizado, con la abierta intención de establecer un eje político que incluya a México y Colombia, e indirectamente al presidente Ricardo Lagos, de Chile. Pero el contacto México-Colombia es clave para un tema que, los dos países por separado, siempre han debido confrontar con Estados Unidos: el narcotráfico.

Entre los halcones que rodean al Partido Republicano y al nuevo presidente George Bush, existe la tentación de lanzar, con una fuerza supranacional, una suerte de guerra en los Andes que acabe de raíz con el narcotráfico; ¿cómo?, terminando con los enormes sembradíos de coca que crecen desde Bolivia hasta Colombia en toda la región andina y que han encontrado en la nación que gobierna Pastrana, paradójicamente a través del proceso de paz y la zona de distensión, un territorio mas fértil que nunca, no sólo para cultivar coca, sino también para convertirla en cocaína pura.

Pero la preocupación por esa posible intervención estadounidense (¿quién quiere un Vietnam en los Andes?) y por las evidentes relaciones que existen entre los cárteles colombianos y mexicanos (y también entre algunos de sus grupos armados, particularmente entre el EZLN y el Ejército de Liberación Nacional, ELN) acercaron aún más a Fox y Pastrana y, desde la visita que hizo el mexicano como presidente electo a la nación sudamericana, se comenzó a organizar un mecanismo en el cual México pudiera actuar como intermediario con las FARC para facilitar el diálogo de paz, que ya desde entonces estaba estancado. Simultáneamente, en una vertiente distinta del conflicto (que tiene ritmos y características diferentes), el gobierno cubano comenzó a actuar como una suerte de interlocutor oficioso con el ELN colombiano.

Para el gobierno mexicano, establecer relaciones con las FARC no era difícil: en nuestro país existe incluso una representación oficial de esa organización, incorporada en la estructura de la Coppal, la Confederación de Partidos Políticos de América Latina y el Caribe. Pero la situación se tornó muy compleja porque se pusieron de manifiesto las relaciones de las FARC con el cártel de Tijuana, a las que ya nos hemos referido.

Sin embargo, después de la visita de Pastrana durante la toma de posesión de Vicente Fox, y conscientes de que la situación en Colombia continuaba deteriorándose, se decidió hacer un esfuerzo adicional para retomar el contacto. Ello se logró, aparentemente, con nuevas reglas del juego para la permanencia de una

LOS ARELLANO FÉLIX: LOS DUEÑOS DEL PACÍFICO

representación de las FARC en México y con la exigencia de establecer un canal de comunicación directo con la comandancia de ese grupo guerrillero.

Para realizar esa interlocución directa, viajó a Colombia Andrés Rozenthal y se reunió con Manuel Marulanda, *Tirofijo*. Allí se establecieron compromisos concretos relacionados con la legalidad en la que se moverían los representantes de las FARC en México, con la ruptura de los lazos que pudiera tener esa organización armada con el narcotráfico en nuestro país y con la situación de un joven ingeniero mexicano que está secuestrado desde hace meses en Colombia. Desde entonces, México ha servido como un intermediario oficioso entre el gobierno colombiano y las FARC, pero la crisis en la que ha entrado la relación gobierno-guerrilla podrían poner literalmente contra la pared esa posibilidad.

Lo cierto es que mientras las FARC no muestren voluntad política para negociar, las opciones militares crecen. Y muchos sectores no parecen estar en desacuerdo con esa carta que el presidente Pastrana no quiere jugar, porque sabe cómo comienza pero no cómo y cuándo puede concluir una espiral de violencia de esas características. En los hechos, nadie dice públicamente que quiere la guerra, pero las actitudes que han tomado algunos grupos de poder, dentro y fuera de Colombia, demuestran que sí están apostando a ello.

Un ejemplo de esto es una grabación que la Seguridad Nacional de Colombia encontró en un campamento de las FARC en agosto de 2000 y que reprodujo la revista colombiana *Cambio*.

Allí se escuchan las instrucciones de *El Mono Jojoy*, el mismo que está acusado de haber establecido relaciones con los Arellano Félix, en el cual el jefe militar de la guerrilla no sólo asegura que no se avanzará en las negociaciones de paz, sino que considera la zona de distensión como una zona liberada que protegerá con las armas; comenta también sobre la manera en que se estaban preparando, desde hace año y medio, para ello. En esta cinta, dirigida a sus principales mandos el jefe guerrillero declaró:

lo que ustedes tienen que tener claro es que aquí va a haber una guerra prolongada, con diez, veinte, con mil, con dos mil guerrilleros, con los que sean. Con minas, trampas, tiros, rampas, con morteros, con el armamento que sea [...] esta zona (de distensión) no se puede perder; hay que venderle al enemigo bien caro toda la infraestructura que hay. Ellos pueden coger esta zona por un tiempo, pero no pueden vivir siempre aquí. Si se quedan, dejamos una tropa peleando y nos vamos a las ciudades a combatir.

Lo cierto es que las fotos de satélite tomadas a la zona de distensión han mostrado que se han construido grandes fortificaciones de concreto que funcionan como refugios antiaéreos, así como rampas de lanzamiento de cohetes (incluyendo misiles antiaéreos) y trincheras, a lo largo de decenas de kilómetros.

El comandante de las FARC concluye diciendo:

es necesario que quede bien claro en todos los estados mayores de los frentes y demás comandos y unidades, para no hacerse ilusiones con estas conversaciones. Es un avance de orden militar el hecho de que el gobierno permita el despeje de cinco municipios [...] pero nosotros no luchamos por esa área de cinco municipios. Luchamos por el poder nacional para arrancárselo a la oligarquía y ponerlos a ustedes a gobernar [...] nosotros no negociamos [...] sólo hablamos con los gobiernos transitorios que haya, hablamos con éste y seguramente vendrán otros [...] entonces queda claro que nosotros no vamos a pactar ninguna paz, porque no existe.

Este hombre, que no cree en la negociación de paz y que opina que hay que utilizarla para fortalecer sus posiciones militares, es Jorge Briceño, *El Mono Jojoy*, responsable de uno de los más importantes frentes armados de las FARC, y fue, como hemos dicho, el contacto de esa organización guerrillera con el cártel de los Arellano Félix.

Ante un razonamiento político como el anterior, no es extraño que el gobierno estadounidense esté considerando, oficialmente, a los grupos armados de Colombia (junto con el actual gobierno de Afganistán) como uno de los principales bastiones de intercambio entre organizaciones que califica de terroristas al mismo tiempo que de narcotraficantes. "Los narcotraficantes y los productores de drogas", dijo el 13 de diciembre de 2000, Michael Sheehan, coordinador de Acción Antiterrorista en el Departamento de Estado (unos días antes de que Bill Clinton dejara el poder), al declarar ante la Subcomisión del Crimen de la Cámara de Representantes,

> son criminales internacionales y buscan rincones del mundo donde su comportamiento no estará sujeto al control o castigo del gobierno [...] no es sorprendente que haya a menudo una superposición entre los que participan en el terrorismo y los que participan en otro comportamiento internacional (como el tráfico de drogas) también inaceptable.

En la misma sesión de la Cámara de Representantes, Dionne Marshall, entonces administrador de la DEA (que sería reemplazado, sorpresivamente, por George Bush, en abril de 2001) dijo que es en Colombia donde se produce 70 por ciento de la cocaína mundial y que en ese tráfico se centra la relación entre las drogas y el terrorismo. Agregó que "atacar las organizaciones colombianas debe ser el elemento central de cualquier estrategia coordinada que apunte a la unión del crimen organizado, las drogas y el terrorismo". Allí, sostuvo Marshall, los traficantes "controlan la manufactura de la mayoría de la cocaína en América del Sur y sus huellas dactilares están, virtualmente, en cada kilogramo de cocaína que se vende en ciudades y pueblos de Estados Unidos". El propio Marshall relacionó esa amenaza con México, porque dijo que esos grupos colombianos "transfieren a los grupos mexicanos del crimen organizado más y más de sus operaciones en Estados Unidos".

Fuera de su responsabilidad como zar antidrogas de la Casa Blanca, el general Barry McCaffrey fue interrogado a fines de febrero de 2001 por la revista colombiana *Semana* sobre la relación de las FARC con el cártel de los Arellano Félix. McCaffrey, quien estuvo cinco años a cargo de la lucha antidrogas estadounidense, declaró que "siempre nos planteamos el debate en estos términos: ¿son las FARC una organización criminal en el sentido de que están vendiendo cocaína en Nueva York? No. ¿Están las FARC promoviendo el crecimiento de los cultivos de coca? Sí. ¿Están las FARC financiándose con el dinero que viene de la droga? Sí. Protegen los cultivos, ponen impuestos a los laboratorios, a los químicos y al transporte por agua. Ahora los mexicanos alegan, y yo les creo, que las FARC tienen un representante en México coordinando negocios de narcotráfico". Y concluye: "no hay ninguna duda de que tanto las FARC como las UAC (los grupos paramilitares de Colombia) están peleando por el dinero de las drogas más que nada". Porque "tenemos evidencia continua que tanto las FARC como las UAC tienen relación con negocios de la droga. Ambas organizaciones promueven los cultivos y los laboratorios a los que les cobran impuestos. La única diferencia es que las UAC cobran menos que las FARC".

Los socios internacionales de Arellano Corp.

Pero esos contactos internacionales de las FARC (ya ha trascendido un punto no menos inquietante: la posibilidad de que, en la actualidad, los competidores de los Arellano Félix, los cárteles del Golfo y de Juárez, estén desarrollando sus propios intercambios, pero, en lugar de con las FARC, con las fuerzas paramilitares de las UAC) resultaron mucho más extensos de lo que se suponía, tanto por parte de los Arellano Félix como del propio grupo guerrillero.

El 17 de diciembre de 1999, se allanó en Bogotá el domicilio de Óscar Fernando Cuevas Cepeda, un lavador de dinero, hijo de una familia prestigiada, director de una revista llamada *Latinoamérica Internacional* y que se ostentaba como corresponsal en Colombia del *New York Times*. En ese domicilio se encontraron documentos que lo señalaban como lavador de dinero para las FARC; los documentos lo mostraban como testigo contra el ex dictador panameño Manuel Noriega y exhibían fotos con su amigo, el ex presidente argentino Carlos Menem.

Según el semanario colombiano *Cambio*, cuando los oficiales de la policía registraron el departamento, se encontraron también con fotos de los principales dirigentes de las FARC tomadas por el propio Cuevas Cepeda. En varias de ellas se veía a un joven vestido de civil abrazando a *El Mono Jojoy*, y a otro comandante de las FARC de nombre Romaña, junto a un maletín repleto de billetes. Un año después, los investigadores recordaron esas fotos cuando se reveló el papel que jugaba Carlos Ariel Charry como contacto entre las FARC y el cártel de los Arellano Félix. Éste era el joven que posaba en aquellas fotos con los líderes guerrilleros y con el maletín.

Las mismas investigaciones del semanario colombiano permitieron comprobar que Cuevas y Charry tenían relación. Que Cuevas era un asiduo visitante de la región de San Vicente del Caguán y que se había dedicado a la asesoría financiera de las FARC. Su primer contacto no había sido en ese carácter sino como corresponsal del *New York Times* (tenía dos credenciales con esa atribución: una a su nombre y otra con el de Jairo Edilberto Galeano Lee, un empresario colombiano que vivía en Milán, Italia, y que había muerto cuatro años atrás; en ambos casos, el matutino estadounidense ha declarado que no expidió ninguna de ellas, aunque reconoce que años atrás tuvo una relación con la revista *Latinoamérica Internacional*) y que, ya en confianza, les comenzó a llevar a los líderes guerrilleros estudios sobre cómo lavar su dinero; para eso tenía varias empresas ficticias con las que podía colaborar en el proceso.

El Mono Jojoy se hizo cargo de la relación y fue él quien contactó a Cuevas con Charry. *El Doctor*, según las fuentes colombianas, quedaba a cargo de la operación y de los contactos en México, mientras que Cuevas manejaría el dinero proveniente de esas operaciones relacionadas con el cártel de Tijuana. Según nuestras propias investigaciones, debe haber sido Cuevas quien recibió los recursos enviados por los Arellano Félix para solventar el primer embarque de droga (los 800 kilogramos de cocaína pura) que hicieron llegar las FARC a los integrantes del cártel de Tijuana, vía Manzanillo, mientras se preparaba el intercambio de drogas por armas, que tendría que organizar, del lado mexicano, el ex comandante de la Policía Federal de Caminos Enrique Harari.

No era la primera vez que Cuevas estaba relacionado con este tipo de negocios: ya había sido señalado desde los noventa como un lavador de dinero del cártel de Cali y, según esas mismas fuentes ligadas a la DEA, le propuso a Charry nuevas rutas para hacer llegar la cocaína a México. Lo cierto es que poco antes de la detención de Charry en México, en agosto del año 2000, Cuevas fue apresado en Colombia. Pero, mientras se instruía su proceso, cuando estaba bajo un régimen de libertad vigilada, fue secuestrado, el 6 de abril del mismo año, y no se ha vuelto a saber de él.

Desde entonces, se han conocido muchas más cosas sobre este personaje. Por ejemplo, que asistió, como invitado, a la toma de posesión de Andrés Pastrana, pese a que el periódico *La Prensa*, propiedad de la familia del actual presidente colombiano, lo había denunciado desde 1994 como un lavador de dinero del cártel de Cali. Pero eso no impidió que se moviera en los más altos círculos del poder durante los cinco años siguientes, utilizando, normalmente, su fachada de periodista, de supuesto corresponsal del *New York Times* y editor de la revisa *Latinoamérica Internacional,* para llegar a donde quisiera.

Una de las relaciones más importantes de este hombre se estableció con el entonces presidente argentino Carlos Menem, colaborador habitual de su revista y, según la familia de Cuevas, un cercano amigo del ahora desaparecido contacto financiero de Charry y las FARC para el lavado de dinero proveniente de México. Incluso la familia de Cuevas asegura que Menem y sus principales miembros del gabinete se alojaban en su casa cuando llegaban a Colombia. No deja de ser paradójico que varios de los principales hombres del entorno de Menem hayan sido acusados de lavado de dinero e incluso que Amado Carrillo Fuentes, entonces jefe del cártel de Juárez, haya contribuido a la campaña de Eduardo Duhalde y Ramón *Palito* Ortega a la Presidencia de la República Argentina.

Pero la desaparición de Cuevas y la detención de Charry no detuvieron automáticamente los negocios y la búsqueda de acuerdos entre las FARC y el cártel de los Arellano Félix. Un mes después de ser detenido en la ciudad de México, Charry envió una carta manuscrita en la que establece precios y comisiones para continuar los negocios en Tijuana. El texto de esa carta, dirigida a Julio García Espinoza es el siguiente:

Respetado licenciado, voy a manifestarle de forma objetiva lo previamente acordado, así:

1. El portador de este mensaje le entregará los 30 acordados para el desarrollo del programa ya hablado.

2. Otro portador(a) muy posiblemente en estos días le entregará 100 veces más del valor anterior para que a través de su conducto sea llevado al sitio de origen del programa hablado en el primer punto, por un valor que nosotros personalmente habíamos acordado por 8 y que yo cobro a la compañía por 12 (para que de esa forma quede un excedente a favor mío de cuatro por ciento) y que usted me lo entregaría en su sitio final.

3. Tuve un inconveniente que actualmente se está aclarando y para lo cual necesito que le colabore al portador de este mensaje en la consecución de recibos hoteleros a mi nombre, y en las fechas respectivas (ojalá que sean hoteles sistematizados en Guadalajara para que de esta forma cuando entren a chequear se evidencie positivamente) que él le informará respectivamente los nombres y/o nombre del (los) hoteles, a nombre mío y fecha respectiva.

Postdata: estamos en lo hablado y favor como sugerencia es tener mucho cuidado (usted sabe su oficio).

De lo que se trata en el primer párrafo es de continuar con los negocios: los envíos y recepciones de drogas y recursos. El segundo, el referido al "inconveniente", es la detención de Charry, por lo que necesita recibos de hotel para tener así una coartada que le permitiera romper la acusación de que, entre el 20 y el 23 de diciembre de 1999, se había reunido para establecer estos acuerdos entre las FARC y los Arellano Félix, en Tijuana con Ismael Higuera, quien, por cierto, terminó siendo detenido al seguirse precisamente, las mismas pistas que habían llevado a la detención de Charry.

Un personaje más se suma a la lista del entramado que representan las conexiones de los Arellano Félix en el extranjero: Vladimiro Montesinos, el hombre que estuvo detrás del trono de Alberto Fujimori durante su largo gobierno en el Perú, el hombre que manejó los aparatos de inteligencia y espionaje, de represión y tortura, de corrupción y coerción, fue detenido finalmente en Venezuela, donde la gente del presidente Hugo Chávez le había proporcionado protección, según una investigación del FBI estadounidense, lo que no deja de ser paradójico, porque el propio Montesinos fue, durante largos años, espía de la CIA estadounidense dentro de su país. Su caso recuerda, y mucho, el del panameño Manuel Noriega y, en menor escala, el del ex gobernador de Quintana Roo Mario Villanueva.

Montesinos está detrás de innumerables historias oscuras en el Perú y en las relaciones de negocios que hizo al amparo del poder, particularmente en distintas naciones sudamericanas. Hay constancia de las relaciones que estableció sobre todo para la venta de armas y drogas con sectores colombianos, destacadamente con las FARC y el ELN, pero también con los paramilitares de ese país; se han descubierto también contactos en Bolivia y Brasil, y, evidentemente, en Panamá y Venezuela, donde residió durante su fuga. Lo cierto es que Montesinos también estuvo en contacto con México, por lo menos a través de tres historias muy diferentes y controvertidas.

La primera de ellas se dio poco después del levantamiento zapatista. Cuando estaba concluyendo el gobierno de Carlos Salinas de Gortari, desde la oficina de Montesinos llegó información al gobierno mexicano de que se tenía la identidad del subcomandante Marcos; se informó que éste, con un grupo de lo que sería el EZLN, había sido entrenado en 1993 en las montañas peruanas por la organización Tupac Amaru (la que años después tomaría la embajada de Japón en Lima). El hecho provocó no pocos contactos diplomáticos e incluso algún intercambio primero entre el presidente Alberto Fujimori y el entonces presidente Salinas de Gortari,

en la Cumbre Iberoamericana de Cartagena en 1994, y posteriormente otros entre Fujimori y el presidente Zedillo, en la Cumbre
Iberoamericana de Bariloche, en Argentina, en 1995, porque, pese
a que Marcos fue identificado desde febrero de 1995 como Rafael
Sebastián Guillén, los servicios peruanos que manejaba Montesinos insistían en tener información que demostraba la relación del
EZLN con los grupos guerrilleros peruanos.

La información resultó parcialmente cierta. No se sabe, finalmente, si hubo o no acercamiento del EZLN con alguna de las
organizaciones armadas del Perú, pero sí quedó constancia de
una relación entre lo que ahora conocemos como EPR y Sendero
Luminoso (y quizá también con Tupac Amaru, lo que explicaría la
información de los servicios peruanos), y de los dirigentes de esa
organización con el llamado Comandante Gonzalo. Se confirmó
que por lo menos un comando del EPR fue entrenado en la zona
de Ayacucho y que, hasta la detención de Gonzalo, los contactos
entre ambas organizaciones fueron estrechos. En ese contexto,
fuentes mexicanas de aquella época estaban convencidas de que
Montesinos quería establecer relaciones políticas y de información
en nuestro país. Nos aseguran que nunca lo logró, pero no por
falta de intentos.

Años después, también hubo alguna relación oficial con Montesinos cuando se produjo la elección en el Perú en el año 2000,
en que Fujimori derrotó, en unos comicios no sólo disputados
sino también muy poco claros, a Alejandro Toledo. Observado-
res oficiales y oficiosos estuvieron en el Perú porque consideraban que la elección podía ser una suerte de escenario posible, si
en México, el Partido Revolucionario Institucional (PRI) ganaba
los comicios del 2 de julio: una elección cerrada, competida,
polarizada y con una fuerte presencia y atención internacional.
Varios de esos enviados tuvieron reuniones con los hombres de
Fujimori, entre ellos con su principal operador, Montesinos. Nadie llegó demasiado entusiasmado de lo que vio en aquella oportunidad.

Ahora sabemos que mientras Montesinos buscaba contactos
oficiales con México, también desarrollaba otros, más lucrativos,

con uno de los principales cárteles del narcotráfico en nuestro país. El fiscal especial peruano para el caso Montesinos, Alejandro Espino Méndez, reveló, a fines de junio de 2001, la existencia de lazos entre el operador de Fujimori y el cártel de Tijuana. A través de diversos narcotraficantes detenidos, han surgido en el Perú numerosos testimonios que hablan de esos contactos, realizados vía Colombia, lo cual no es nada descabellado, considerando las relaciones que los propios Arellano, por una parte, y Montesinos, por la otra, tenían con organizaciones guerrilleras y narcotraficantes de ese país.

De acuerdo con la Dirección Nacional Antidrogas del Perú, los representantes de los Arellano Félix en el país andino eran el colombiano Omar Penagos Rodríguez, *El Larry*, y el mexicano Agustín Vázquez Mendoza, conocido como *Shantal* o *Hades*. Según la información proporcionada por el fiscal especial para este caso, Penagos y Vázquez se entrevistaban con Montesinos en las propias oficinas del servicio de inteligencia nacional. Los contactos no eran nuevos: las primeras reuniones se realizaron en 1998, en el Club Regatas, y concluyeron con el envío de tres toneladas de cocaína provenientes del Perú y entregadas en el puerto de Tampico, en Tamaulipas.

Una informante de la DEA, de nombre Elizabeth Rosales Linares, que mantenía en esas fechas una relación amorosa con Penagos, dijo que *El Larry* le informó personalmente del acuerdo, que el precio fue de tres mil dólares el kilo de cocaína para colocarla en Lima y que los Arellano se encargaron del traslado a México. La propia informante (testigo protegido) de la DEA declaró ante el fiscal especial peruano que ella acompañó en noviembre de 1998 a Penagos a una reunión con Montesinos en el cuartel general del Ejército peruano, acompañados por el abogado Javier Corroncho Patrón. Ella dice haber esperado a Penagos en el primer piso del edificio, mientras el abogado y Penagos le llevaban un maletín con un millón de dólares a Montesinos. En contrapartida, cuenta esta mujer, que brindó su testimonio en febrero pasado en la fiscalía peruana, Montesinos le regaló al representante de los Arellano Félix una pistola plateada, nueve milímetros, con silenciador.

Lo que están buscando las autoridades peruanas (y mexicanas) es un patrón en la relación entre Montesinos y los Arellano Félix, porque hasta ahora la información con la que cuentan está fraccionada. Con la detención de Montesinos, muchas piezas, en ése y en otros sentidos, podrían comenzar a encajar.

Pero mientras desarrollan sus contactos hacia el sur del continente, los Arellano Félix no han descuidado sus relaciones hacia el norte, donde manejan redes de distribución que abarcan buena parte de la costa oeste estadounidense, sobre todo California, y del centro del país. Trafican con cuatro productos simultáneamente: marihuana —en altísima escala—, cocaína, heroína (a través de su propia producción y de las relaciones que han establecido con cárteles asiáticos) y las nuevas drogas sintéticas derivadas de las metanfetaminas (donde aparecen sus relaciones, que ya analizaremos, con el cártel de los hermanos Amezcua).

Pero una de las diferencias que se establecen entre los Arellano Félix y otros grupos del crimen organizado en su operación dentro de Estados Unidos es, primero, el grado de contactos, relaciones, redes de tráfico y protección que han desarrollado ahí. Y, segundo, la capacidad para producir drogas en el propio territorio estadounidense, tanto en lo referente a la marihuana como a las drogas sintéticas.

Sobre las redes internas de los Arellano Félix, se ha publicado poco, pero incluso la afamada película *Traffic* hace eco de la existencia de las mismas. La prueba más contundente de ello parece estar en el hecho de que los tan buscados hermanos viven, buena parte de su tiempo, en San Diego, como muchos otros de los integrantes de su cártel. Everardo *El Kitty* Páez, recientemente extraditado a Estados Unidos, que tenía orden de captura desde principios de los años noventa en ese país, vivía en una zona residencial de San Diego con su madre, en una casa que estaba a su nombre, y utilizaba sus documentos legales para moverse en California. Fue detenido en Tijuana cuando realizaba una visita a esa ciudad, pero su residencia estaba en San Diego, como lo declaró, incluso, ante los agentes de la DEA que asistieron a su interrogatorio horas después de ser detenido.

Pero las redes de protección y tráfico en las que no sólo participan mexicanos, colombianos y asiáticos, sino también muchos estadounidenses, van más allá.

A mediados de julio de 1998, el FBI informó, con discreción, el descubrimiento de una importante red de narcotraficantes estadounidenses que operaba desde la ciudad de Los Ángeles y tendría conexión con las detenciones de los *narcojuniors* en Tijuana.

Como ya relatamos, la red fue descubierta cuando un perro amaestrado olió restos de cocaína en una camioneta en el estacionamiento de la Oficina Antinarcóticos local. Pero resultó que el propietario de la misma era uno de los más importantes agentes de la misma: Richard Waybe Parker, de 43 años, señalado durante los últimos ocho años como uno de los más eficientes policías antinarcóticos de Los Ángeles y de quien ahora se sospecha que manejaba una red de traficantes desde 1991.

Los alcances de la red de Parker no se dieron a conocer. Por lo pronto, se sabe que este hombre adscrito a la oficina antinarcóticos de Riverside fue el responsable del robo, el 4 de julio de 1997, de 415 kilos de cocaína pura del propio depósito de bienes resguardados de las oficinas de Riverside, una estructura gubernamental supuestamente protegida por diversas esferas de seguridad, candados electrónicos, alarmas y códigos especiales de acceso. Ese robo no fue divulgado públicamente, pero desde entonces se pensó que el cerebro de la operación sólo podía ser un elemento interno y de primer nivel de la propia oficina antinarcóticos, aunque las investigaciones nunca arrojaron resultados.

Parker fue arrestado exactamente un año después del robo de la casi media tonelada de cocaína, pero no por ese caso. Su detención se inició con un tip de la oficina antinarcóticos de Detroit, en Michigan, que informó a sus homólogos de Los Ángeles que un hombre llamado Gerhard Ewald Hensel estaba vendiendo cocaína pura de alta calidad a uno de los principales distribuidores de Detroit.

Hensel fue arrestado en Los Ángeles y aceptó participar en el programa de testigos protegidos. Confesó que recibía la droga de dos mujeres: Mónica Lillian Pitto y Christine Whitney, residentes en

Manhattan Beach, quienes le informaron que recibían la droga de un agente de la DEA. Entonces el FBI tomó bajo su control el caso y Hensel utilizó un aparato de grabación escondido durante su siguiente cita con Mónica Pitto, cuando le compró drogas por un valor de 38 mil dólares en Manhattan Beach, el 2 de julio de 1998.

Concluida la transacción, Pitto fue seguida hasta Pasadena, donde se encontró con un hombre que resultó ser el agente Parker; ambos fueron detenidos poco después, pero, en el caso de Parker, éste estuvo a punto de librar, por su condición de agente, la acción de la justicia, hasta que un perro amaestrado olió cocaína en su camioneta. En la misma, el agente antinarcóticos de elite transportaba 100 mil dólares en efectivo, recibos de diferentes transacciones realizadas desde bancos locales a las Islas Caimán, una carta de recomendación de un banco estadounidense a uno de esa isla y algunos restos de drogas.

Todos los involucrados ya están detenidos y Hensel informó, al iniciarse el juicio, el 7 de julio de 1998 en un tribunal de Los Ángeles, cómo operaba la red de distribución. A su vez, Mónica Pitto, de 39 años, confesó ser la "compañera sentimental" de Parker y agregó que Hensel había sido su primer cliente. Ella estimaba haber vendido a éste unos 140 kilogramos de cocaína pura que le proporcionaba Parker. Las autoridades no han ofrecido más información, sobre todo para saber de dónde provenía la droga que vendía este agente antinarcóticos, porque, evidentemente, su red manejaba mucho más "material" que los 415 kilos robados en la propia oficina antidrogas.

Se ha considerado que esta red, como muchas otras de la región, pudieran tener relación con la de los *narcojuniors* de Tijuana, que, desde la caída de su jefe, *El Kitty* Páez, ha sido progresivamente desarticulada. La confirmación de una red encabezada en Los Ángeles por un destacado policía de la propia oficina antidrogas ha puesto de manifiesto que, primero, las redes en Estados Unidos no son, como decía el ex embajador James Jones, sólo de minoristas. Segundo, que tampoco se trata, como señaló en varias oportunidades el ex zar antidrogas Barry McCaffrey, de redes con un alto "contenido étnico", una forma elegante de decir que están manejadas por inmigrantes. Finalmente, matizó también la honestidad y eficiencia de muchas fuerzas policiales de Estados Unidos en el combate contra las drogas: recordemos que el depósito de Riverside había sido robado un año atrás, que se sabía que el hurto tendría que haber sido perpetrado por un elemento interno y ahora se descubre que Parker, quien ganaba un salario de poco más de tres mil dólares mensuales, portaba 100 mil dólares en efectivo y había hecho transferencias, vía bancos estadounidenses, hacia las Islas Caimán por muy fuertes cantidades (las autoridades tampoco han querido divulgar el monto) sin ser localizado ni por la estructura de control bancaria de su país, ni por la contraloría interna de las fuerzas policiales de Los Ángeles, ni por su propia oficina, que jamás pudo descubrir quién había sido el responsable del robo del que había sido objeto.

Hubo un hecho, conocido los primeros días de enero de 1999, que los medios nacionales e internacionales minimizaron u ocultaron: un grupo de 50 marinos utilizaron sus rangos y sus posiciones en una importante base naval, para transportar drogas e introducirlas en Estados Unidos, trabajando para el cártel de los Arellano Félix. Quizá la falta de información respondió a que los militares eran miembros de la marina estadounidense y su base estaba en San Diego, California.

En diciembre de 1998, Wayne Clookie, un vocero del Servicio Naval de Investigaciones Criminales, reconoció que aproximadamente 50 infantes de marina y marineros fueron detenidos por ser parte del cártel de los hermanos Arellano Félix. La información fue difundida por el periódico *Los Angeles Times,* que confirmó que estos militares se valían de su entrenamiento y rango para introducir drogas, especialmente cocaína, a su propio país. Según las investigaciones, que no fueron divulgadas públicamente, los infantes transportaban la droga por vía marítima desde Camp Pendleton para evitar el puesto de inspección de la guardia fronteriza estadounidense en la carretera interestatal número cinco, ubicada a 100 kilómetros al norte de la frontera con Tijuana.

Las autoridades norteamericanas no dieron detalles sobre la operación y se limitaron a especificar que, de los 10 mil militares asentados en San Diego, sólo unos 50 participaron en esta operación. Sin embargo, el problema no es menor, según ha reconocido el vocero del Departamento de Defensa, Tom Beginess, pues durante 1998 fueron procesados por tráfico y consumo de drogas 4 mil 888 hombres y mujeres pertenecientes a las fuerzas armadas estadounidenses.

Todo esto refuerza la tesis, que las autoridades mexicanas han refrendado en muchas oportunidades —sin éxito con sus interlocutores estadounidenses—, de que varios de los principales narcotraficantes de la zona, comenzando por el detenido Everardo Páez y siguiendo por los buscados hermanos Arellano Félix, en realidad viven en San Diego y en Los Ángeles, con la protección de policías y fuerzas de seguridad locales.

Pero también los Arellano Félix están involucrados en lo que la prensa estadounidense ha comenzado a llamar el cártel de California. A principios de 2001, una serie de reportajes del programa 60 minutos de la cadena CBS mostró enormes extensiones de praderas y bosques californianos inundados de sembradíos de marihuana, sólo comparables a los que se pueden ver en ciertas zonas de Sinaloa. La diferencia es que son plantíos mayores, mejor cuidados, con técnicas más sofisticadas, en territorios mucho más accesibles y que producen una droga de mayor calidad. Lo que no es diferente es quiénes los siembran, cuidan y cosechan: campesinos mexicanos que con su sola presencia vuelven a confirmar algo que es un secreto a voces: el narcotráfico y el tráfico de gente tienen cada vez más lazos que los unen. El pago es el normal, según investigaron los reporteros de CBS: unos 500 dólares mensuales, y los campesinos, indocumentados que una vez cruzada la frontera son llevados hasta esos predios, sabiendo a qué van pero no el lugar, se quedan en tiendas de campaña hasta completar el ciclo de la cosecha, unos cuatro meses. No tienen privaciones, viven en tiendas de campaña bien aprovisionadas y con muchas comodidades (mayores, sin duda, que las de la mayoría de los campesinos que se encargan de esas mismas labores, cuidando y sembrando marihuana y amapola en las sierras mexicanas).

Los sembradíos en California no están muy escondidos: se encuentran, por ejemplo, en los parques nacionales y, según cifras oficiales, las granjas en las que se produce marihuana suelen tener unas 60 mil plantas cada una, en promedio. Autoridades estadounidenses consideran que debe haber sembradas unas 800 mil plantas, desarrolladas genéticamente para lograr una mayor producción y potencia en la droga, sólo en California. El kilo de esa marihuana se vende en 8 mil dólares en el mercado local. Las ganancias que están proporcionando esos cárteles a sus impulsores son de aproximadamente 10 mil millones de dólares al año.

De acuerdo con las mismas investigaciones estadounidenses, a partir de un tiroteo que se registró en uno de esos sembradíos, fueron detenidos medio centenar de operadores del cártel de California, varios de ellos relacionados de antaño con los Arellano Félix. Las propias autoridades estadounidenses consideran que ningún otro grupo tiene el conocimiento y la capacidad para operar un sistema tan complejo y extenso de producción y distribución de este tipo de droga. Evidentemente, en este caso se trataría de una suerte de *join venture*, una empresa de responsabilidad compartida entre los Arellano y figuras locales que, como siempre, las autoridades estadounidenses no identifican.

Pero ésa no es la única red de distribución asociada que tienen los Arellano Félix en Estados Unidos; está también la de las metanfetaminas, vinculada, entre otros, a los hermanos Amezcua.

Los reyes de las metanfetaminas

El lunes 1 de junio de 1998, en la ciudad de México, fue arrestado un personaje muy singular: al verlo, nadie podría pensar que se trataba de un importante narcotraficante; es más, en el momento de la detención, este hombre dijo ser sacerdote. Asombrados, los funcionarios de la fiscalía antidrogas que entonces encabezaba Mariano Herrán Salvatti, le preguntaron a qué orden o religión pertenecía. El detenido afirmó ser santero.

Decía la verdad: José de Jesús Amezcua Contreras era un reconocido sacerdote del culto santero, tanto, que al momento de su detención llegaba del mercado de Sonora con los materiales necesarios para el ejercicio de su culto. El problema era que Amezcua también era, es, reconocido como un importante narcotraficante, y las autoridades lo acusaban de ser la cabeza del llamado cártel de Colima, de donde él y sus hermanos, Luis y Adán, son originarios; se les conoce como los "Reyes de las metanfetaminas", las drogas sintéticas que, desde hace varios años, hacen furor entre la juventud estadounidense, europea y, también, entre buena parte de los jóvenes de nuestro país.

Lo cierto es que ahora la cancillería reiteró su aceptación sobre la extradición de José de Jesús Amezcua a Estados Unidos, donde hay varias acusaciones en su contra y donde podría esperarle una condena de cadena perpetua. La extradición estaba autorizada desde principios de 1999, pero el gobierno debió postergar esa decisión por los diferentes amparos que ha presentado José de Jesús. La extradición no se ha realizado porque aún quedan pendientes recursos legales que han interpuesto sus abogados para tratar de evitar su envío a Estados Unidos.

El tema es central, porque las acusaciones de las autoridades mexicanas contra José de Jesús Amezcua se están agotando, y los procesos no han logrado tener la solidez que debieran en los casos relacionados con delincuencia organizada y narcotráfico, aunque se mantiene el cargo en su contra por lavado de dinero. Lo cierto es que Adán Amezcua (nuevamente detenido) ya había obtenido su libertad y, si bien tanto José de Jesús como su otro hermano, Luis, están detenidos por el delito de lavado de dinero, fueron exonerados en primera instancia por el juez octavo de distrito de Guadalajara, José Nieves Luna Castro, del delito de asociación delictuosa (¿en qué medida, tendría que explicar el juez, se puede lavar dinero como parte de una organización criminal sin formar parte de ésta?) El hecho es que, independientemente de las declaraciones, para la extradición de Amezcua aún deberán pasar, por lo menos, un par de años, si se busca agotar todos los procesos pendientes, fuera del hecho de que, si finalmente es declarado culpable de lavado de dinero, tendría que cumplir su condena primero en México y luego ser juzgado en Estados Unidos.

José de Jesús Amezcua está acusado de numerosos delitos en Estados Unidos. En 1995, las autoridades de ese país dijeron haber desmantelado 419 laboratorios para la producción de drogas sintéticas, más de uno por día, pertenecientes, supuestamente, a la organización que este hombre encabezaba. Y de acuerdo con la información que ha proporcionado la DEA sobre este grupo, entre 1992 y 1997 les fueron decomisadas en Estados Unidos más de cinco toneladas de efedrina pura, el material base con el que se producen las metanfetaminas y las distintas drogas sintéticas. No es, según la información de los estadounidenses, un negocio menor, sobre todo si se toma en cuenta que el precio de la libra de metanfetaminas en los mercados de Los Ángeles y San Francisco, de acuerdo con las mismas fuentes, oscila entre los 10 mil y los 6 mil 500 dólares, mientras que el gramo puede llegar a venderse, en función de su pureza, hasta en 150 dólares. La efedrina pura se vende a 50 mil dólares el kilo.

Las fuentes estadounidenses, que tienen mucha mayor información y pruebas contra los Amezcua que la justicia mexicana, dicen que estos hermanos, asociados con los Arellano Félix (lo que los Amezcua siempre han negado) tejieron una vasta red de producción y distribución de este tipo de drogas en ambos lados de la frontera. Según estas mismas fuentes, los Arellano funcionan como socios e introductores de las drogas producidas por los Amescua, y a su vez, ambos explotan conjuntamente los laboratorios localizados en el sur de California. También existiría una relación familiar entre los dos grupos; la esposa de Luis Amezcua sería la hija de uno de los principales hombres del "consejo de administración" de los Arellano, y una de sus hermanas, Patricia Amezcua, estaría casada con Jaime Ladino, un miembro del cártel de Tijuana, detenido en el reclusorio Oriente de la ciudad de México, y a la espera, también, de su extradición a Estados Unidos. Más aún, conociendo la dureza, incluso ferocidad, de los Arellano Félix, con sus competidores, sobre todo en Baja California, sería casi inconcebible que un grupo autónomo, que incluso no parece contar con una rama de hombres armados como los Arellano u otros grupos, pudiera realizar un comercio de drogas de tal magnitud en esa frontera, sin ser molestado.

Pero el centro operativo de estos cárteles no está en Baja California, ni en Colima, ni en Michoacán, donde tienen numerosos laboratorios, sino en el Distrito Federal, y no desde hace poco tiempo. Según información procedente también de Estados Unidos, sólo entre 1993 y 1994, la etapa de consolidación de estos grupos, entraron a la ciudad de México 170 toneladas de efedrina pura, suficientes para producir 136 toneladas de metanfetaminas y para abastecer a 12 millones de adictos con una dosis diaria durante años. La investigación que permitió descubrir ese embarque (con el que los estadounidenses ligan a los Amezcua) comenzó en 1994, cuando oficiales aduanales del aeropuerto de Dallas descubrieron 3.5 toneladas de efedrina en un vuelo comercial que iba de Suiza a México y que fue desviado a Dallas, supuestamente, por mal tiempo.

El hecho es que José de Jesús Amezcua, pese a todo, aún está lejos de ser extraditado, y la declaración de la Secretaría de Relaciones Exteriores del martes 22 de mayo de 2001 respecto de su extradición fue, sin duda, un paso legal más que se tenía que dar tarde o temprano, pero también un gesto por la visita, el día anterior, del titular del Departamento de Justicia de Estados Unidos, el muy derechista y muy firme partidario de la política de extradiciones John Ashcroft.

Semanas antes, el 3 de mayo de 2001, al visitar al mandatario estadounidense George Bush, el presidente Fox le llevó un regalo: la detención, con amplias posibilidades de extradición a ese país, del narcotraficante Adán Amezcua, hermano de Luis y José de Jesús, ambos detenidos desde hace poco más de dos años.

El caso de Adán es paradigmático para comprobar cómo funciona la lucha contra el narcotráfico en México y Estados Unidos. Este hombre, el más joven de los tres hermanos, fue el primero en ser detenido, en noviembre de 1997, y poco después fue dejado en libertad. En aquella oportunidad, se presentó como un personaje menor: tenía diez mil pesos en una cuenta bancaria a su nombre, pero aceptó ser propietario de una casa en Colima, otra en Guadalajara, donde fue detenido en la madrugada del 24 de mayo de 2001, además de un rancho de 15 hectáreas y 60 cabezas de ganado, ubicado en la carretera Colima-Las Guásimas, así como de un terreno en la localidad de Chiapas, también en Colima. Registradas a su nombre tenía cinco camionetas.

Cuando fue detenido en aquella oportunidad, Adán Amezcua reconoció que estaba involucrado en el tráfico de metanfetaminas desde 1991, por invitación de su hermano José de Jesús, mientras que, en aquellos años, Luis era "pollero", o sea, traficaba con indocumentados. Pero Adán, que está entre los narcotraficantes más buscados por el gobierno de Estados Unidos, estuvo detenido en ese país entre 1991 y 1993. Había sido apresado por tráfico de drogas en California, en el *freeway* de Horco, transportando efedrina en el automóvil de su cuñado, Jaime Ladino. Pero en aquella oportunidad, Adán portaba una credencial a nombre de José Luis Manzano y, pese a ser condenado a cinco años de cárcel, las autoridades californianas nunca se molestaron en tratar de verificar su identidad. Peor aún: fue dejado en libertad a los 32 meses, la mitad de su condena, por buena conducta. Su hermano Luis también estuvo detenido en aquellas fechas, pero en San Diego: fue dejado en libertad tres meses después. Ahora están en las listas de los extraditables.

En aquella ocasión, noviembre de 1997, la red de los Amezcua operaba desde Tijuana, utilizando vehículos arreglados, con compartimentos especiales para pasar la droga. La efedrina llegaba entonces de Guadalajara, pero, con el tiempo, además de Manzanillo y Colima, una de las principales plazas de operación para el cártel de los Amezcua fue el Distrito Federal. Pero la efedrina que manejan no proviene de México: la obtienen, sobre todo, de Tailandia y la India, de donde comienza un largo recorrido para llegar a nuestro país. Otra de las principales plazas de envío de efedrina hacia México es la República Checa. Y también, cuando tienen problemas de abastecimiento, los Amezcua, según declaró Adán, la primera ocasión en que fue detenido, se aprovisionaban de pastillas antigripales para obtener de allí la droga base, medicamentos con alto contenido de efedrina, como el llamado Sudafed. Pero, desde entonces, Adán aseguraba que los principales labora-

torios no estaban en México, sino en Estados Unidos, particularmente en California, en la zona de Riverside.

En realidad, con este panorama, los Amezcua no parecen un
cártel particularmente importante. Lo que sucede es que su comercio tiene otras características. Primero, como no requieren de
amplio control territorial para su operación, son considerados como
un grupo relativamente pacífico, que no suele operar con fuertes
equipos armados, como los traficantes de marihuana, cocaína o
heroína. Segundo, hay que comprender que buena parte de sus
redes de distribución en Estados Unidos van de la mano de las que
tienen los Arellano Félix, con los cuales de alguna forma están asociados. Tercero, la producción de metanfetaminas u otras drogas
sintéticas no requiere de grandes estructuras: en cualquier habitación y con un equipo mínimo, se pueden producir estas drogas
que, además, como no son identificadas con facilidad, pasan sin
demasiados problemas las fronteras. El reto es conseguir las cantidades adecuadas de efedrina. Su venta está regulada en Estados
Unidos y para los grandes laboratorios, pero se elabora en enormes cantidades, sin control alguno, en laboratorios de Europa del
Este y en todo Oriente. La producción es intensa y dispersa. El
mérito de los Amezcua, en todo caso, fue organizar a los pequeños
productores concentrados en Colima, pero también, desde hace
años, cada vez más en Michoacán, y encontrar las líneas de introducción y comercialización en Estados Unidos, lo que lograron,
en buena medida, a través de sus acuerdos con los Arellano Félix.
Los Amezcua tienen redes propias en California, producto de los
muchos años que vivieron del otro lado de la frontera, e incluso
por el tiempo que estuvieron detenidos en cárceles de ese país.

En relación con los Amezcua se ubican, además dos grupos de
interés político. Por una parte, la senadora Dianne Fainstein, demócrata por California, quien encabezó una lucha personal contra ellos,
luego de que uno de sus hijos murió por una sobredosis de drogas
sintéticas que habrían sido producidas por este grupo. La senadora
ha encabezado una verdadera cruzada contra los Amezcua. Por
otra parte, según Jesús Gutiérrez Rebollo, el ex general que fue
fiscal antidrogas y que en realidad trabajaba para el cártel de Juárez,

existía una relación entre los Amezcua y la familia política del ex presidente Zedillo. Gutiérrez Rebollo llegó a declarar que haber descubierto esa relación fue lo que en realidad lo llevó a prisión.

Adán Amezcua, en su declaración, ratificada en el mismo sentido en 1998 por su hermano José de Jesús, reconoció que sí conocían a la familia Velasco en su natal Colima, que su padre había tenido alguna relación de amistad con el padre de la señora Zedillo, Nilda Patricia, y que ellos mismos estudiaron en Colima con los hermanos de la esposa del ex presidente. Pero aseguró que desde hacía 19 años no tenían relación con la familia Velasco, salvo un intento que realizaron de comprar un terreno a un hermano de la esposa del ex presidente. Según la declaración de José de Jesús Amezcua, se trata "de una confusión mal intencionada" de Jesús Gutiérrez Rebollo, porque sí existía una relación del cártel con un hombre llamado Eduardo Velasco (que no era familiar de Nilda Patricia), quien les debía 100 mil dólares, por lo que tuvieron graves conflictos y al que, reconoció, terminó amenazando de muerte. Incluso aseguró que fue esa "confusión", la que precipitó la persecución en su contra. Por ello, no es descabellado pensar que el ex procurador del DF, Samuel del Villar, concentró sus acusaciones en el caso Stanley contra los hermanos Amezcua, tratando de explotar políticamente esa supuesta relación.

Finalmente, es importante asentar que, en Estados Unidos y en Europa, las drogas sintéticas están creciendo en forma notable. No sólo tienen presencia en toda la Unión Americana, sino que ya se han convertido en la droga preferida en los estados de Nevada, Utah, Colorado, Arizona, California y todo el noroeste del Pacífico; incluso las redes provenientes de México y California controlan desde hace dos años el mercado de Hawai, desplazando a los productores asiáticos.

El mercado de las metanfetaminas

Existe desde hace poco tiempo una virtual guerra por el mercado de las metanfetaminas, inmersa en el choque de los cárteles de la

droga que comenzó en 1991, el mismo año en que esas organizaciones descubrieron el negocio de las drogas sintéticas, particularmente el de las metanfetaminas y, con ello, la posibilidad de
controlar un mercado prácticamente sin intermediarios; esto lo
diferencia del de la cocaína, cuya casa matriz sigue siendo primor-
dialmente colombiana. El grupo de los Amezcua creó su red de
distribución, inicialmente con el tráfico "hormiga" hacia Estados
Unidos, instalando laboratorios clandestinos y provisionales en
ambos lados de la frontera.

En la guerra del narco, los Arellano Félix fueron el grupo más
perseguido, más exitoso y más violento. La causa de muchos de
los hechos desestabilizadores de 1993 y 1994 debe buscarse en
esa lucha que los tuvo como protagonistas principales. Resistieron
los embates y han crecido en forma espectacular en los últimos
tiempos: controlan la península de Baja California, buena parte de
la costa del Pacífico y del centro de la República, y en los últimos
tiempos, se insertaron en el Distrito Federal.

¿Qué es lo que está en disputa? En parte, se trata, evidentemente, del control de territorios, pero también de un mercado
estratégico, el de las metanfetaminas, que en Estados Unidos los
cárteles mexicanos controlan hasta en 80 por ciento. La operación
está centrada en un triángulo, que también es ruta: Tijuana, controlado por los Arellano Félix; Guadalajara, que estaba controlada
por los hermanos Amezcua, asociados con aquellos; y el Distrito
Federal, en donde todo indica que son también los Arellano Félix,
o alguno de sus grupos asociados, los que tienen el control de un
mercado en expansión.

Las metanfetaminas se producen a partir de drogas "legales":
las efedrinas y pseudoefedrinas, que son elaboradas en muchos
laboratorios comerciales. Los embarques de efedrina de los países
de Oriente llegan generalmente en tambos a Tijuana, y los de los
países europeos y árabes, al Distrito Federal. Desde allí se colocan
en laboratorios en distintas partes del país, pero, sobre todo, en
Estados Unidos.

La operación es sencilla: se compra la efedrina por volumen
en los principales países productores: China, India, Alemania y la

República Checa y se importa vía Suiza o Guatemala. Después es enviada a Estados Unidos para su transformación en metanfetaminas.

El cártel de los Amezcua no ha sido uno de los más conocidos públicamente; sus productos, las nuevas drogas químicas de "diseño", derivadas de la efedrina y las metanfetaminas, como el *ice*, el *kristal*, el *éxtasis* y una cantidad innumerable de derivados, tampoco son las más populares en este país, aunque sin duda son el tipo de drogas cuyo consumo ha aumentado espectacularmente en México y en Estados Unidos, y están consideradas como las drogas del futuro inmediato.

El esquema del tráfico de este tipo de droga se basa en dos grandes cabezas: por una parte, como ya se señaló, la de los Amezcua, dedicados a la producción y traslado a distintos puntos del país, mientras que las redes de los Arellano Félix se responsabilizan de introducir el producto al sur de California; esta última zona es la consumidora más importante de drogas sintéticas y el lugar desde donde parten las redes de distribución a toda la Unión Americana.

En mayo de 1997, cuando el presidente norteamericano Bill Clinton visitó México, se presentó un diagnóstico conjunto México-Estados Unidos sobre el tráfico de drogas en el que se afirmaba que las metanfetaminas "están causando un efecto devastador en un número cada vez mayor de comunidades en toda la nación". Los grupos que operan en México y Estados Unidos —decía el mismo informe— han convertido a las metanfetaminas en la droga preferida de los norteamericanos.

Ello también explica la violencia creciente entre los cárteles mexicanos, una vez que están controlando una parte importante del mercado estadounidense, especialmente cuando los cárteles colombianos están en un periodo de transición. De acuerdo con información de la DEA, entre septiembre de 1992 y septiembre de 1997, las autoridades norteamericanas decomisaron a los hermanos Amezcua más de cinco toneladas de efedrina.

Los hermanos Amezcua lograron tejer una red importante con numerosos productores intermedios, y establecieron un esquema de comercialización con los Arellano Félix. El centro de operaciones de estos grupos está en el Distrito Federal y no en sus regiones de origen. Su presencia en la capital del país corresponde al crecimiento del consumo de este tipo de drogas en esa zona, pero también porque ahí se concentra la industria necesaria: los químicos que se requieren.

La presencia de la efedrina en el Distrito Federal se puso de manifiesto también por un decomiso realizado hace más de dos años. En mayo de 1996, se detectó un barco que ancló en Manzanillo, Colima, con un embarque que supuestamente contenía aparatos de aire acondicionado; el cargamento incluía 3.5 toneladas de efedrina, descubiertas un mes después de que fuera asegurado en la terminal de ferrocarriles de Pantaco en el Distrito Federal. La carga había seguido un extraño recorrido: partió de Hong Kong hacia Long Beach, California; se dirigió a Manzanillo y luego se envió al Distrito Federal, donde tendría que haber regresado a Estados Unidos. Lo cierto es que dentro de los aparatos de aíre acondicionado se encontró la efedrina.

Pero tan importante como sus conexiones con Sudamérica o sus redes de distribución en el norte del continente son, para los Arellano Félix, sus contactos en el Distrito Federal, una ciudad que han logrado anexar como territorio propio. Y en esa historia, el caso de los hermanos Carrola es paradigmático.

El fin de los hermanos Carrola y los Arellano en el DF

El 29 de mayo de 2001 aparecieron muertos, torturados y encobijados, dentro de una camioneta en la zona de Tacubaya, en la ciudad de México, los hermanos Jesús, Miguel Ángel y Marco Antonio Carrola, ex miembros de la Policía Judicial Federal, y luego Jesús, designado comandante de la Policía Judicial del Distrito Federal por Cuauhtémoc Cárdenas en diciembre de 1997. Fue un nombramiento efímero: apenas cinco días después, por las denuncias que realizamos un grupo de comunicadores, demostrando su relación con el narcotráfico y particularmente con el cártel de los Arellano Félix, Carrola debió presentar su renuncia, aunque, ignorando lo anterior Samuel del Villar lo mantuvo como uno de sus asesores en materia de seguridad hasta el final de su gestión al frente de la Procuraduría del DF.

El asesinato de los hermanos Carrola no es un hecho aislado: días antes, el sábado 26 de mayo en la mañana, fue asesinado en Tlalnepantla, a las afueras de su casa en la colonia ex hacienda de Santa Mónica, Guillermo Murrieta López, hombre de confianza de Carrola y ex director operativo de la Policía Judicial del DF. Había llegado a la PJDF junto con Carrola, pero a la salida de éste continuó, aún con mayores responsabilidades, en el equipo de su sucesor, Mauricio Tornero, otro funcionario que llegó con Carrola a la Procuraduría de la ciudad de México. Por alguna razón, las autoridades prácticamente no divulgaron información sobre ese asesinato.

Confirmar una información por un método tan brutal como el que causó la muerte a los hermanos Carrola siempre es lamentable, pero los hechos demostraron lo que dijimos desde diciembre de 1997: que Carrola estaba ligado al narcotráfico, que había sido dado de baja de la PJF en dos oportunidades por esas razones, además de existir recomendaciones de la Comisión Nacional de Derechos Humanos en su contra por la violación de derechos humanos cuando un joven murió torturado siendo él delegado de la PGR en Baja California Sur. Paradójicamente fueron las denuncias del PRD las que obligaron a Carrola a abandonar esa entidad, pero fueron los primeros gobernantes perredistas del DF los que trajeron a estos personajes, años después, al primer plano del escenario político nacional.

Las relaciones de Jesús Carrola y de su hermano Miguel Ángel con el narcotráfico están más que documentadas, a pesar de que el entonces procurador Del Villar siempre decidió ignorar esa información. Carrola tenía abiertas, a fines de 1997, diez averiguaciones previas en su contra por delitos relacionados con el narcotráfico, la mayoría de ellas en Tijuana y otras en Chiapas. La DEA contaba también con un amplio expediente de su accionar a favor del cártel de Tijuana y, además, había sido acusado por la PGR de manejar en Tijuana un centro de espionaje telefónico para los Arellano Félix.

Jesús Carrola había sido dado de baja de la PJF por "falta de confianza" en dos oportunidades: el 12 de junio de 1991 y el 16 de agosto de 1996, algo que él y su anterior jefe, Samuel del Villar, siempre negaron. Lo cierto es que el procurador Antonio Lozano Gracia había despedido de la PGR a Carrola, junto con otros 889 elementos. Al llegar a la PJDF, Carrola contrató, en apenas una semana, a cincuenta de esos elementos despedidos por Antonio Lozano Gracia.

Carrola siempre dijo que él había renunciado a la PGR: no era verdad. Desde diciembre de 1997, publicamos en el diario *El Financiero* una copia del dictamen expedido por Guillermo Ochoa Sánchez, director jurídico de la PGR, el 7 de agosto de 1996, realizado a pedido del propio procurador Lozano Gracia. En ese documento Ochoa Sánchez establece que "terminaron los efectos de los respectivos nombramientos expedidos a favor de los agentes de la PJF [...] ya que no satisfacían, ni satisfacen actualmente, todos los requisitos para su ingreso y permanencia en la PJF". Para "mayor claridad", continúa ese texto en su página 8, "a continuación se transcribe la lista referida": de los 889 despedidos: el tercero de esa lista es Jesús Carrola. El ex comandante presentó una carta de renuncia fechada el 11 de octubre de 1996, mas en su expediente en la PGR se señala que fue dado de baja el 16 de agosto de ese mismo año.

Pero, incluso antes Jesús Carrola ya había sido dado de baja de la PJF. Tenemos copia, y lo publicamos desde 1997, que el 12 de junio de 1991 había sido despedido por "pérdida de confianza". Para entonces, Carrola estaba comisionado al sector central de la PJF en la ciudad de México. Por alguna razón no quedó ni una sola copia de su expediente. Cinco años después, el 10 de febrero de 1996 reaparece en Baja California, como segundo subcomandante de la PJF. Pese a que fue dado de baja "por no cumplir con el perfil ético" que exige el reglamento de la PGR, fue llevado por el ex delegado de la Procuraduría en Baja California, Luis Antonio Ibáñez Cornejo, a Pachuca, Hidalgo. Se supone que allí entró en

contacto con Samuel del Villar. Ibáñez, otro acusado de estar ligado a los Arellano Félix, quiso nombrar a Carrola su jefe de escol-
tas, pero el entonces procurador Antonio Lozano se negó a
reinstalarlo. Sin embargo, meses después, Carrola presentó su solicitud para ingresar al Cisen, en donde le fueron aplicados los
exámenes de confiabilidad: fue rechazado, según el expediente
que obra en este organismo por su perfil psicológico proclive a
"cometer abusos". El expediente, además, documenta un patrimonio que era imposible haberlo adquirido con lo que había ganado
como funcionario público.

El asesinato de los hermanos Carrola —porque como quiera
que sea, a nadie se le puede desear una muerte tan brutal como la
que sufrieron— confirma las peores hipótesis que existían sobre
su carrera. Sin embargo, queda pendiente de esclarecer una responsabilidad política: por qué razón el señor Samuel del Villar
mantuvo la relación con Carrola como su asesor; por qué mantuvo
a la gran mayoría de los elementos que éste incorporó a la PJDF;
por qué entregó esa institución a quienes habían trabajado con
Javier Coello Trejo —incluyendo a involucrados en el tristemente
célebre caso de los violadores del sur—; por qué lo hizo, a pesar
de la documentación oficial que se exhibió en esa fecha; por qué
los sostuvo, pese a que las denuncias sobre violación de derechos
humanos y relación con el narcotráfico durante el paso de los
Carrola en Baja California la había hecho el propio PRD.

Las respuestas probablemente se encuentren en el grado de
penetración que han alcanzado los Arellano Félix en los órganos
de seguridad y justicia en la capital del país. En junio de 2001, la
investigación sobre el asesinato de los Carrola estaba paralizada
porque el caso era llevado en el Ministerio Público número 30 de
la delegación Miguel Hidalgo. El lunes 11 de ese mes, esa agencia
apareció desierta, ni la directora de la oficina ni los otros cuatro
empleados habían llegado a trabajar. No sólo ellos han desaparecido, sino también buena parte del expediente sobre el asesinato
de los tres hermanos y las pruebas documentales que allí se encontraban. Cuando se intentó localizar a los funcionarios de esa
agencia ministerial, se descubrió que todos proporcionaron domi-

cilios falsos y las autoridades de la Contraloría jamás lo habían descubierto. Con ellos y con esas pruebas desapareció la posibilidad de que se pudiera establecer, mediante la revisión de los exámenes de balística, algo que a todas luces parece evidente: que los asesinos de los Carrola eran sus conocidos, muy probablemente miembros de la Policía Judicial del Distrito Federal.

La presencia de los Arellano en la capital del país es indudable. Están relacionados con el llamado cártel de Tepito, tienen presencia en la distribución y venta de drogas, cuentan con bases en el aeropuerto Benito Juárez, sus sicarios han eliminado a numerosos adversarios en la ciudad de México e, incluso, se han encontrado pruebas circunstanciales de esa presencia, como una licencia de conducir a nombre de Alberto Arredondo Zazueta, con la foto de Benjamín Arellano, que lo identifica como el modesto propietario de un pequeño departamento en Viaducto Miguel Alemán número 170.

¿Se esconden los Arellano, Benjamín y Ramón, en el DF? Es muy probable, pero también todo parece indicar que ante los severos golpes que ha sufrido este grupo, actualmente están en una tarea de reconstrucción de redes, asociaciones estratégicas en México, en Colombia y en Estados Unidos, adquiriendo nuevos socios y eliminando, internamente, a todo lo que consideran un lastre o que puede afectar sus intereses, como pudieran haber sido los hermanos Carrola. Por lo pronto, el interés de los Arellano se mantiene en el norte del país, pero ha crecido en ciertas plazas del litoral del Pacífico: su presencia en Acapulco y la sierra de Guerrero, en Michoacán y en la costa oaxaqueña, particularmente en el área de Huatulco, parece ser notable. Más al sur, en Chiapas, siempre han estado.

CAPÍTULO III

El *holding* de Ciudad Juárez

¿Y sabes qué hay en esa selva? Gente que se pasa el día
cruzando a éste y al otro lado, cruzando cada día la frontera
que separa la legalidad de la ilegalidad. Y no tienes ni idea de
cómo funciona la vida en ese mundo.

TOM WOLFE

El 17 de enero de 2001 en Culiacán, Sinaloa, se encontraba la
plana mayor de la seguridad pública en México: el procurador
Rafael Macedo de la Concha, el secretario de Seguridad Pública,
Alejandro Gertz Manero, el director del Centro de Investigación y
Seguridad Nacional, Eduardo Medina Mora, Mayolo Medina Linares, todavía entonces secretario ejecutivo del Sistema Nacional de
Seguridad Pública, y funcionarios de la Secretaría de la Defensa y
de la Policía Federal Preventiva, que una noche atrás había lanza-
do un impresionante operativo de seguridad en el estado para
tratar de detener la violencia entre las bandas de narcotraficantes,
que había causado casi 30 víctimas en la primera quincena del
año. Sólo faltaban el secretario de la Defensa, general Ricardo
Clemente Vega y el consejero de Seguridad Pública y Nacional del
presidente Fox, Adolfo Aguilar Zínser. La reunión estaba destinada
a preparar la visita que realizaría el día 24 el presidente a Culiacán,
cuando anunciaría el inicio de una virtual guerra contra el narcotráfico en esa entidad, como ya lo había anunciado en Tijuana y
Ciudad Juárez.

Los funcionarios gubernamentales venían de un encuentro similar en la ciudad de Chihuahua, realizado los dos días anteriores,
donde se habían reunido con todos los procuradores de justicia de
la zona noreste del país para tratar de establecer políticas comunes que atacaran, precisamente, la creciente ola de violencia, que
tenía en Sinaloa su mayor expresión.

Por esa razón estábamos ese día en Culiacán. Realizaríamos una transmisión especial de radio con el tema de la guerra contra el narcotráfico y la violencia que sacudía a Sinaloa; habíamos obtenido autorización para estar en la reunión y teníamos organizada una mesa redonda con el procurador, el secretario de Seguridad Pública y el gobernador de Sinaloa, Juan S. Millán. Minutos antes de comenzar la transmisión, nos llegó, primero el rumor y luego la confirmación, de que, en pleno palacio de gobierno de la ciudad de Chihuahua, se había registrado un atentado en contra del gobernador Patricio Martínez García. Lo único que sabíamos era que había recibido un disparo en la cabeza; obviamente, esperábamos lo peor. Cuando los dos principales hombres de la seguridad pública en el nuevo gobierno, Macedo de la Concha y Gertz Manero, entraron a la oficina donde realizaríamos la transmisión, estaban tan desconcertados por la información como nosotros.

En ese momento, el jefe de ayudantes del procurador le entregó apresuradamente dos tarjetas manuscritas que decían:

> llamó el licenciado Navarrete Prida —entonces subprocurador de la República—, que por información del Cisen, a las 12 horas, tiempo de Chihuahua, 13 horas de la ciudad de México, que al ir llegando a Palacio de Gobierno el gobernador Patricio Martínez, se le acercan dos personas, un hombre y una mujer con apariencia de los llamados cholos, la mujer saca un arma de fuego y dispara al gobernador, le produce un rozón en la oreja; está siendo atendido en la Clínica Del Parque, hay una detenida de nombre Victoria Montoya, quien al parecer es ex policía judicial del estado de Chihuahua, dada de baja hace cuatro años. Estado de salud: estable.

Horas después sabríamos que el gobernador no venía llegando, sino bajando las escaleras del Palacio de Gobierno; que no había sufrido un rozón en la oreja, sino un disparo que le penetró en la cabeza y que, milagrosamente, no lo privó de la vida; que la mujer que realizó el atentado se llama Victoria Loya, no Montoya; y de la persona que se suponía la acompañaba, "con aspecto de cholo", en el momento del atentado, no se ha vuelto a saber. Pero quizá eso no era lo más importante, sino que, una vez más, como había sucedido en 1994, el narcotráfico intervenía, mediante la violencia, en las luchas políticas nacionales. El atentado contra Patricio Martínez es, hasta la fecha, el punto más alto del desafío de grupos de narcotráfico contra el foxismo.

Y es la confirmación, también, de que el cártel de Juárez se ha convertido desde antes de la muerte de Amado Carrillo Fuentes, pero sobre todo después de ese hecho, en una suerte de *holding* de distintas empresas, cárteles asociados bajo objetivos comunes, pero que trabajan en forma crecientemente autónoma y en una empresa global donde, además, hay líderes "morales", pero no socios mayoritarios.

¿Qué es, hoy, el cártel de Juárez? Es una organización descentralizada, con diversos líderes, responsables de distintas zonas del país, y sin una cabeza, por lo menos en el plano formal. En Ciudad Juárez, sin duda, el control es de Vicente Carrillo Fuentes, hermano de Amado Carrillo, un hombre al que se caracteriza como muy violento pero sin el talento y la capacidad de organización que tenía su hermano. Sin embargo, Vicente Carrillo sigue siendo lo que fue: un operador eficiente que, en muchas ocasiones, recurre al ajuste de cuentas para solucionar los problemas. Independientemente de la herencia que recibió, no parece ser, coinciden las autoridades, el hombre idóneo para reemplazar al llamado *Señor de los Cielos*.

En toda la zona de Sinaloa, el control es de Ismael *El Mayo* Zambada, a quien se agregó Joaquín *El Chapo* Guzmán luego de su fuga del penal de Puente Grande. Tanto *El Chapo* como Zambada son hombres que han recurrido a la violencia en innumerables ocasiones y que han estado en guerra permanente, desde 1989, con el cártel de los Arellano Félix por el control de la vertiente del Pacífico y del mar de Cortés. La cifra de muertes que ha dejado esta guerra en Sinaloa a lo largo de estos años se cuenta por cientos, pero lo cierto es que tanto Zambada como Guzmán parecen mantener férreamente el control en su estado y, sobre todo, en el llamado triángulo de oro: la zona serrana donde confluyen Sinaloa, Chihuahua y Durango, y donde incluso las fuerzas de seguridad no suelen penetrar, una zona que hemos podido recorrer en helicóptero y donde los sembradíos de marihuana y amapola se suceden unos a otros.

El resto de la costa del Pacífico, hasta Chiapas, es objeto de una dura confrontación entre los socios de Zambada y *El Chapo*, por una parte, y los de los Arellano Félix, por la otra. Los enfrentamientos se presentan en Michoacán, en Guerrero, en Oaxaca y en Chiapas, donde, en todos los casos, existen organizaciones más pequeñas que se van adaptando a las vicisitudes de esos enfrentamientos mayores y que mantienen sus propias guerras territoriales. En Michoacán, están los hermanos Valencia; en Oaxaca, la familia Díaz Parada, pero en toda la región lo que reina es la disputa y la lucha permanente.

En el centro del país, en Guadalajara, el control lo tiene la organización de Eduardo González Quirarte, un hombre que se caracterizó por mantener buena parte de las relaciones políticas que hicieron al cártel de Juárez el más poderoso del país. Él fue el contacto con el entonces general Jesús Gutiérrez Rebollo, también quien logró que buena parte de la estructura de seguridad de la zona terminara trabajando para Amado Carrillo y, según las investigaciones oficiales, quien mantenía la relación con los generales Acosta Chaparro y Quiroz Hermosillo, actualmente detenidos y procesados por su relación con el cártel de Juárez. La lucha por Guadalajara ha sido especialmente cruenta porque la capital tapatía se ha convertido en una suerte de cruce de caminos de los distintos grupos del narcotráfico en el país, y los enfrentamientos, por tanto, han sido constantes. Sin embargo, cada vez más Guadalajara se está convirtiendo en un centro de asentamiento de distintos narcotraficantes y de lavado de dinero, más que de operación de los distintos grupos. Y allí González Quirarte pareciera seguir manteniendo el control.

¿El cártel de Esparragoza?

Otras dos zonas son estratégicas para el cártel de Juárez. Una es el Golfo de México y toda la zona de Tamaulipas y Veracruz. La otra es la península de Yucatán. En el golfo, desde la caída de Juan García Ábrego, ese cártel fue disgregándose en distintos grupos con influencia local, pero con violentos enfrentamientos entre sí. Allí operaban Jesús Gómez, la banda de Los Texas y Osiel Cárdenas, entre otros. Este último parece haberse quedado con el control de la región a través de un acuerdo con el propio cártel de Juárez. En el sureste, con la caída de Alcides Ramón Magaña, *El Metro*, no parece haber, públicamente, una cabeza. En toda la región del golfo y del Caribe, la figura que pareciera estar detrás de la operación es el narcotraficante con mayor experiencia en el país, y el único que estaría en condiciones reales de ser el sucesor de Amado Carrillo Fuentes, Juan José Esparragoza, *El Azul*, el mismo que en 1989 organizó la reunión que distribuyó las zonas de influencia del narcotráfico en el país después de la caída de Miguel Ángel Félix Gallardo, el que logró mantener a lo largo de esta década un bajo perfil, aunque siempre estuvo junto a Amado Carrillo, el que habría organizado una reunión similar a aquella de inicios del salinismo hace unos meses a fin de redistribuir nuevamente el escenario nacional al comienzo del gobierno de Vicente Fox. El hombre que, aparentemente, manejó y maneja los principales contactos políticos y de poder de este cártel, y que estaría actualmente haciéndose cargo de toda la zona del golfo de México y el Caribe. *El Azul* se ha convertido, y lo es desde hace años, en el mediador de los cárteles mexicanos relacionados con Juárez con sus socios de Colombia.

¿Quién es Esparragoza? En mayo de 1993 dejó, solo, el penal de La Palma (en el municipio de Almoloya de Juárez, Estado de México); caminó hasta la carretera, con una bolsa en la que llevaba sus artículos personales, llegó a la caseta y tomó un taxi. Sin guardias, sin custodia, sin acompañantes, quedó en libertad *El Azul*, luego de un año en prisión. Había ingresado al penal de máxima seguridad en 1992, como el interno número 198, donde cumplió su último año de condena, después de haber sido sentenciado a siete años y dos meses, acusado de portar 20 kilos de cocaína. Innumerables versiones aseguran que, salvo ese año en Almoloya, Esparragoza entraba y salía de la cárcel sin problemas mayores. Es compadre de Rafael Caro Quintero y de Ernesto Fonseca, y ex discípulo de Miguel Ángel Félix Gallardo, con quien trabajó al lado de Amado Carrillo Fuentes, quien poco antes también había sido detenido y había permanecido, como él, unos meses en prisión hasta ser dejado en libertad.

Le dicen *El Azul* por la oscura coloración de su piel; mide 1.77 metros de altura, pesa unos 85 kilos, de cabello y bigotes negros, es de origen jalisciense, conserva su acento norteño y viste ropa casual vaquera. De lo poco que se sabe de él es que, después de La Palma, ingresó a Estados Unidos con pasaporte de chofer y, hasta marzo de 1997, vivió en Cuernavaca, Morelos, y en Las Hadas, Manzanillo, en el estado de Colima. Hoy, se asegura, controla toda la vertiente del Golfo y viviría en Tamaulipas. Es un hombre que prefiere las relaciones y acuerdos políticos y de negocios más que las acciones violentas. Por eso, después del atentado contra Patricio Martínez, dicen fuentes gubernamentales del área de seguridad, habría convocado a una reunión urgente de los jefes regionales en Apodaca, Nuevo León, para poner orden y establecer una estrategia que alejara a sus grupos de la guerra con el nuevo gobierno. Nadie sabe si esa reunión se realizó efectivamente ni, si la hubo. cuáles fueron los acuerdos. Lo cierto es que, desde hace tiempo, la alternativa de la desestabilización como forma de enfrentamiento de grupos del narcotráfico con el Estado mexicano ha estado presente.

Desestabilización

En este sentido, el referente ineludible es lo sucedido en 1993-94. Quizá los hombres encargados de la política interna y la seguridad pública y nacional de la administración Fox no lo han percibido, no lo perciben, de esa forma, pero, a partir del atentado contra

Patricio Martínez, comenzaron a presentarse indicios de que podríamos estar ante un intento desestabilizador muy similar en sus componentes al que vivimos en 1994.

Es verdad que la situación es muy diferente a entonces, que los años pasados han modificado actores y escenarios. Pero, si nos ponemos a analizar lo sucedido entonces y lo que ha ocurrido en México en el 2001, encontraremos algunas líneas comunes. Tenemos: un proceso en Chiapas que no parece estar bajo control y donde los fines últimos, tanto del gobierno como del zapatismo, están lejos de quedar en claro para todos; la presencia de grupos armados dedicados, sobre todo, a secuestros en diversas partes del país, muchos de ellos con contenido político local; una situación política marcada por la inestabilidad, con transiciones en curso en todos los partidos y enfrentamientos graves dentro de la mayoría de ellos; un país viviendo una profunda situación de cambio: en 1994, con la entrada en vigor del TLC y con la lucha interna por la sucesión priista, ahora, con las evidentes implicaciones del triunfo electoral de Vicente Fox; como entonces, ante esa situación de cambio político, tenemos una guerra entre cárteles del narcotráfico y otros sectores del crimen organizado, buscando quedarse con territorios y "calar" a las autoridades para saber hasta qué punto son capaces de responder; y tenemos, finalmente, un auge de la violencia ligada a estos fenómenos, que trasciende, en algunas ocasiones, lo meramente policiaco.

En este sentido, el atentado que sufrió el gobernador de Chihuahua, también guarda similitud con los que acabaron con la vida de Luis Donaldo Colosio y José Francisco Ruiz Massieu. La forma de ejecución (Patricio salvó la vida literalmente de milagro) fue exactamente la misma en los tres casos (cuatro, si sumamos el asesinato del cardenal Posadas Ocampo, en 1993); el perfil de los asesinos parece cortado con la misma tijera y también sus actitudes: Mario Aburto, Daniel Aguilar Treviño y Victoria Loya son personajes social, cultural y mentalmente limítrofes, que no han hablado de las motivaciones reales de sus crímenes. Los tres han sido presentados como autores solitarios (lo cual en un sentido es cierto, aunque ello no implica que alguien no los haya manipulado o impulsado a cometer esos crímenes, siguiendo la lógica de los sicarios colombianos), pero, a diferencia de otros asesinos solitarios y sin móvil real, que han cometido este tipo de crímenes, ellos no han hablado, no han propagado en ningún momento su verdad, qué fue lo que los llevó a cometer esa acción. Por el contrario, parecen, y quizá son, sí, personajes limítrofes, pero también disciplinados, que aceptan su realidad, incluso la posibilidad, en los tres casos muy alta, de ser detenidos en el escenario del atentado y que, sin embargo, guardan silencio.

Se ha dicho que Victoria Loya, la joven que atentó contra Patricio Martínez, es una mujer con muchas alteraciones nerviosas, proclive a la violencia, que alguna vez había agredido a su propio esposo, pero nada de eso explica por qué atentó contra el gobernador. Nadie se levanta proponiéndose entre los objetivos matutinos atentar contra una figura pública sin motivo aparente. Y ello se aplica, también, en este caso.

Pero mientras la hipótesis del atentado no sólo solitario sino también sin móvil no tiene verosimilitud, hay algunos hechos que no pueden ser asumidos como simples casualidades, y que sí justificarían la agresión. Primero —y principal—: durante los dos días anteriores, en Chihuahua, en el mismo Palacio de Gobierno donde le dispararon a Patricio Martínez, estuvo reunida, como hemos dicho antes, casi toda la cúpula de los servicios de seguridad e inteligencia del país con los procuradores de los estados del norte.

Habría que preguntarse si la respuesta a esas reuniones y a las estrategias allí acordadas no se presentó, entonces, menos de 24 horas después de que concluyeran esos encuentros.

En segundo lugar, Patricio Martínez acababa de denunciar, según dijo públicamente, al delegado de la PGR y al comandante de la PJF en la entidad, acusándolos de la compra y venta de plazas y de estar coludidos con el narcotráfico y el crimen organizado. Ambos fueron retirados de sus puestos y detenidos. Evidentemente, ese golpe había sido muy duro para Vicente Carrillo Fuentes, quien tenía a sueldo a esos funcionarios.

El aviso del FBI

Lo paradójico de todo esto es que, siendo la acción más violenta que se ha presentado en el país desde el inicio del gobierno de Vicente Fox, la investigación sobre el atentado contra Patricio Martínez ha quedado en la congeladora. Desde aquel 17 de enero, nadie parece tener una idea clara de dónde quedaron y hacia dónde van las investigaciones: ni la procuraduría local, que mantuvo el control de las mismas, ni la PGR, que atrajo muy tarde el caso y que tampoco parece haber profundizado en investigaciones sobre lo ocurrido.

Llama aún más la atención porque, desde ese mediodía, cuando la ex agente judicial Victoria Loya disparó contra el gobernador, todo indicaba que se trataba de un intento de ajusticiamiento del narcotráfico. Pero los hechos oscuros en torno de este atentado se reproducen constantemente. El caso dio un nuevo giro por la filtración que hiciera la oficina del FBI en El Paso, sobre que había advertido a la PGR de que el cártel de Juárez o, mejor dicho, su cabeza en Ciudad Juárez, Vicente Carrillo Fuentes, estaba dispuesto a matar al gobernador del estado. El documento, que informa de distintas claves de comunicación entre líderes del cártel en Juárez, especifica que el FBI estaba en posesión de "muy limitada información de inteligencia recibida de un informante confidencial que indicaba que Vicente Carrillo Fuentes buscaba asesinar a Patricio Martínez y que esa información había sido proporcionada al oficial de la PGR Miguel Aragón por el agente del FBI Héctor Camarillo".

Con esa información no se tomó aparentemente ninguna medida y tampoco se sabe qué destino le dio Aragón, entonces el segundo al mando de la UEDO, Unidad Especializada en la lucha contra la Delincuencia Organizada, que encabezaba José Trinidad Larrieta. Patricio Martínez acusó a la PGR de no querer investigar el caso, de ignorarlo y de no darle la atención suficiente. Martínez fue más allá al insistir en que parte de esa negligencia se debe a que se trata de un gobernador priísta, y dijo que no sólo no ha habido información alguna de la PGR sobre el tema para la procuraduría estatal, sino que el propio presidente Fox jamás se había comunicado con él desde el atentado.

Después de la segunda semana de abril de 2001, la Secretaría de Gobernación, a través de Santiago Creel, debió salir a hacerle frente a esa crítica, a respaldar públicamente al gobernador y a anunciar que se estaba buscando conjuntar la información suficiente para atraer el caso a la esfera de la justicia federal. Y para el 18 del mismo mes, a través de distintos canales, la PGR insistió en que sí había colaborado con la procuraduría estatal y que ese intercambio no había sido mayor porque ésta decidió tener el control de la investigación desde el día del atentado, aunque advirtieron que, ante la situación, atraerían "de oficio" el caso, por la utilización de un arma de fuego de uso exclusivo del ejército y fuerzas armadas. Como si faltaran elementos de confusión, el mismo día se anunció que en la celda de la frustrada asesina, Victoria Loya, se encontraron dos cápsulas con mercurio que, supuestamente, se intentarían utilizar para sacar de la cárcel, "viva o muerta", a la ex agente judicial.

Todo el contexto en el que se dio ese atentado es demasiado extraño. Se produjo unos días después de que Vicente Fox declarara la guerra al narcotráfico, pero poniendo el acento en el cártel de Tijuana, el de los Arellano Félix, y en un marco de innumerables ajusticiamientos entre los distintos grupos del narcotráfico en Sinaloa, Baja California, en todos los estados de la costa del Pacífico y en Chihuahua. Días después, el presidente Fox visitó esta última entidad y también advirtió de un endurecimiento de la lucha contra el narcotráfico, pero además contra un fenómeno que en esa región va de la mano con éste: el contrabando masivo de productos hacia México. Al mismo tiempo, en los últimos días del año 2000, se detenía, acusados de vender plazas y trabajar para el cártel de Juárez, al delegado y al subdelegado de la PGR en Chihuahua. Pero, además, se involucraba en esa operación al entonces subprocurador Alfonso Navarrete Prida y se escenificaba en torno a este caso un brutal enfrentamiento interno entre éste y el jefe de la UEDO, Trinidad Larrieta, que terminaría dejando a los dos fuera de la PGR.

Para terminar de complicar las cosas, se descubrió, vía Estados Unidos, que el informante sobre esa complicidad de los delegados de la PGR con el cártel de Juárez era un ex agente, José Luis Thirión, actualmente detenido, con un negrísimo historial en las fuerzas de seguridad, y que habría recibido, por filtrar esa información, dos millones de dólares de parte de los tradicionales adversarios de Juárez, los Arellano Félix. Y para oscurecer aún más todo el caso, el subdelegado detenido se fugó en la ciudad de México, y el ex delegado asegura que fue torturado para sacarle información.

Pero sin duda lo más desconcertante en todo este contexto ha sido que la PGR no colocó el atentado contra Martínez García entre sus prioridades y que meses después apenas estaba pensando en si atraía o no el caso, al mismo tiempo que la propia procuraduría de justicia de Chihuahua durante demasiados días insistió en que el atentado no tenía nada que ver con el narcotráfico, que no tenía pruebas en ese sentido y que Loya (de la que dijo que estaba afectada de sus facultades mentales) había actuado contra el gobernador por resentimiento, por haber sido despedida de la Policía Judicial Estatal. Luego, los primeros dijeron que siempre colaboraron, cuando es evidente que no fue así, y los segundos, que la investigación ha sido subestimada por las autoridades federales, cuando todo indica que ellos mismos cayeron también en ese error.

Como dijimos, una semana después del atentado contra Patricio Martínez, distintos capos del narcotráfico se habrían reunido en Apodaca, Nuevo León, para reorganizarse y establecer nuevas líneas de trabajo, según información procedente de Estados Unidos. Si esa reunión efectivamente se realizó, no se trató —como manejaron algunos medios— de una cumbre del narcotráfico en México, sino de un encuentro de los distintos grupos que son parte del cártel de Juárez, convertido desde hace mucho tiempo en una suerte de gran corporación, en un *holding*, con organizaciones regionales autónomas que mantienen su independencia para operar. En esa reunión, el cártel de Juárez estaría preparándose para fortalecerse en la nueva coyuntura, en un contexto de debilidad de sus enemigos, los Arellano Félix, a los que se les ha declarado la guerra en ambos lados de la frontera, y a fin de llegar a acuerdos para que en esa suerte de confederación que han establecido no se terminen produciendo enfrentamientos internos o acciones fuera de control, como el atentado contra Patricio Martínez.

En este sentido, muy probablemente no fue una casualidad que apenas cinco días después de que se hubiera realizado ese encuentro, uno de los principales aliados del cártel de Juárez y enemigo de los Arellano Félix, Joaquín *El Chapo* Guzmán, haya salido de la cárcel de Puente Grande por la puerta y no se haya vuelto a saber de él.

El "informante confidencial" del FBI, asesinado

La situación se complicó aún más el miércoles 25 de abril de 2001; ese día estuvo en la residencia presidencial de Los Pinos el gobernador de Chihuahua, Patricio Martínez García. Allí se ofreció una conferencia de prensa en la que se anunció que la PGR atraería el caso del atentado contra el mandatario estatal; el procurador general de la República, Rafael Macedo de la Concha, informó también que había solicitado formalmente al FBI que le permitiera a las autoridades federales entrevistarse con "el informante confidencial" que le había dicho a las autoridades estadounidenses que Vicente Carrillo Fuentes, el hermano de Amado Carrillo y cabeza del cártel de Juárez en esa ciudad fronteriza, quería matar al gobernador Martínez García.

Pues bien, esa entrevista no se realizará nunca. Según fuentes estadounidenses en El Paso, al día siguiente, menos de 24 horas después de ese anuncio, el "informante confidencial" fue asesinado en plena Ciudad Juárez, a las 9 y media de la mañana, cuando llegaba al centro médico de especialidades en la avenida Zaragoza, donde acababa de nacer, según se informó, un hijo suyo. Se le acercó un hombre que bajó de una camioneta y lo asesinó con una ráfaga de AK-47. El que fuera el "informante confidencial" del que habló el FBI se llamaba Benjamín López Zárate; había sido capitán de la policía municipal de Ciudad Juárez en la época del alcalde Ramón Galindo, quien luego de ser presidente municipal fue candidato a gobernador por el PAN, derrotado por Patricio Martínez en 1998. López Zárate fue uno de los jefes del llamado grupo de tareas Fortac, en el que participaban fuerzas policiales municipales, estatales y federales.

Pero, según las mismas fuentes, la situación de López Zárate era más compleja, porque el informe original del FBI de El Paso, entregado a la Unidad Especializada contra la Delincuencia Organizada a través de Emilio Aragón, había sido proporcionado por López Zárate desde febrero de 1999, o sea, dos años antes. Cuando se produjo el *affaire* José Luis Thirión, el ex miembro de cuerpos de seguridad e inteligencia de la época de la Dirección Federal de Seguridad que informó, aparentemente contratado por el cártel de los Arellano Félix, que el delegado y el subdelegado de la PGR en Chihuahua, Norberto Suárez y José Manuel Díaz Pérez, respectivamente, trabajaban para el cártel de Juárez, y que el primero le vendía una plaza al segundo, casualmente en Tamaulipas, por 500 mil dólares, se trató de reconstruir la información sobre estos temas y se descubrió que la misma ya no estaba en los expedientes de la PGR.

Según esta versión, altamente confiable, se volvió a solicitar esa información al FBI y, de acuerdo con estas fuentes estadounidenses, se entregó un primer informe, muy escueto, el 12 de enero, y otro, el mismo 17 de ese mes, cuando se produjo el atentado. El 30 de enero, finalmente, se entregó el otro documento, que fue filtrado a los medios a finales de abril del mismo año.

O sea que López Zárate, que según nuestras fuentes era el misterioso "informante confidencial" del que hablaba el FBI, había presentado esa denuncia desde febrero de 1999, exactamente dos años antes del atentado. Se dice, además, que el ex capitán de la policía local se retiró de esa fuerza en el año 2000, cuando, según las mismas fuentes, fue detenido e interrogado por funcionarios de la PGR y particularmente de la UEDO.

¿Por qué con esa información que había proporcionado el FBI sobre la posibilidad de un atentado contra el gobernador no se hizo nada? El titular de la Unidad Especializada contra la Delincuencia Organizada, José Luis Santiago Vasconcelos, asegura que esa información le llegó a la PGR hasta días después del atentado y que no tenía ningún dato adicional, pero también parece ser verdad que esos datos sí se habían proporcionado a funcionarios de la anterior UEDO y que, por alguna razón, no se tomaron en cuenta o no se hicieron trascender.

Y allí todo comienza a complicarse; pareciera haber una relación entre varios hechos que habrá que determinar si es algo más que coyuntural: la denuncia de Thirión, actualmente procesado por sus compromisos con el crimen organizado; la detención de Norberto Suárez y Díaz Pérez, delegado y subdelegado de la PGR en Chihuahua los últimos días de diciembre del año 2000; las declaraciones de Patricio Martínez diciendo que él ya había informado de esa relación de los delegados de la PGR en la entidad con el narcotráfico durante la gestión de Jorge Madrazo y que había sido ignorado; la denuncia contra el ex subprocurador de coordinación Alfonso Navarrete Prida de estar involucrado con esos funcionarios y luego, cuando se desmintió esa posibilidad (lo que no impidió la renuncia de Navarrete y su reemplazo por María de la Luz Lima), la versión de que quien estaría involucrado con el subdelegado detenido era en realidad el entonces jefe de la UEDO, José Trinidad Larrieta; finalmente, la fuga inexplicable e inexplicada del ex subdelegado Díaz Pérez, todo unos días después del atentado contra el propio Martínez García.

Pero no menos inexplicable fue la actuación de los funcionarios de la Procuraduría de Justicia del gobierno estatal, y particularmente del procurador Arturo González Rascón, quien durante semanas se negó a aceptar que el atentado había sido organizado por el narcotráfico, y quien dijo que la agresora, Victoria Loya, era una desequilibrada mental, argumentando que había actuado como venganza porque había sido despedida de su empleo en la Policía Judicial estatal. Repentinamente cambió de opinión. Lo cierto es que Loya lo único que ha dicho hasta ahora es que "le ordenaron hacerlo", y días después, precisamente cuando se filtró aquel comunicado del FBI advirtiendo de la posibilidad de un atentado, se informó que se habían encontrado cápsulas de mercurio líquido en la celda de Loya con las que se intentó asesinarla.

El hecho contundente es que menos de un día después de que Patricio Martínez, Santiago Creel, Rafael Macedo de la Concha y el presidente Fox se encontraran en Los Pinos, cuando la PGR decidió atraer el caso y se pidió oficialmente al FBI que se le permitiera interrogar al "informante confidencial", éste, el ex capitán de la policía municipal, Benjamín López Zárate, fue asesinado en la avenida Zaragoza, en plena Ciudad Juárez.

La red de informantes de Ciudad Juárez

Fuentes de la PGR han asegurado que López Zárate no era el informante confidencial que ellos querían interrogar, pero que tampoco sabían quién era éste (sic). Un día después de su asesinato, el gobierno del estado dijo que no contaba con pruebas para confirmar si López Zárate era o no el famoso informante del FBI. Algo similar contestó el procurador general de la República esa mañana, en una reunión de procuradores en Cancún, y horas después, en la tarde, dijo que ya había consultado con el FBI y ése no era el informante. Oficialmente, el FBI no ha dicho una palabra: no ha desmentido públicamente esa información ni la ha confirmado. Y desde entonces, las autoridades mexicanas no han vuelto a hablar de ese informante ni han informado de interrogatorio alguno en torno a este caso.

¿Era o no López Zárate el "informante confidencial" del que habló en su comunicado el FBI de El Paso? Las fuentes a las que hemos tenido acceso insisten en que López Zárate sí era ese informante. Y que lo fue desde que se retiró de la fuerza de tareas Fortac, cuando Ramón Galindo, que era uno de sus protectores, dejó la presidencia municipal de Ciudad Juárez y perdió la elección de gobernador precisamente contra Patricio Martínez. Para esa fecha, abandonó las fuerzas policiales, pero continuó en el negocio que, según nuestras propias fuentes en Ciudad Juárez, marcó su desempeño en los años en los que permaneció en la policía municipal: la "protección" de los llamados "picaderos", lugares donde se expenden drogas en Ciudad Juárez, que son llamados así porque, además de otras drogas, se expenden narcóticos inyectables (sucedáneos de la cocaína y la heroína) que se venden a precios bajísimos en los barrios marginales. En la época en que López Zárate fue uno de los jefes policiales de la ciudad, en un reportaje que realizamos para la cadena de televisión MVS con Víctor Ronquillo, pudimos detectar cerca de 300 picaderos, sólo en esas zonas marginales, donde los jóvenes pagaban un dólar por dosis. En muchos de esos picaderos había ventanas, como en una tienda de abarrotes, donde los jóvenes introducían sus brazos y allí, directamente, eran inyectados, vaya usted a saber con qué. Fue la misma época en que se generó el fenómeno de las llamadas muertas de Juárez, jóvenes que son secuestradas, violadas, torturadas y asesinadas, cuyos cuerpos aparecen en los desiertos que rodean la ciudad: se habla de más de 200 muertes con esas características en los últimos seis años.

Pero con la caída de Galindo (que incluso ha sido separado de las filas de Acción Nacional) las mejores horas de López Zárate se acabaron; incluso había sido detenido por fuerzas de la UEDO, que encabezaba entonces José Trinidad Larrieta y cuyo principal operador en esa ciudad era Emilio Aragón (el mismo funcionario que, según el comunicado del, FBI habría recibido la advertencia de que se preparaba un atentado contra el gobernador Martínez), para ser investigado por sus relaciones con el narcotráfico. A partir de entonces, según la información con que contamos, López Zárate, para evitar su detención, se convirtió en informante protegido del FBI. Y de alguna forma le funcionó, porque desde entonces no había sido molestado, hasta el jueves 26 de abril, cuando fue asesinado. Por cierto, a unos metros de donde murió, había un fuerte retén policiaco federal y local. Por alguna razón, fue retirado del lugar 24 horas antes de ese asesinato.

Se debe comprender que, desde hace mucho tiempo, las distintas agencias estadounidenses han construido una vasta red de informantes en Ciudad Juárez, y en otras ciudades azotadas por el narcotráfico en México. Queda en el debate saber si ello implica operaciones en nuestro país o no, pero la red existe y está más activa que nunca. López Zárate era parte de esa extensa red de colaboradores (en su enorme mayoría narcotraficantes o protectores de los mismos que se involucran en ella para evitar ser detenidos y que, por lo mismo, distan en muchas ocasiones de ser realmente confiables) construida en Ciudad Juárez para tratar de profundizar en los secretos del cártel de Amado Carrillo.

Sin duda, López Zárate era un hombre con información de primer nivel en relación con el atentado a Patricio Martínez: quizá no tanto sobre el gran juego macro del narcotráfico, sino sobre el negocio del tráfico de drogas en la entidad, y en particular, en Juárez, lo mismo que sobre las rutas de operación en la entidad.

Porque a pesar de lo que sostienen algunas fuentes oficiales, todo indica que el cártel de Juárez no está tan dañado como se dice, e incluso, convertido ya en una confederación de grupos (la forma de evolución que encontraron los cárteles de Cali y Medellín para sobrevivir y crecer, luego de la caída de sus principales líderes), su capacidad de operación se ha extendido a buena parte del país. Están en Chihuahua, pero también en todo el centro del país, en Sinaloa, en la costa del Pacífico, en la vertiente del Golfo, en el Caribe, han incorporado Tamaulipas y buena parte de los grupos que trabajaban para Juan García Abrego. Tienen bases importantes en ciudades que no son reconocidas como centros de operación de drogas, pero si de asentamientos de sus jefes y de lavado de dinero, como lo fue Cuernavaca y lo son actualmente Monterrey y Querétaro.

Amado y Esparragoza en Cuernavaca, drogas y secuestros

Durante mucho tiempo se pensó que el asentamiento de conocidos narcotraficantes en determinadas ciudades lo único que propiciaba era que se disparara el precio de los bienes raíces y algunos aseguraban que incluso se incrementaba la seguridad. Si eso pudo ser cierto a principios de los ochenta en ciudades como Guadalajara, luego del asesinato del agente de la DEA Enrique Camarena, en 1985, se comprobó que no era así, que la presencia de capos del crimen organizado en cualquier ciudad termina, necesariamente, contaminando a éstas de todos los males que conlleva ese tipo de organizaciones. Eso se agudizó a partir de 1994, cuando los narcotraficantes mexicanos no sólo se hicieron más poderosos, sino que, además, comenzaron a pagar los servicios que se les proporcionaban y a la mayoría de sus operadores directos no sólo con dinero, sino también con droga; desde ese año, comienza un incremento notable del consumo interno como consecuencia de esa nueva política desarrollada por los narcotraficantes mexicanos y colombianos, y evidentemente, ello se acrecentó en las ciudades en donde el narcotráfico asentó a sus jefes. En este sentido, el caso de Cuernavaca fue, sin duda, el más extremo, porque ese asentamiento de capos del narcotráfico generó, indirectamente, un desmesurado auge de la industria del secuestro; fenómeno que se ha repetido en varios otros puntos del país.

Entre fines de 1992 y principios de 1993, se asentaron en Cuernavaca, con la protección de hombres del entonces gobernador Jorge Carrillo Olea, los dos principales operadores del cártel de Juárez: Amado Carrillo Fuentes y Juan José Esparragoza. Al mismo tiempo, llegó a la ciudad Armando Martínez Salgado, quien después de una larga carrera en la Dirección Federal de Seguridad y en la Policía Judicial Federal (donde coincidió con Esparragoza quien, como muchos otros narcotraficantes, tuvo su paso por la DFS), creó en Morelos una empresa de seguridad privada (con lo cual estaba violando la ley, ya que no se permite a agentes en activo ser propietarios o dirigir este tipo de empresas) que le serviría como base de operaciones para sus actividades futuras; semanas después, Carrillo Olea, hasta entonces subprocurador en la PGR, encargado de la Policía Judicial Federal y de la lucha contra el narcotráfico, se convirtió en candidato a gobernador de Morelos.

Desde entonces, la relación con Amado Carrillo, vía Esparragoza, parece haber quedado en las manos de Martínez Salgado. Ambos ya se conocían desde 12 años atrás. El primer dato importante sobre la conexión entre ellos se produce el 28 de diciembre de 1996, cuando Esparragoza ofreció una fiesta para celebrar sus 25 años de casado, en Cuernavaca, en un hotel propiedad de Amado Carrillo. En la fiesta participaron, además de *El Azul*, Amado Carrillo, Rafael Chao López y el jefe de la unidad antisecuestros de Morelos, el propio Martínez Salgado. Existe una filmación clandestina de la reunión, que demuestra que éste llegó a esa fiesta a las 17 horas y se retiró a las 5 de la mañana del día siguiente. En la puerta del hotel, custodiando la fiesta y a sus invitados, había tres patrullas de la Policía Judicial del estado: Martínez llegó en una de ellas, la número 009, en la que también se retiró.

Según el propio Martínez Salgado, estuvo con Amado Carrillo, en la casa de éste (la que estaba ubicada a unos metros de la entonces residencia oficial de Carrillo Olea), el mismo día que se designó al general Jesús Gutiérrez Rebollo como jefe del Instituto Nacional para el Combate a las Drogas, en diciembre de 1996. Según dice ahora Martínez Salgado, ese día Amado Carrillo estaba eufórico con la noticia.

¿Cómo funcionaba la relación entre el narcotráfico y los secuestros? A través de los hombres empleados en la protección de los jefes del narco. Se calcula que en distintos niveles, unas 400 personas participaban de alguna forma en ese esquema de protección de Amado y Esparragoza en Morelos. De ellos, cerca de 300 eran personal operativo, guaruras, quienes, bajo el control de Martínez Salgado, "completaban sus ingresos" con la participación en distintos secuestros, lo que explica el número tan elevado de éstos en la zona, pero también el porqué de la exigencia de rapidez en el pago de rescates: la idea era realizar una suerte de trabajo a destajo más que elaborar secuestros altamente productivos y de largo plazo. Incluso, su alianza con otros ámbitos de la delincuencia organizada se reconfirmó con la detención de la banda de robacoches *Los Patanes*, que terminaron propiciando la caída del famoso secuestrador Daniel Arizmendi en Naucalpan.

La historia comenzó a conocerse prácticamente por casualidad. Todo comenzó en la zona oriente del estado de Morelos, donde las bandas de secuestradores actuaron aprovechando lo apartado de los municipios y los recursos económicos de los agricultores y comerciantes de la región. Pero el 27 de enero de 1998, Armando Martínez Salgado, jefe de la Unidad de Antisecuestros de la Policía Judicial del estado, fue detenido con dos de sus hombres cuando intentaba deshacerse del cuerpo de Jorge Nava Avilés, alias *El Moles*, a la altura del kilómetro 83 de la carretera México-Iguala.

La historia de *El Moles* destapa la cloaca. Según versiones de tres participantes de los hechos, la noche de su muerte Martínez Salgado se reunió en Morelos con el procurador de Justicia del estado, Carlos Peredo Merlo, y con Jesús Miyazawa, director de la Policía Judicial estatal, a quienes preguntó qué hacía. Peredo Merlo fue tajante en su respuesta: "Que no se muera aquí" y ordenó que arrojara el cuerpo en el pueblo de Huitzuco, en Guerrero. Martínez Salgado cumplió la orden, pero, según su propia declaración, antes que en la plaza de un poblado prefirió arrojar el cadáver en la carretera, aunque a plena luz del día. No contaba con que dos oficiales de la Policía de Caminos lo interceptarían en el momento de deshacerse del cuerpo. A partir de allí comenzaría a derrumbarse el santuario que habían encontrado Amado Carrillo y Esparragoza en Morelos, pero también, por primera vez, se puso de manifiesto el profundo entrelazamiento que existía entre distintas expresiones del crimen organizado que, hasta entonces, por lo menos en términos de opinión pública, se consideraban como fenómenos autónomos, independientes entre sí.

El fin de Amado Carrillo

Para comprender cómo se ha reestructurado el cártel de Juárez, hay que regresar al momento de su mayor derrota: la muerte de quien fuera su jefe, Amado Carrillo Fuentes. Todo indica que el fin de *El señor de los Cielos* fue resultado de un asesinato orquestado dentro de su organización. Desde meses atrás se sabía que el jefe del cártel de Juárez pensaba someterse a una amplia operación de cirugía plástica. En mayo de 1997, se efectuó un cateo en un hospital de la ciudad de México, Médica Sur, porque se pensaba que el conocido narcotraficante, uno de los hombres más buscados por la justicia mexicana y norteamericana, se sometería a una intervención quirúrgica en ese lugar, pero los policías judiciales llegaron a la clínica media hora antes que Carrillo Fuentes.

Un mes después, Amado Carrillo se internó en otro hospital, la clínica Santa Mónica en la ciudad de México; rentó un piso completo, el quirófano y la sala de terapia intensiva. El jueves 3 de julio de 1997, ingresó a las 8 horas a esa clínica especializada en ginecobstetricia, acompañado por todo un equipo médico que se encargaría de la operación. El médico responsable era el cirujano plástico Pedro López Saucedo. Los otros, eran externos a ese hospital.

La cirugía aplicada a Amado Carrillo fue compleja: se sometió a una liposucción doble en abdomen y tórax, se le hicieron cambios en el mentón, las orejas y los párpados, se le corrigieron arrugas de la cara y se le tenía preparado un implante de cabello. Fue una operación extensa que, en condiciones normales, no se realiza al mismo tiempo; comenzó a las 8:30 de la mañana y concluyó a las 6 de la tarde.

Los médicos que intervinieron a Amado Carrillo fueron contratados por el paciente; las enfermeras y los anestesiólogos laboraban en la misma clínica. Cuando terminó la operación, el equipo personal de médicos del jefe del cártel de Juárez impidió que fuera llevado a una sala de recuperación y fue trasladado por ellos mismos a su habitación, la 407.

Al concluir la cirugía, uno de los anestesiólogos vio que otro de los médicos le iba a inyectar un analgésico contraindicado para un paciente anestesiado, ya que la combinación podría provocar la muerte por paro respiratorio. El anestesiólogo fue literalmente despedido de la habitación y con Amado Carrillo se quedaron, solos, los cuatro médicos con los que ingresó al hospital. Todo indica que sí le fue aplicado el analgésico.

A las 11 de la noche de ese día, fue el último momento en que se permitió el acceso a enfermeras del hospital a la habitación de Amado Carrillo, prohibiendo la entrada del personal médico de guardia. Nada se sabe de lo ocurrido en la habitación a partir de ese momento y hasta las 6 de la mañana del día siguiente. A esa hora, los médicos dispararon las alarmas, llamaron a enfermeras y equipo de terapia intensiva, y entre gritos y gestos desesperados exigieron un resucitador. El médico de guardia constató que el paciente, de supuesto origen zacatecano, registrado con el nombre de Antonio Flores Martínez, de 42 años se encontraba sin vida y su muerte había sido provocada por un infarto al miocardio, tal y como se asentó en el acta de defunción. Se comprobó que tenía dos horas de muerto y mostraba signos de haber sufrido un paro respiratorio. Días más tarde, la PGR certificaba que el individuo era Amado Carrillo Fuentes.

Los médicos contratados por Amado Carrillo y que permanecieron con él toda la noche argumentaron que se quedaron dormidos (los cuatro simultáneamente). Así, nadie se percató del fallecimiento del hipervigilado paciente. Todo indica que Amado Carrillo fue asesinado; después de su fallecimiento ha arreciado entre narcotraficantes la disputa por el control de los territorios y el tráfico de estupefacientes. Semanas después, los cuerpos de los cuatro médicos que habían intervenido en esa operación aparecieron dentro de tambos, arrojados a un lado de la Autopista del Sol, que une la ciudad de México con Acapulco. El cuerpo del médico colombiano Fredy Paternina, que había encabezado el equipo de cirujanos, mostraba signos de brutales lesiones y fracturas, lo mismo que los otros ejecutados.

En ese momento había varios grupos de sucesores en disputa. El más importante era desde entonces *El Azul* Esparragoza, que ya controlaba la plaza de Juárez; el segundo era *El Mayo* Zambada, que controlaba Sinaloa, Durango y Zacatecas, con presencia en Guadalajara y buena parte de la frontera; el tercer grupo en disputa por la sucesión sería el de Joaquín *El Chapo* Guzmán y su socio Héctor Luis *El Güero* Palma, para esa fecha aún los dos detenidos, lo que no les impedía controlar desde la cárcel una extensa red que partía de la zona de Sinaloa y se extendía hasta el estado de Chiapas; luego estaba el grupo de los familiares, representado por el hermano de Amado, Vicente Carrillo Fuentes, y, según las autoridades, habría otro grupo al que pertenecería, supuestamente, Sonia Barragán, esposa de Amado Carrillo, aliada con una organización con sede en Guadalajara que sería el grupo que encabeza Enrique González Quirarte. Por cierto, tanto Sonia Barragán como el hijo de Amado, Vicente, solicitaron en agosto de 2001 un amparo que los libre de la orden de aprehensión en su contra. Si lo obtienen, tendrían la vía libre para poder quedarse con la cuantiosa herencia que dejó *El Señor de los Cielos*.

Era evidente que la lucha en el interior del cártel de Juárez ya había comenzado desde antes de la muerte de Amado Carrillo. Por una parte, *El Señor de los Cielos* resultaba ya poco útil para esos grupos confederados bajo su mando, porque, siendo jefe de una organización clandestina, se había convertido en personaje público, algo similar a lo ocurrido con Miguel Ángel Félix Gallardo, Juan García Ábrego y Rafael Aguilar Guajardo. Lo más grave era que sus actividades no sólo habían quedado expuestas en México, sino también en otros países donde había establecido redes e inversiones, como Cuba, Chile y Argentina.

En torno a Amado Carrillo se habían tejido y roto tres círculos de protección estratégicos: el del general Jesús Gutiérrez Rebollo, el de los mandos de la Policía Judicial Federal y el de la trama de jueces, abogados y ministerios públicos que realizaba su protección legal. Falta, empero, un cuarto círculo: el del poder político y de los grupos que propiciaron y prohijaron su fortalecimiento. Éste es el que decidió que el jefe del cártel de Juárez ya era un peligro, y decidió eliminarlo.

A partir de la muerte de Amado Carrillo, ese 4 de julio de 1997, se ha desatado una virulenta batalla interna. El primer asesinato se registró un día después: Tomás Colsa McGregor, joyero de profesión y pieza clave para el lavado de dinero de la organización, fue secuestrado, torturado y asesinado en el Distrito Federal. Colsa Mc Gregor se había convertido, además, en un testigo protegido que había proporcionado innumerables datos a las autoridades. A la muerte del joyero siguieron la de Irma Lizzette Ibarra, ex señorita Jalisco y encargada de las relaciones públicas del cártel, y la de Salvador Morales García, hermano de Carlos *El Pelacuas* Morales (un ex abogado de Félix Gallardo y defensor de Amado Carrillo cuando fue detenido y liberado en 1989). Carlos Morales había sido ejecutado en 1993. En la misma época fue asesinado Héctor Ixtláhuac Gaspar, capitán del Ejército, ex diputado federal y ex secretario del gobernador Flavio Romero de Velasco. Este último se encontraba detenido por sus vínculos con Amado Carrillo y con Enrique Joel González Quirarte. En julio de 2001 fue liberado y exonerado de esas acusaciones.

El Señor de los Cielos, llamado así por haber urdido una red dedicada a transportar grandes cargamentos de cocaína en jets que volaban desde Colombia a México y después cruzaban la frontera hacia Estados Unidos, nació el 17 de diciembre de 1955 en Villa Ángel Flores, sindicatura de Novolato, Sinaloa. Era el mayor de ocho hermanos y sobrino de Ernesto Fonseca Carrillo, *Don Neto*, otro famoso narcotraficante, actualmente detenido en Almoloya, acusado de haber urdido, junto con Caro Quintero, el asesinato del agente de la DEA Enrique Camarena. Amado creció en El Guamuchilito, una población cercana a Novolato.

En 1980, *Don Neto* lo presentó con Pablo Acosta, líder del incipiente cártel de Juárez y quien tenía su base de operaciones en Ojinaga. Dos años después, Amado actuaba ya como su jefe de seguridad. Era la época en la que Guillermo González Calderoni fungía como comandante de la PJF en Chihuahua y era el hombre de confianza de Javier Coello Trejo. Después de la captura de Acosta, Amado Carrillo fue creciendo hasta convertirse en el virtual jefe del cártel de Juárez.

Hasta 1993, Carrillo Fuentes dirigió esa organización prácticamente sin ser molestado por la policía, ni siquiera se había registrado su nombre. Fue hasta 1995 cuando se dio a conocer la primera y más famosa foto, la que figuraba originalmente en su ficha de detención, que data de 1989.

Se sabe que después de la captura del general Jesús Gutiérrez Rebollo, Amado Carrillo dejó México y trató de instalarse con algunos de sus colaboradores y familiares en Santiago de Chile y en Buenos Aires, además de haber visitado Cuba.

Según las autoridades de este último país, nunca supieron que Amado Carrillo Fuentes estuviera en Cuba, pero, ante la solicitud del gobierno mexicano, confirmaron que el conocido narcotraficante visitó en cuatro oportunidades la isla con el nombre de Juan Antonio Arriaga Rangel. Dicen que "se comportaba como un turista con alta solvencia económica, que logró relacionarse con personajes del medio artístico y del sector turístico", donde era conocido como *El Patroncito*; según esa fuente, Carrillo mantuvo relaciones "amorosas" con la ciudadana cubana Marta Venus Cáceres y, por abril de 1997, averiguaba cómo realizar negocios en la zona franca de El Mariel. Pero la inteligencia cubana, tan eficiente en otros casos, afirma que nunca supo de quién se trataba en realidad.

Todo ello consta en la respuesta de la Fiscalía General de la República del gobierno cubano —firmada por José Candía Ferreyra, jefe de la Dirección de Control de Procesos Penales de esa dependencia— a la PGR, respecto de la estadía de Amado Carrillo en La Habana. Es un informe desconcertante y pletórico de lenguaje burocrático. Fechado el 22 de septiembre de 1997 y calificado como confidencial, explica el porqué del malestar de las autoridades mexicanas con esas respuestas que no han querido dar a conocer públicamente.

El texto completo del informe, del que tenemos copia, revela que la información sobre Amado Carrillo y sus alias fue obtenida por el gobierno cubano con base en información "de prensa" y que por ese medio pudo establecer que Juan Antonio Arriaga Rangel estuvo cuatro veces en Cuba: la primera, entre el 18 y el 25 de agosto de 1995, cuando ingresó y abandonó el país vía España. En 1996, *El Señor de los Cielos* estuvo nuevamente en La Habana, esta vez vía México, entre el 7 y el 12 de abril. En 1997, continúa el informe, visitó en dos ocasiones la isla: una entre el 11 y el 24 de abril, proveniente de Colombia y partiendo hacia Chile, y la otra el 9 de junio, procedente de Santiago de Chile; el 14 de junio, 20 días antes de su muerte, dejó la capital de Cuba con destino a la ciudad de México.

Según el gobierno de la isla, Amado Carrillo se alojó siempre en hoteles "y otras instalaciones turísticas". El mismo informe señala que *El Señor de los Cielos* se comportó como un turista "de elevada solvencia económica", dedicándose a "visitar centros nocturnos, restaurantes y otros lugares de interés".

El reporte insiste reiteradamente en que "no se detectaron anomalías en su comportamiento ni elementos que permitieran sospechar que promovió o realizó desde nuestro país acciones ilícitas".

Tampoco, dice el documento del gobierno cubano, "estableció residencia, ni contrajo matrimonio; no existen indicios de que haya tenido descendencia como resultado de ocasionales relaciones amorosas que tuvo con cubanas durante sus visitas al país".

Pero inmediatamente después se contradice, pues afirma que "a partir de 1996 sostuvo relaciones amorosas con la ciudadana cubana Marta Venus Cáceres, de la cual no tenemos elementos que evidencien que supiera la verdadera identidad de Carrillo Fuentes".

Igualmente contradictoria es la afirmación de que en abril de 1997 Amado Carrillo sí "mostró interés por conocer los términos y requerimientos que debían cumplir los extranjeros para establecer negocios en la zona franca de El Mariel". Sin embargo, el documento informa que no concretó ninguna operación, ni se inscribió en la Cámara de Comercio, y tampoco se reunió con funcionarios del Ministerio para la Inversión Extranjera y la Colaboración Económica. No se conoció que hubiera adquirido, propiedades inmobiliarias, automóviles u otros objetos de valor en alguna de sus visitas al país.

En el párrafo siguiente, el texto incurre en una tercera contradicción, al indicar que durante la visita realizada en 1997, "los lugares donde se hospedó fueron alquilados por una persona que se identificó como Carlos Ahumada Loyola, de nacionalidad mexicana— quien viajó en el mismo vuelo que Carrillo Fuentes desde Colombia—. También se alojaron junto a él los presuntos ciudadanos mexicanos Juan José Vega Ortiz —identidad falsa, según ha divulgado la prensa, que utilizaba su hijo—, Rodolfo Martínez Mercado, Jesús Mariscal Castro y Luis Valencia. Se relacionó con estas personas otro presunto mexicano que respondía al nombre de Fernando Delta Tamayo."

También en abril de 1997, continúa el informe confidencial del gobierno cubano, "aparece la entrada a Cuba del ciudadano mexicano Arturo Hernández Cárdenas, identidad que los medios de prensa atribuyen al médico personal de Carrillo Fuentes". Se comprobó, agrega el documento, que Carlos Ahumada Loyola acompañó a Carrillo Fuentes en el vuelo a Cuba del 19 de junio de

1997, procedente de Chile, "saliendo de nuestro país el propio día hacia México".

Las autoridades mexicanas han demandado una sustancial ampliación de este informe de apenas tres cuartillas, el cual no sólo incurre en contradicciones, sino que no agrega ningún dato adicional a "los divulgados por la prensa" o a los aportados por los funcionarios cubanos que participaron en la reunión continental de procuradores, quienes aceptaron en encuentros con la cancillería mexicana y la PGR que el informe era muy deficiente y burocrático, y se comprometieron a entregar uno mucho más detallado. Atribuyeron el hecho a que la respuesta había sido encomendada a un funcionario de nivel menor.

Hasta el día de hoy, no se conoce que el gobierno mexicano haya recibido ampliación alguna del informe, ni comunicación adicional de las autoridades cubanas con las mexicanas sobre el tema.

Entre las informaciones contradictorias que resaltan, está que Amado Carrillo sólo hubiera vivido en hoteles, porque datos disponibles indican que habitó dos domicilios en Cuba, localizados en el residencial barrio de El Vedado, en una casa sin número con reja roja, ubicada en la calle 2, entre la 15 y la 12, exactamente enfrente de la villa de estudiantes Módena, y en otra de dos pisos en el número 102 de la misma calle 2, donde convivió con Marta Venus Cáceres, con la que, según información disponible y proporcionada a la PGR por el socio de Amado en Chile, Manuel Bitar Tafich, Carrillo Fuentes procreó una hija que ahora deberá tener tres años.

Juárez: un cártel con historia

¿Cuál es la importancia del cártel de Juárez? Prácticamente, hasta la primera mitad de la década de los noventa, este cártel fue intocable; incluso, la DEA y otras agencias estadounidenses no se habían volcado contra esa organización con el enorme despliegue de fuerza y recursos con los que han intentado, y en buena medida logrado, destruir, por ejemplo, al cártel del Golfo o antes el de Caro Quintero.

Según estudios sobre el crimen organizado en Estados Unidos, elaborados a partir de informes de la DEA, el FBI y el Departamento de Justicia, el cártel de Juárez ha sido la conexión, el trampolín, para que desde México operen los diferentes grupos del crimen organizado en Estados Unidos.

Desde Juárez, el cártel que encabezaba Amado Carrillo Fuentes podía establecer conexiones con los grupos del crimen organizado que operan en Houston. Nos referimos a organizaciones como la Camorra napolitana, la *Cosa nostra*, la Mafia siciliana y las tres principales triadas chinas: Bambú unido, 14 K y *Flying Dragons*, la primera de origen taiwanés y las otras dos provenientes de Hong Kong.

La mayoría de esos grupos, determinantes para la comercialización dentro de Estados Unidos de la droga que introducen los cárteles latinoamericanos, tienen, además, un puerto de entrada franco en Miami. La disputa por el golfo de México y la península de Yucatán entre el cártel de Juárez y el de García Ábrego (y otros grupos) no se puede comprender con claridad si se deja de lado ese factor: no sólo se trata de controlar un territorio que es estratégico para lanzar la droga hacia Estados Unidos —a través de la península de Florida—, sino también porque por esa vía se establece la relación con el crimen organizado en Estados Unidos, y la llave de esa relación es controlar la entrada de la droga. Adicionalmente, según las mismas fuentes, los líderes de las triadas chinas, ante el inminente control de China Popular sobre Hong Kong, buscaron instalarse en México, particularmente en las zonas de Tijuana y Ciudad Juárez. Y también está comprobada la relación que ha establecido el cártel de Juárez, desde la época de Amado Carrillo, con la mafia rusa.

De allí la importancia del cártel de Juárez y de la guerra que se libra entre las distintas organizaciones de narcotraficantes con sede en México, que tiene relación con la que mantienen desde hace años los cárteles de Medellín y Cali, y sus descendientes.

El grupo de Juárez llegó a controlar más de la mitad de las operaciones de tráfico de drogas realizadas en los dos mil kilómetros de la frontera de México y Estados Unidos. La organización extendió sus dominios a Quintana Roo, Chiapas, Yucatán, Oaxaca, Guerrero, Jalisco, Michoacán, Nayarit, Sinaloa, Zacatecas y Chihuahua. Las redes del tráfico de droga de Centro y Sudamérica que controlaba el cártel de Juan García Ábrego fueron absorbidas por el mando de Amado Carrillo, a la caída de aquél.

La agrupación del llamado *Jefe de Jefes* se extendió todavía más al sur: en marzo y mayo de 1991, emisarios del cártel de Cali se reunieron con Amado Carrillo en la ciudad de México y en Matamoros. De acuerdo con documentos en poder de la Corte Federal del Distrito de Florida, el cártel de Cali y el de Juárez transportaron de manera conjunta 30 toneladas de cocaína valuadas en 300 millones de dólares, en aviones Boeing 727. Se sabe que la relación entre estas dos organizaciones terminó cuando Miguel Rodríguez Orejuela acusó a Amado Carrillo de no pagar un cargamento. Esto no impidió que el cártel de Juárez se extendiera hacia el Perú, Bolivia e incluso dentro de Colombia, y a países embarcadores de droga como Guatemala y Belice, así como a los principales centros consumidores de droga de Estados Unidos.

Uno de los casos menos conocidos de esta historia es la relación que estableció Amado Carrillo Fuentes, ya en los últimos años de su vida, con un narcotraficante colombiano al que, en principio, sólo se conocía como *Juvenal* e incluso ese seudónimo apenas si surgió en la información de los cuerpos de inteligencia a partir de 1998. Juvenal era en realidad Alejandro Bernal Madrigal, un hombre que había comenzado desde muy abajo en el mundo del narcotráfico, de la mano de Amado Carrillo y Pablo Escobar, que a fines de la década de los noventa se había convertido en uno de los principales operadores de droga, reconstruyendo restos de los cárteles de Cali y Medellín. La organización de *Juvenal* estaba estrechamente ligada con los mexicanos: se encargaba de poner la droga en México o al alcance de los grupos que manejaba Juárez; en la mayoría de los casos utilizaba rutas marítimas: en promedio, colocaba en México o en las aguas territoriales del país, donde la tomaban los operadores mexicanos, unas 30 toneladas de cocaína mensuales. *Juvenal* tampoco producía la droga: la compraba en los centros de producción, muchos de ellos ubicados en las zonas de control de las guerrillas colombianas del ELN y las FARC o de los grupos paramilitares.

Bernal Madrigal se había hecho narcotraficante en México. Conocía las rutas y los operadores porque él mismo lo había sido. Todas sus operaciones financieras se realizaban en nuestro país y sus utilidades (hasta un millón de dólares diarios) se dividían en dos: una mitad se destinaba a reaprovisionamiento de drogas y a continuar la operación; la otra iba a negocios legales.

Cuando fue detenido, a fines de 1999, *Juvenal* era famoso por sus criaderos de caballos; tenía más de 300 pura sangre que dormían en caballerizas alfombradas, era famoso por sus fiestas y su afición a las jóvenes modelos; se le conocía porque pagaba hasta cientos de miles de dólares por una noche especial; se le encontró una videoteca con sus acompañantes, filmadas en esas jornadas, y disfrutaba de un espectacular yate llamado *Claudia*, que le había vendido, poco antes de su muerte, Amado Carrillo. Pero no siempre había sido así: *Juvenal*, vivió largos años en México, donde conoció a Amado Carrillo en los ochenta, cuando apenas tenía 20 años. Tenía entonces un pequeño taller y le tocó colocar las llaves de baño en la nueva casa de un señor que tenía mucho dinero: le pidió llaves de oro y un diseño especial, y se hicieron amigos; poco a poco, Bernal comenzó a trabajar para el dueño de la casa y éste, Amado Carrillo, se consolidó hasta convertirse en el narcotraficante más importante de México. Lo conectó entonces con Pablo Escobar en Colombia y Bernal se convirtió en intermediario entre los hombres de Juárez y sus similares colombianos. La red que terminaron manejando en conjunto abarcaba Colombia, México, Ecuador, Chile, Nicaragua, Guatemala y Estados Unidos, con operaciones de lavado de dinero que iban desde Panamá hasta Hong Kong. La red siguió operando coordinada a través de la célula del sureste que encabezaba Alcides Ramón Magaña (y que en realidad dirigía Esparragoza) hasta mucho después de la muerte del *Señor de los Cielos*. Esa estructura apenas se rompió el año pasado con la llamada Operación Milenio, que permitió descubrir, adicionalmente, otra importante red ligada al *holding* de Juárez: la de los hermanos Luis y Armando Valencia, originarios de Aguililla,

Michoacán. Luis Valencia había acompañado a Amado Carrillo a Cuba, en su primera visita, en 1997.

Durante años, los Valencia se dedicaron a la producción y el tráfico de marihuana, por lo que trabaron contacto con el cártel de Juárez. Poco a poco comenzó en esas zonas también el cultivo de amapola, y se instalaron en Michoacán numerosos laboratorios para el procesamiento de la goma de opio. Cuando se asociaron firmemente con Bernal, adquirieron un papel destacado en el tráfico de cocaína, sobre todo porque en las costas michoacanas recibían muchos de los embarques. Con todo, los Valencia habían pasado relativamente desapercibidos durante años. Pero también comenzaron a cometer muchos errores que los expusieron al escrutinio de las agencias de seguridad: relaciones con personajes del mundo del espectáculo, la "importación" de mujeres de Colombia (lo que permitió, por ejemplo, ubicar también a otros narcotraficantes importantes, como Ismael *El Mayel* Higuera) y una operación que, de tan exitosa, aparentemente comenzó a sobrepasarlos. En todo esto, no se descarta que también haya habido un elemento de traición: que, ante su crecimiento, otros grupos los hayan delatado, como sucedió con los Lupercio, en Guadalajara, para quitarlos de en medio porque habían crecido demasiado. La inaudita ola de violencia que desde entonces ha asolado Michoacán podría confirmarlo.

Esta idea se refuerza porque se comprobó que algunos de los detenidos en la Operación Milenio en Colombia no sólo provenían de distintos grupos, sino que en forma creciente comenzaban a exportar droga también hacia distintos grupos mexicanos, en muchos casos antagónicos entre sí: un ejemplo claro fue precisamente *Juvenal*, ligado a Amado Carrillo y a la red del sureste, en la península de Yucatán, y del que uno de sus principales operadores era Orlando Sánchez Cristancho, quien no sólo actuaba en lo que se denominaba "nuevas rutas", sino también el regreso de aviones con dinero a Colombia; éste provenía del cártel de Cali, pero, según las autoridades colombianas, trabajaba para esas nuevas rutas contratado por el cártel de los Arellano Félix, los mayores adversarios de los hombres de Juárez. Esa dualidad de los proveedores colombianos ha acrecentado la violencia en algunas zonas, pero también ha abierto la posibilidad de que, como veremos cuando analicemos lo sucedido con la vertiente del golfo del cártel de Juárez, se pueda llegar a redes de distribución antagónicas en México a través de un contacto colombiano.

En la Operación Milenio cayeron 12 personas del cártel de los Valencia, se aseguraron más de 30 inmuebles y diez automóviles, numerosa documentación y armas, pero Luis y Armando Valencia lograron escapar.

La construcción de un poder alterno

Los narcotraficantes, ha dicho el ex procurador general de la República, Sergio García Ramírez, "se han dado cuenta que, si pueden controlar la voluntad de las autoridades, el mejor control radicaría en construir un poder paralelo y eventualmente asumir el poder". Tiene razón el ex procurador, al que le tocó asistir en primera fila al inicio de ese escenario de construcción de un poder alterno: el asesinato del agente de la DEA Enrique Camarena, en 1985.

Sin embargo, el narcotráfico en México ha adoptado formas diferentes a las de otros países, particularmente Colombia. En nuestro caso ha penetrado casi todas las estructuras institucionales con un tipo de control diferente: el objetivo es, sobre todo, territorial. Buscan controlar territorios, regiones, donde puedan operar con tranquilidad. Por eso mismo, existen casos notables de penetración en altos niveles de poder, pero el mecanismo de control se da, sobre todo, en los estados y los municipios, en el control de autoridades locales y regionales, además de las fuerzas policiales y de seguridad, comenzando por las que tienen responsabilidades concretas en su zona de influencia. Ahí es donde opera el dilema de plata o plomo con mayor frecuencia y eficacia. Aunque también ha habido casos de notable éxito en la penetración del narcotráfico en las más altas esferas del poder. Nadie lo hizo mejor que el cártel de Juárez, sobre todo con Jesús Gutiérrez Rebollo, uno de los principales cuadros militares de su generación, considerado un hombre a todas luces íntegro, por los servicios de seguridad mexicanos y estadounidenses y que, repentinamente, se descubrió que estaba relacionado de manera íntima con el cártel de Juárez y, en forma directa, con el propio Amado Carrillo Fuentes. De haber continuado su línea de trabajo, Gutiérrez Rebollo pudo haberse convertido en lo que nadie antes pudo concretar: ser el fiscal antidrogas de México y, al mismo tiempo, el verdadero jefe del narcotráfico en el país.

Gutiérrez Rebollo fue quizá una de las personalidades más fuertes y poderosas dentro de la estructura gubernamental mexicana; conoció el medio y a sus adversarios: los narcotraficantes y los grupos policiales ligados con ellos. Le correspondió desarticular, en su momento, el narcotráfico en Sinaloa; fue el responsable de la detención de Héctor Luis *El Güero* Palma; logró detener a los hermanos Lupercio, cuando eran protegidos por grupos políticos y judiciales de Jalisco; propinó golpes severísimos a los Arellano Félix en todo el área del Pacífico y en Guadalajara. Era el hombre antidrogas. Hoy se encuentra preso en el penal de máxima seguridad de La Palma, en Almoloya de Juárez, acusado de proteger a grupos de narcotraficantes.

Gutiérrez Rebollo ingresó el miércoles 21 de febrero de 1997, a las cuatro de la mañana, a La Palma. El Ejército y, por tanto, el Poder Ejecutivo, decidieron cortar por lo sano y amputar un miembro que no era menor: en términos públicos (no en el escalafón militar), el general Gutiérrez Rebollo era probablemente el militar más conocido, luego del general Enrique Cervantes Aguirre, entonces secretario de la Defensa, y del jefe del Estado Mayor Presidencial, el general Roberto Miranda. Haber decidido detenerlo y ponerlo a disposición de la justicia fue una medida extrema. Hace algunos años, simplemente habría sufrido una "enfermedad irreversible" y nadie hubiera vuelto a saber de él.

Amado Carrillo seguía prófugo y con vida, pero la detención del general fue la señal de que sus días estaban contados. También se demostró el porqué de la impunidad que gozaba *El Señor de los Cielos*: su cártel había permeado, corroído, estructuras políticas económicas y de seguridad. El hecho confirmó que el crecimiento y consolidación de cárteles de este tipo no son explicables sin el respaldo de importantes grupos de poder que sirvan para la protección y para el lavado de dinero.

La detención del ahora degradado general Jesús Gutiérrez Rebollo no fue asumida, en un principio, en toda su dimensión. Se trató, sin duda, de un problema de traición, de falta de lealtad, de corrupción, pero también de algo que afectó a la seguridad nacional y la a reconstrucción de los servicios de información y espionaje.

El descubrimiento de Gutiérrez Rebollo como agente de la organización de Amado Carrillo Fuentes provocó una crisis en la estrategia global contra el narcotráfico, considerado el principal problema de seguridad nacional para México, pero también preocupó a Estados Unidos. ¿Cuáles fueron las grandes mortificaciones del gobierno norteamericano respecto a este caso? Primero, que sus propios sistemas de inteligencia e información, que se preciaban de tener datos confidenciales y detallados de todos los funcionarios de seguridad mexicanos, no tenían ni la mínima sospecha del papel que jugaba Gutiérrez Rebollo. Para la DEA, y sobre todo para el general Barry McCaffrey, entonces encargado de la oficina antidrogas de la Casa Blanca, ésa fue una derrota estrepitosa.

A partir de la caída de Gutiérrez Rebollo y de la muerte de Amado Carrillo, los ajustes internos de cuentas se sucedieron, tanto en Ciudad Juárez como, especialmente, en Guadalajara. Las muertes de Irma Lizzette Ibarra Naveja y de Héctor Ixtláhuac Gaspar, una ex Señorita Jalisco y un político de segundo nivel con buenas relaciones, ocurridas a mediados de 1997, en Guadalajara, tuvieron relación directa con esos hechos.

Un nombre que vuelve a aparecer y tiene una importancia creciente en este proceso es Enrique González Quirarte, quien era el verdadero responsable de las relaciones políticas del cártel de Juárez y el contacto con Gutiérrez Rebollo. González Quirarte sigue siendo un personaje central en esta historia, porque quien manejó las relaciones en un cártel como el de Juárez, tan politizado e internacionalizado, goza de un gran poder.

En los distintos cateos derivados de la detención de Gutiérrez Rebollo, se encontró en el departamento ubicado en Sierra Chalchihui 215 6-A (en el mismo edificio donde compartían vecindad Amado Carrillo y la señorita Roin Sandoval Sánchez, quien pagaba el mantenimiento de ambos inmuebles: el de Gutiérrez Rebollo y el propio), se localizaron dos credenciales a nombre de Enrique Joel González Quirarte. Una para autorizarle el paso a la quinta base aérea militar, ubicada en Zapopan, y firmada por el general Gonzalo Curiel García. La solicitud para el libre paso del operador de *El Señor de los Cielos* a esa base aérea militar fue solicitada por el ex militar y entonces diputado federal Héctor Alfredo Ixtláhuac. En la otra credencial, González Quirarte es reconocido como "ayudante" del mismo diputado. La credencial que identificaba a González Quirarte como funcionario de la Cámara de Diputados entre 1988 y 1991 estaba firmada por el oficial mayor de esa dependencia en aquella época, y actual gobernador de Durango, Ángel Sergio Guerrero Mier.

En otras palabras, desde 1986, González Quirarte podía entrar libremente a la base aérea militar de Zapopan y se identificó, por lo menos hasta 1991, como funcionario de la Cámara de Diputados. El último dato que existe sobre él es que encabezaba uno de los grupos de sucesores de Carrillo Fuentes y que fue el responsable, de las operaciones de éste en Chile y de la relación del cártel de Juárez con la mafia rusa.

Por eso, la detención de Gutiérrez Rebollo fue una hebra fundamental para desenredar la densa trama de intereses que se agrupan en el terreno político y policial en torno al cártel de Juárez, y que buscan construir hoy ese poder paralelo. En las investigaciones sobre las actividades de Gutiérrez Rebollo, se puso de manifiesto una red de intereses que iban mucho más allá de su sociedad con el capitán Horacio Montenegro y el general Juan Galván Lara. De acuerdo con la información que deriva de las investigaciones de este caso, Amado Carrillo, con la protección de Gutiérrez Rebollo, y en buena medida gracias a los fuertes golpes que éste propinó a sus contrincantes, sobre todo al cártel de los Arellano Félix, logró consolidarse al frente de la federación de cárteles que se aglutinan tras los hombres de Juárez, manteniendo dos operadores centrales en Juan José Esparragoza, *El Azul,* e Ismael *El Mayo* Zambada.

Tanto o más importante fue la confirmación de la existencia de una red policial y militar que se construyó liderada por Gutiérrez Rebollo con el fin de proteger a esa federación derivada del cártel de Juárez. A pesar de la muerte de Amado Carrillo, los nombres que se siguen manejando aún depararán muchas sorpresas, pero incluyen a delegados de la PGR, varios ex miembros de la desaparecida DFS y numerosos miembros de la PJF.

Muchos de esos nombres han llamado la atención. Uno es el ex comandante de la PJF en Guadalajara, Eduardo Salazar Carrillo, acusado de colocar el coche-bomba que estalló en la puerta de un hotel de Guadalajara el 11 de junio de 1994. Detenido por Horacio Montenegro con tres cómplices, armas, drogas y poco más de 300 mil dólares (que según declaró en aquella oportunidad el segundo de Salazar Carrillo, el comandante Gilberto Barrios, estaban destinados al entonces subprocurador Mario Ruiz Massieu), Salazar Carrillo fue dejado en libertad y siguió "trabajando" en las fuerzas de seguridad, bajo la protección de quien lo detuvo, el capitán Montenegro.

Más importantes son otros dos nombres que revelaron las declaraciones de Montenegro y las investigaciones militares. Uno es Rodolfo García Gaxiola, *El Chipilón,* ex subdelegado de la PGR en Tijuana y Sonora, acusado de haber ordenado el asesinato del jefe de seguridad de Tijuana, Federico Benítez López. Además, sus hombres detuvieron a Jorge Sánchez Ortega, custodiaron a Aburto hasta las oficinas de la PGR, encontraron el famoso baúl de recortes de Aburto y fueron los primeros en revisarlo. Benítez López era responsable del gobierno de Baja California para realizar una investigación paralela sobre el asesinato de Colosio y fue eliminado apenas un mes después del asesinato del candidato presidencial priísta.

Para acabar con Benítez López, se utilizó un método sofisticado y con numerosos mensajes políticos intrínsecos. Alguien llamó a la oficina del primer fiscal especial del caso Colosio, Miguel Montes, y advirtió de la colocación de una bomba en el aeropuerto de Tijuana. Benítez, jefe de seguridad pública del municipio, se dirigió con un ayudante al aeropuerto, donde se comprobó que se trataba de una falsa alarma, pero, al salir de allí, su automóvil fue emboscado por dos camionetas: él y su chofer fueron acribillados. De no haber sido asesinado, Benítez hubiera tenido, 48 horas después, una reunión de trabajo con la fiscalía especial del caso Colosio, para darle a conocer el avance de sus investigaciones. García Gaxiola fue señalado de inmediato como el autor del asesinato. Desde entonces, está amparado y continúa en libertad.

El otro nombre es el del jefe directo de *El Chipilón*, Raúl Loza Parra, entonces comandante de la PJF en Tijuana y directamente involucrado en el asesinato de Luis Donaldo Colosio. Loza Parra, pese a las innumerables referencias en su contra, está en libertad y no ha sido procesado. Su caso es paradigmático: en agosto de 1993 era comandante de la PJF en Villahermosa. En su propia plaza fue detenido porque se le descubrió robando cocaína de un cargamento decomisado. En lugar de ir a la cárcel, el subprocurador Mario Ruiz Massieu lo envió a Tijuana como subdelegado, de acuerdo con Adrián Carrera, comandante de la PJF. Allí, Loza Parra fue quien ordenó la filmación del acto de Lomas Taurinas, sin explicar nunca qué lo motivó a dar esa orden; fue quien encabezó el primer interrogatorio a Aburto, quien divulgó el video del asesinato (antes que a nadie se lo mostró al propio Aburto como parte del "interrogatorio") e inició las investigaciones.

Pero antes de Villahermosa y Tijuana, Loza Parra había trabajado en Nuevo Laredo, Tamaulipas, como comandante de la delegación de la PJF, y había establecido una estrecha relación con una banda que luego se haría famosa: *Los Texas,* que controlaba el manejo del tráfico de drogas, pero también el contrabando. Según un informe confidencial al que tuvimos acceso, uno de los casos más sonados de la actuación de Loza Parra en Nuevo Laredo se dio cuando fue trasladado a Villahermosa. En ese momento, el comandante de la Judicial pidió "autorización" para pasar su menaje de casa, vivía del lado estadounidense, a México y trasladarlo hasta Tabasco. El "menaje" fue transportado en dos trailers, uno de los cuales transportaba dos carros de colección, cuatro suburbans, dos camionetas cherokee estadounidenses, tres camiones de carga y una camioneta van. Finalmente, en una tercer cherokee que se quedó rezagada, iba otro de sus custodios. Éste fue detenido por los agentes de aduana, y allí se encontraron cerca de tres mil cartuchos de distintos calibres, tres ametralladoras AK-47, cinco fusiles R-15, dos pistolas calibre 45 y dos escopetas recortadas. La gente de Loza Parra fue a su rescate y siguieron sin mayores contratiempos en la mudanza del "menaje de casa".

El hombre al que Loza Parra le ordenó filmar el video de Lomas Taurinas se llama César Gamboa. En 1995, éste fue detenido en el aeropuerto de la ciudad de México cuando llegaba de Baja California con un portatrajes que contenía 125 mil dólares en efectivo. Si bien ya había sido dado de baja de la PGR por el entonces procurador Antonio Lozano Gracia, Gamboa insistió, en el momento de su detención, en que ese dinero era de uno de los comandantes de la PJF que lo estaba esperando en la sala de llegadas del aeropuerto. Por alguna razón inexplicable, nunca se le inició proceso. Hasta hace poco vivía en Sonorita, Sonora. Tampoco, hasta ahora, ha sido molestado penalmente.

Tuvo mejor suerte que otros. A principios de 1997, ya eran 13 las personas involucradas de una u otra forma en la investigación del caso Colosio que habían sido asesinadas. Uno de ellos fue el director de Control de Procesos de la Subprocuraduría de Baja California, Odín Armando Gutiérrez Rico, quien había estado encargado por el gobierno de la entidad de las investigaciones de los asesinatos de Luis Donaldo Colosio y del jefe de seguridad de Tijuana, Federico Benítez López.

Después de la muerte de Odín Gutiérrez Rico, se supo que el gobierno de Baja California había decidido reemplazarlo por Juan Carlos Guerrero Zermeño, un hombre acusado, en los primeros días de marzo de 1994, de haber permitido escapar a los gatilleros de los Arellano Félix, luego de un enfrentamiento entre policías judiciales federales y estatales que concluyó con varios muertos y con la fuga de los jefes del cártel de Tijuana y sus sicarios. Entre los sospechosos de la muerte de Odín Gutiérrez se encontraban, una vez más, Raúl Loza Parra y Rodolfo García Gaxiola, *El Chipilón*, quien, además, estaba acusado de la muerte de Benítez López.

Fuentes absolutamente confiables afirman que los dos últimos años Odín Gutiérrez estuvo trabajando intensamente en los casos Colosio y Benítez López, viajando en varias oportunidades a Jalisco y sobre todo a Zacatecas, para investigar las actividades de Juan José Quintero Payán en relación con esos asesinatos. También quería saber todos los datos de Prita Sicaur, otro narcotraficante que había sido detenido.

Quintero Payán es uno de los principales miembros del cártel de su primo Rafael Caro Quintero. Luego de una corta detención, resultó que, como Héctor Luis *El Güero* Palma, para un juez jalisciense Quintero Payán tampoco era narcotraficante. Había sido detenido el 17 de julio de 1992 y dejado en libertad en 1995; al momento de su aprehensión, iba armado con dos pistolas 45 y portaba 779 mil dólares en efectivo; estaba acusado, además, del asesinato de dos abogados y de otros dos narcotraficantes. En un rancho de su propiedad, *El Zapotillo*, cerca de Colotlán, fueron encontrados los cadáveres de cinco personas, pero fue absuelto de todos los cargos e incluso demandó a la PGR para la devolución de ese dinero y otras propiedades que le fueron incautadas y tuvo éxito.

Odín tenía alguna pista que involucraba a Quintero Payán y al cártel de Guadalajara con los asesinatos de Colosio y Benítez López. No sabemos qué encontró Gutiérrez sobre Quintero Payán, ni a quién le entregó esa información, seguramente a los gobernadores Ruffo y Terán, y muy probablemente a los distintos procuradores estatales, entre ellos, a Jesús Antonio Osuna, quien decidió reemplazarlo por un hombre involucrado con los Arellano Félix. Es imposible comprobarlo, pero quizá, eso le haya costado la vida.

La historia va más allá, sobre todo si unimos esa información con *El Señor de los Cielos*. Resulta que de la misma forma que Quintero Payán era el segundo de Rafael Caro Quintero y se encargó de sus negocios luego de la detención de éste, Amado Carrillo Fuentes fue el sobrino del jefe de Caro Quintero: Ernesto Fonseca Carrillo, *Don Neto,* detenido también, como Caro Quintero, por el asesinato de Enrique Camarena. Fueron socios y rivales a muerte. Pero estos datos aislados quizá dicen poco; hay una relación geográfica entre todos estos hombres, que era lo que buscaba Odín Gutiérrez, y que justifica su indagatoria, sobre todo en Zacatecas: Quintero Payán estuvo viviendo en Zacatecas y en Jalisco, y tenía importantes negocios en ambos estados; allí estaban varias de las principales pistas de aterrizaje de *El Señor de los Cielos*; la esposa de Amado Carrillo es originaria de Huitzila, en la frontera entre Jalisco y Zacatecas. Más importante aún: ¿sabe usted dónde fue detenido Fernando Rodríguez González, el principal acusado por la autoría intelectual del asesinato de Ruiz Massieu? Pues muy cerca de allí, en Juchipila, de donde era originaria su compañera, María Eugenia Ramírez Arauz. Pero seguramente se trata de simples casualidades.

La guerra por Juárez

En un documento difundido por la DEA a principios de 1997, se dio a conocer la creación de una federación de narcotraficantes en México que uniría a los Arellano Félix con los grupos que aún responden a Rafael Caro Quintero. Fuentes del más alto nivel en México sostuvieron que esa información divulgada por la DEA estaba lejos de confirmarse. Es verdad que existen viejos nexos entre los Arellano Félix y el cártel de Guadalajara. Recordemos que ambos grupos provinieron del cártel de Miguel Ángel Félix Gallardo y que, cuando éste fue detenido en 1989, ésos y otros grupos se dividieron: por una parte, los Arellano quedaron con el control de Tijuana, mientras que los herederos de otro de los asociados de Felix Gallardo, *Don Neto* Fonseca Carrillo, abrieron el espacio para el surgimiento del cártel de Juárez, encabezado por su propio sobrino, Amado Carrillo Fuentes.

Desde 1993, la guerra entre los Arellano Félix y Amado Carrillo fue especialmente cruenta por el control, entre otras plazas, de Guadalajara y Sinaloa y en medio quedaron diferentes grupos, entre ellos el de Rafael Caro Quintero y que quedó bajo el control de su hermano Miguel.

A partir de la muerte de Amado Carrillo, se abrieron los espacios de lucha por la sucesión en el cártel de Juárez; allí se presentaron dos conflictos simultáneos: por una parte, la lucha interna en el propio cártel, en la cual se enfrentaron desde los familiares más cercanos a Amado Carrillo, encabezados por su hermano Vicente, hasta los grupos que responden a Enrique González Quirarte, quien se encargaba de las relaciones políticas del cártel. Fue la intervención de *El Azul* Esparragoza y de *El Mayo* Zambada la que impidió que las diferencias internas se transformaran en guerra: ellos rearticularon la federación con un mucho mayor margen de autonomía de cada uno de sus sectores.

Esta lucha interna se entremezcla con la ofensiva que, para controlar Juárez, lanzaron los Arellano Félix. No es descabellado pensar que los restos del cártel de Caro Quintero se hayan asociado con éstos, pero ése es un tema menor respecto a la verdadera lucha que se estaba escenificando en la frontera y particularmente en Ciudad Juárez.

Allí se produjo una alianza mucho más importante para los Arellano Félix. Los jefes del cártel de Tijuana lograron un acuerdo con quien fue uno de los principales operadores de Amado Carrillo hasta que éste se deshizo de él: Rafael Muñoz Talavera, quien estuvo detenido tres años y fue, en 1996, sorpresivamente dejado en libertad. Muñoz Talavera era una de las manos operativas más importantes en el cártel de Juárez junto con Rafael Aguilar Guajardo. Para esa época, ambos aparecían como las cabezas públicas de un cártel que ya entonces encabezaba Carrillo Fuentes.

Cuando inició la guerra de los cárteles en 1993, Aguilar Guajardo fue asesinado en Cancún (en una acción ordenada por Amado Carrillo) y Muñoz Talavera fue detenido. Una vez en libertad, éste retomó sus contactos y se alió con los Arellano Félix para recuperar la plaza de Ciudad Juárez: de allí el inicio de una guerra que lleva ya decenas de muertos en la ciudad fronteriza y en Guadalajara. A mediados de 1998, el propio Muñoz Talavera fue asesinado. Lo que siguió fue una virtual limpia de todos los grupos adversarios del cártel de Juárez en esa ciudad. Las desapariciones, los asesinatos, las narcofosas fueron consecuencia directa de esa batalla que Vicente Carrillo, el hermano de Amado, libró para limpiar de sus adversarios la plaza. Por eso, cuando se produjo el atentado contra Patricio Martínez, el círculo parecía cerrarse: el gobernador había denunciado a dos protectores importantes del cártel, el delegado y el subdelegado de la PGR en la entidad, pero, además, la investigación se había desarrollado a partir de la denuncia de un personaje muy extraño, José Luis Thirión; luego se comprobó que éste había realizado esa denuncia previo pago de dos millones de dólares proporcionados por los Arellano Félix para afectar las operaciones de los sucesores de Carrillo Fuentes en esa plaza.

¿Quién es José Luis Thirión? Un personaje típico de los que salieron de la vieja Dirección Federal de Seguridad y que terminaron trabajando, simultáneamente, para el crimen organizado y para las zonas grises u oscuras del aparato de seguridad del Estado. Hasta antes de ser detenido en febrero de 2001, se ufanaba de haber sido colaborador de dos presidentes de la República, de cuatro procuradores, del fallecido Gutiérrez Barrios durante más de 21 años, de empresas paraestatales como Telmex (antes de la privatización) y de numerosas agencias de seguridad nacionales y extranjeras. En realidad, Gutiérrez Barrios lo había dejado en la calle desde 1991, cuando se demostró su relación con grupos del crimen organizado. Después aseguraba estar comisionado en Chihuahua para investigar el contrabando "de pollo caducado" (*sic*) en esa frontera. Nadie, ni él mismo, pudo explicar quién de la PGR lo había comisionado. Desde 1998 había una averiguación previa en su contra porque, en el cateo de una casa de Cancún, propiedad de Alcides Ramón Magaña, *El Metro*, se encontraron documentos que los relacionaban a ambos, lo que llevó a una revisión de una casa de Thirión en Córdoba, Veracruz. Según fuentes de áreas de seguridad mexicana, antes de presentar esa denuncia que, paradójicamente, lo llevó finalmente a la cárcel, Thirión había intentado convencer a su amigo Alcides Magaña de comenzar a trabajar en toda el área del golfo y el Caribe para el cártel de los Arellano Félix. Hoy, los dos están presos.

Algunas inversiones del narcotráfico

El cártel de Juárez ha generado en los últimos 15 años utilidades por miles de millones de dólares. Según cifras oficiales, las ganancias que el narcotráfico en México alcanza anualmente, en particular el grupo de Juárez, son innumerables, pero las pruebas reales que se han obtenido son pocas: se sabe de las inversiones en Chile y en Argentina, donde incluso Amado Carrillo aportó dinero para la campaña electoral del Partido Justicialista, entonces en el poder, apoyando a Eduardo Duhalde y al ex cantante *Palito* Ortega. Pero pocos ejemplos han sido más claros de cómo operan estos grupos que el intento que realizó el cártel de Juárez de comprar el Banco Anáhuac.

Ese intento que llevó a realizar operaciones de lavado de dinero por 400 millones de dólares a través de ese conducto, fue el detonante para el descubrimiento de una serie de relaciones del narcotráfico con el poder político y económico, que demuestran la profundidad con que *El Señor de los Cielos* permeó instancias decisivas del país. Y, al mismo tiempo, observando lo sucedido con esos procesos penales, se evidencia la incapacidad del sistema de justicia para poder penetrar en ese mundo.

En el caso del Banco Anáhuac, estuvieron involucrados el entonces presidente del Consejo de Administración del grupo financiero, Jorge Hurtado Horcasitas, sobrino del ex presidente Miguel de la Madrid; además, uno de los hijos del ex presidente era socio minoritario, con 2 por ciento de las acciones. La penetración en el banco partió de un movimiento realizado por Jorge Fernando Bastida Gallardo, quien se ostentaba como dirigente del Sindicato Único de Trabajadores Electricistas de la República Mexicana (SUTERM). Bastida Gallardo era un hombre de toda la confianza del líder de ese sindicato y de la Confederación de Trabajadores de México (CTM), Leonardo Rodríguez Alcaine y siempre argumentaba que los recursos que utilizaba para distintas operaciones financieras provenían del sindicato de electricistas.

No es la primera vez que Rodríguez Alcaine se encuentra en el centro de conflictos financieros: durante su gestión como director del Banco Obrero (una designación para muchos inexplicable), se produjo la virtual quiebra de esa institución financiera de la CTM. También participaba en el grupo José Luis Gutiérrez Zepeda, hijo del general Luis Gutiérrez Oropeza, jefe del Estado Mayor Presidencial durante el gobierno de Díaz Ordaz.

Los movimientos de estos neobanqueros fueron más allá; intentaron involucrar en sus operaciones a un hermano del presidente Zedillo, Rodolfo, con el financiamiento de un predio en la avenida Reforma, en la ciudad de México, destinado a la construcción de un hotel. Finalmente, la operación no se concretó por el aviso que dieron cuerpos de seguridad al hermano del presidente sobre las relaciones peligrosas de quienes pretendían otorgarle financiamiento para ese proyecto inmobiliario.

Al mismo tiempo, entre los funcionarios del Grupo Anáhuac se encuentran muchos lazos, nombres que previamente pasaron por el grupo Cremi-Unión, cuando éste era dirigido por Carlos Cabal Peniche, y todo indica que servía como lavador de dinero para el cártel del Golfo. El grupo financiero Anáhuac se formó de manera acelerada y fue autorizado a operar exactamente un mes y medio después de que fuera intervenida Cremi-Unión, el 29 de octubre de 1994. Meses después, en marzo de 1995, los representantes del cártel de Juárez habían realizado las primeras compras de acciones del grupo financiero. En septiembre de 1996, se descubrió el fraude cometido al Instituto Mexicano del Seguro Social (IMSS) por 360 millones de pesos por Tomás Peñaloza Webb y José Luis Sánchez Pizzini, utilizando la estructura de ese grupo financiero. Con el mismo mecanismo, se registró otro fraude, a la Universidad Nacional Autónoma de México (UNAM), y uno más, cuyo alcance no está confirmado, al SUTERM.

En noviembre de 1996, Jorge Hurtado Horcasitas autorizó la venta de 20 por ciento de las acciones de Banco Anáhuac a Bastida y Zepeda, por valor, entonces, de 115 millones de pesos. Inmediatamente después, la Comisión Nacional Bancaria y de Valores intervino el banco. Pero el caso pasó a la PGR cuando se aseguró un auto blindado, un BMW valuado en 250 mil dólares que pertenecía a Vicente Carrillo, el hijo mayor de Amado Carrillo, y que le había sido regalado por Jorge Bastida. Simultáneamente, se detenía en Santiago de Chile a Manuel Bitar Tafich, operador financiero y socio de *El Señor de los Cielos* en esa nación sudamericana, y se demostraba que los fondos que estaba invirtiendo el jefe del cártel de Juárez en Chile (y también en Argentina) provenían de una sucursal de Citibank en Santiago, que a su vez recibía transferencias de Banco Anáhuac. Al mismo tiempo, se comprobó que casi todos los recursos que se utilizaron para la compra de este banco provenían de casas de cambio de Ciudad Juárez. Tiempo después, a principios de 1998, se libró la orden de aprehensión contra Juan Zepeda Méndez y Jorge Fernando Bastida. El primero fue detenido con un pasaporte falso en 1999; el segundo sigue prófugo.

Las pruebas parecían contundentes. Para un juez no fue así. El 4 de mayo de 2001, el juez Alejandro Sánchez López decidió exonerar de todos los cargos a Zepeda porque, argumentó, la PGR no pudo documentar los delitos; ni siquiera tomó en cuenta las transferencias que se habían realizado a Bitar Tafich a Chile. Pero ¿cómo se podía justificar la compra de las acciones y de dónde había surgido el dinero que provenía de Juárez? Poco antes de que se dictara sentencia se descubrió un negocio insólito. Resultó que de Guatemala se envió documentación que demostraba que supuestamente Bastida había recibido un crédito por casi 11 millones de dólares de una empresa de ese país denominada Promociones Bursátiles, desde 1996, aunque eso se "descubrió" por la defensa del ex banquero apenas hasta mediados del año 2000. Según Zepeda, Bastida, que sigue prófugo, le entregó cuatro millones de dólares de ese préstamo para la compra de las acciones. El dinero siguió una ruta extraña e inexplicable en términos financieros: fue enviado de la ciudad de Guatemala a Ciudad Juárez y de allí a las cuentas de Bastida y Zepeda. Las transferencias a Bitar Tafich siguen sin explicación o justificación. Sin embargo, el juez Sánchez López consideró que el Ministerio Público Federal no podía acreditar que hubiera delito alguno en todo esto.

¿Ceguera judicial o relaciones políticas? Juan Zepeda Méndez es un hombre joven, un guerrerense bien relacionado. Entre otras cosas, había sido, antes de convertirse en banquero gracias al "préstamo guatemaleteco" de Bastida, uno de los directores del fideicomiso Punta Diamante y, además, secretario particular de un empresario con mucha influencia y amistades importantes, Jaime Camil.

No era éste, que finalmente ha quedado absuelto de todo delito, un grupo mal relacionado: estamos hablando de relaciones, conscientes o inconscientes, con personas cercanas a tres presidentes de la república, con el actual líder de la CTM, con participación en importantes grupos financieros, con grupos de la Iglesia, con un ex jefe del Estado Mayor Presidencial y con empresarios involucrados en negocios de todo tipo, incluyendo el tráfico de armas.

Batallas exitosas y guerras perdidas

Si la aprehensión de *El Chuy* Labra y de *El Mayel* Higuera fue un golpe demoledor para el cártel de los Arellano Félix, la detención durante los primeros días de marzo del año 2000 del escuadrón de la muerte que tenía contratado el cártel de Sinaloa que encabeza Ismael *El Mayo* Zambada, secundado por su hijo Vicente, desnuda la guerra del narcotráfico en varios puntos del país y confirma los costos que la misma provoca.

La gente del cártel de Sinaloa tenía contratado a un comando en Tijuana al que le pagaba entre 3 mil y 5 mil dólares por operación, encargado de ejecutar a personalidades del ámbito de la seguridad o la justicia en el estado, con el objetivo de desestabilizar la plaza, obligar a las autoridades a ponerle mayor presión a los Arellano Félix y así limpiarla para poder penetrar en ella. Ese escuadrón de la muerte, conformado por policías y ex policías, lo mismo que por ex custodios de políticos locales, fue quien ejecutó al jefe de policía de Tijuana, Alfredo de la Torre, a funcionarios del grupo Beta y a reconocidos abogados de la ciudad fronteriza.

Mientras tanto, en el principal frente de batalla de esta guerra entre el cártel de los Zambada y el de los Arellano Félix, en Sinaloa, el número de víctimas por este enfrentamiento supera año con año el centenar y no tiene indicios de que vaya a disminuir. En otro frente alterno de esta misma guerra, en Ciudad Juárez, el 12 de marzo de 2000 hubo una nueva escalada de violencia: no sólo fueron encontrados ese día, como casi todos los demás, los cadáveres de tres personas arrojados en las alcantarillas de la ciudad, sino que, también, fue secuestrada y asesinada la esposa de uno de los jefes emergentes del narcotráfico en esa plaza, una joven de nombre Perla del Castillo Olguín, que era pareja de Armando Corral Olaguez. La hermana de esta joven, de nombre Elizabeth está desaparecida desde hace un año, y su cuñado, Alfonso Corral Olaguez, fue asesinado en un tiroteo en el restaurante Max Fim en agosto de 1997. Todo es parte de la guerra entre los sucesores de Amado Carrillo y los grupos impulsados por los Arellano Félix por el control de la ciudad. El secuestro, tortura y muerte de esta mujer es, sin embargo, un hecho poco común en este tipo de enfrentamientos y recuerda las luchas entre los Arellano Félix y los antecesores de los Zambada, cuando fueron asesinados los hijos y la esposa de *El Güero* Palma con lujo de crueldad.

Lo que sucede es que desde entonces hasta hoy, sin que casi hayan cambiado los nombres de los protagonistas, se trata de la misma guerra: los grupos de Sinaloa están aliados con los de Juárez, que buscan extenderse hacia la península, mientras que en ella, los Arellano Félix resisten y tratan de controlar la vertiente del Pacífico. Simultáneamente, intentan dividir a la confederación de Juárez para debilitarlos, abocándolos a sus propias guerras intestinas, y extenderse ellos hacia el centro de la frontera.

Paradójicamente, el recrudecimiento de estas luchas es consecuencia de algunos éxitos reales del combate contra el narcotráfico, sobre todo en términos de golpes contra algunos de sus principales operadores, pero también lo es de sus propias limitaciones y fracasos: se pueden cortar muchas cabezas de la hidra, pero ésta sigue y seguirá viva, y se podrá regenerar mientras no le falte su alimento, que no es otro que el mercado estadounidense y, cada vez en forma más importante, el mercado interno, dentro de nuestro propio país. Y alimento, tiene de sobra.

Por eso llama la atención que, por encima de los éxitos reales que implican la detención de Labra y del escuadrón de la muerte que trabajaba para los Zambada (sin duda, la intervención de fuerzas federales coordinadas al más alto nivel por la Secretaría de Gobernación y la PGR, lo mismo que de agentes de la PFP, ha sido, en este sentido, determinante para dar esos golpes), todavía se sigan realizando operaciones parciales y acotadas en esta guerra. Por ejemplo, se acaba de anunciar que se desarrollará una suerte de gran operación de sellamiento que abarcará los estados de Baja California y Baja California Sur, además de Sonora y Chihuahua, con lo que se cubre una buena parte de la frontera. Pero ese esquema no será integral si no incluye a dos de los principales terrenos de disputa de esas bandas: Sinaloa y Tamaulipas, particularmente el primero de esos estados, en el cual, a pesar de la demanda de las autoridades locales, no se han dado operaciones combinadas especiales similares a la de sus estados vecinos. Como tampoco se termina de comprender que los esfuerzos que se pueden desplegar en medidas represivas y policiales pueden ser muy importantes, pero de poco servirán, en el plano interno, si no comienzan a destinarse recursos crecientes y programas efectivos para combatir el consumo interno de drogas y para tratamiento de adictos. Hoy, apenas se comienza a reconocer que la adicción es un problema real en México, pero no se toman medidas para tratar a los miles de jóvenes que no tienen recursos y espacios para su recuperación. Porque los fenómenos no se dan en forma aislada: ¿cómo asombrarse, por ejemplo, de la violencia y de la presencia del narcotráfico en Tijuana cuando, según las encuestas de la propia SSA, en esa ciudad casi 15 por ciento de la población mayor de 15 años ha consumido o consume drogas?

Sinaloa: los feudos del narcotráfico

El Salado es un pueblo pequeño, pobre, ubicado a unos 60 kilómetros en línea recta de Culiacán, Sinaloa, en el que no parece haber demasiadas formas de ganarse la vida, si no fuera por un imponente rancho de 650 hectáreas, con instalaciones modernas, dedicado a la producción lechera y que compra la de prácticamente todos los vecinos de la localidad dedicados a esa industria. El rancho Puerto Rico, en muchos sentidos una institución modelo, además de sus modernas instalaciones y su extensión, cuenta con unas 5 700 cabezas de ganado, más de un centenar de trabajadores de planta, caballos, unos 37 vehículos y una zona de descanso llamada pomposamente Palma de Mallorca, ubicada en una verdadera isla, cuando la sequía no agota, como el día que visitamos esas instalaciones, el lago que la rodea, dejándola árida e infestada de mosquitos.

El propietario del rancho Puerto Rico y de su establo lechero tiene en El Salado las dos mejores propiedades del pueblo y estaba construyendo una tercera, todas con su respectiva capilla, casa de muñecas, jardines, automóviles de lujo y camionetas compradas recientemente, más algunas guacamayas que no dejan de verse extrañas en el escenario sinaloense. Se trata de viviendas un poco recargadas en su decoración, pero que no son, tampoco, una expresión más del *art narco*. Porque resulta que el dueño de esas propiedades (y de otras ubicadas en localidades cercanas) es el jefe del cártel de Sinaloa, Ismael *El Mayo* Zambada. Esas propiedades, que eran una suerte de casas de descanso para el conocido narcotraficante, para uno de sus hijos y para las esposas de ambos, fueron aseguradas por la PGR en una peliculesca operación, la madrugada del 20 de junio de 2000.

La operación en sí misma era importante porque se trataba, luego de la detención del comando del cártel de Sinaloa que estaba operando en Tijuana para ensuciarle el terreno a los Arellano Félix, de la primera que se realizaba en forma directa (y hasta ahora la única) contra este hombre que es el sucesor, en ese territorio, de narcotraficantes míticos, como Amado Carrillo, Rafael Caro Quintero, Ernesto Fonseca, *El Güero* Palma, *El Chapo* Guzmán y José Quintero Payán. Pero acercarse al reino de *El Mayo* Zambada no es sencillo: el pueblo vive de sus empresas y de sus inversiones, y desde 10 kilómetros a la redonda de sus propiedades es imposible avanzar hacia ellas sin el inevitable pitazo.

Para asegurar esas propiedades, donde por cierto no se encontró a Zambada, se decidió realizar una suerte de desembarco aerotransportado: en una población que no pudimos identificar pero localizada a 250 kilómetros de Culiacán, se comenzaron a concentrar con distintas excusas, desde días antes, helicópteros para el transporte de agentes de élite. En la madrugada del 19 para el 20 de junio, esos helicópteros emprendieron el vuelo hacia El Salado: demoraron unas tres horas en llegar a su objetivo y comenzar a asegurar las propiedades; inmediatamente después, fueron apoyados por un centenar de soldados. No hubo enfrentamientos, no se encontraron (salvo en una propiedad ubicada en un pueblo cercano, Quilá) armas ni drogas: el rancho y una de las casas principales eran de *El Mayo* Zambada; la otra, de uno de sus hijos. Es más, la esposa de Ismael Zambada, la señora Rosario Niebla Cardozo, presentó ante la PGR, apoyada por la Coparmex local, un acta de divorcio, y demanda que le sean restituidas las propiedades aseguradas, mientras que la dependencia del pueblo respecto al rancho es tan alta, que se decidió que el mismo continúe funcionando, ya asegurado por la PGR y entregado a la dirección de bienes asegurados de la SHCP, controlado por el mismo administrador que trabajaba para sus propietarios originales. Todo indica que a mediados del 2001, la esposa de *El Mayo* Zambada logró que le fuera restituido ese rancho con su equipo, sus cabezas de ganado y su isla de Palma de Mallorca, además de las guacamayas.

Ésta sería una historia más de las vicisitudes de la lucha contra el narcotráfico si no fuera por la batalla que se está librando, en diversos ámbitos, en esa región del país, para controlar el territorio y el paso de drogas hacia Estados Unidos en una doble vertiente: por una parte, por el violento enfrentamiento entre los Arellano Félix y el cártel de Sinaloa por el control de Baja California, el mar de Cortés y Sinaloa. Por la otra, debido al enfrentamiento que las autoridades deben sostener, en forma simultánea, con ambos cárteles.

Y es que la ruta de las drogas para ingresar a Estados Unidos vía nuestro país está puesta hoy, más que en ningún otro terreno, en el mar, y particularmente en el Pacífico. Una de las principales razones es que la cocaína proviene de Colombia y la vertiente de ese país que da hacia el oriente es la que mayor concentración de grupos guerrilleros tiene, los cuales, coludidos con organizaciones de narcotraficantes, controlan más de 30 por ciento de la superficie total de esa nación.

Hacia el Pacífico, se están volcando los cargamentos de los laboratorios distribuidos en esa extensa "zona liberada" de Colombia y desde allí toman rumbo hacia el Norte. En este sentido, es evidente la importancia que cobran los litorales mexicanos para este tráfico, que se redobla por la enorme cantidad de plantíos que se encuentran en la sierra sinaloense.

Desde hace ya varios meses, la cocaína no llega a México, como en el pasado, en vuelos provenientes de Centro o Sudamérica: el sistema de radares localizado en la frontera sur, conectado con el sistema hemisférico que opera la aduana de Estados Unidos, prácticamente ha cerrado esa puerta a los narcotraficantes. En los últimos meses del año 2000, sólo se detectaron tres vuelos que, en las tres ocasiones, fueron frustrados. Uno de ellos, aterrizó en Chetumal, después de la fuga de Mario Villanueva, en el que fue detenida la hija del narcotraficante Ernesto Fonseca, *Don Neto*, cuando transportaba una importante carga de cocaína. Otro aterrizó en Tequesquitengo, y al ser interceptado, sus pasajeros lo abandonaron con la carga. Un tercero llegó a la zona de Puerto Vallarta: se le encendieron luces en una pista clandestina, pero, al observar los narcotraficantes que estaban en tierra que el avión era perseguido por la PGR y la Defensa, apagaron las luces y huyeron. El piloto decidió aterrizar en el aeropuerto de Puerto Vallarta, que en ese momento estaba cerrado, y allí abandonó la aeronave, con toda la carga atravesada en la pista para impedir que lo alcanzaran sus perseguidores.

La droga ahora arriba por dos vías. Por una parte, por tierra: los aviones llegan hasta la frontera sur y penetran en territorio mexicano con camiones a través de un tráfico tan hormiga como constante. Pero la vía más importante, por lo menos para la vertiente del Pacífico, es por barco. El reciente aseguramiento de un barco con tres toneladas y media de cocaína demuestra lo sofisticado de ese tráfico marítimo. Se trataba de un barco pesquero, tiburonero, que acababa de ser comprado en Estados Unidos, en Virginia. De allí navegó hacia Yucatán, donde estuvo en obras en Puerto Progreso. Siguió hacia el sur, cruzó el canal de Panamá y se dirigió hacia la península de Baja California; repostó en La Paz y allí fue detectado. Comenzó a ser perseguido por la marina y la aeronáutica, frente a Mazatlán. Los tripulantes se arrojaron al mar para tratar de escapar e intentaron hundir el barco. Cuando éste parecía ya perdido, los marinos lograron sacarlo nuevamente a flote. La sorpresa fue que en la primera revisión no se encontró nada. Entonces se le aplicó una revisión para rastrear drogas y se encontraron muestras de cocaína en la zona de los tanques de agua. Se perforaron éstos y, dentro de ellos, en unos compartimentos especiales, se encontraron tres y media toneladas de cocaína pura.

¿Por qué entonces es importante la sierra del triángulo de Sinaloa, Durango y Chihuahua para los narcotraficantes? Por varias razones; primero, porque allí está la producción directa de marihuana y amapola para producir la goma de opio y la heroína. En la sierra, plagada de innumerables sembradíos y pistas clandestinas, se utilizan aviones pequeños para dar, literalmente, un salto hasta la frontera. Se llega al lado mexicano de la misma y desde allí entran a Estados Unidos por la vía terrestre. El método sirve para transportar no sólo marihuana y goma de opio (o heroína), sino también la cocaína que llega por mar desde Colombia.

El control de ese territorio, luego de la fragmentación de los cárteles principales provocada por los golpes que han recibido en los últimos años, es decisivo para posicionarse en ese ilegal y lucrativo negocio. Lo importante, en todo caso, es comprender la magnitud del desafío, todo lo que está en juego y comprobar que los golpes no están siendo dirigidos sólo a una de las organizaciones en disputa con el fin de fortalecer a la otra, como ocurrió demasiadas veces en el pasado. El golpe contra *El Mayo* Zambada y su organización trata de ir en ese sentido, luego de las caídas de sus rivales en Tijuana. Con todo, queda la duda respecto a saber quién es realmente el que manda en esas regiones del país.

La fuga de *El Chapo*

El viernes 19 de enero de 2001, cerca de la medianoche, se fugó del penal de máxima seguridad de Puente Grande el mayor enemigo directo del cártel de los Arellano Félix y uno de los jefes del cártel de Sinaloa: Joaquín *El Chapo* Guzmán, quien había sido detenido en junio de 1993, en una confusa operación, luego del atentado que le costara la vida al cardenal Posadas Ocampo. La versión oficial siempre sostuvo que ese atentado estaba dirigido contra *El Chapo* Guzmán, no contra el prelado, quien habría sido confundido con el narcotraficante.

La fuga de *El Chapo* fue anunciada y no sólo porque ya lo había intentado en 1995. La segunda semana de enero de 2001 se pudo advertir que había una estrategia orientada a debilitar la seguridad en los principales penales del sistema penitenciario. Así se dio la divulgación de los videos de Almoloya que había dado a conocer CNI Canal 40 y luego otros medios electrónicos, entregados por un abogado defensor de Caro Quintero. Ello se inscribía en una estrategia mucho más global, enmarcada en la guerra del narcotráfico contra las instituciones, a fin de aflojar las condiciones de reclusión de los jefes del narcotráfico detenidos en ese penal y en otros de máxima seguridad. Esos videos fueron de la mano con otros hechos de violencia, como el asesinato de Juan Pablo de Tavira y de quien fuera su segundo en el entonces penal de Almoloya (ahora La Palma) y en el de Puente Grande, Juan Castillo Alonso, responsables de haber establecido las extremas medidas que se impusieron en los penales de máxima seguridad. Por otra parte, según nuestras propias investigaciones, la filtración de esos videos a los abogados de los narcotraficantes que a su vez los filtraron a Canal 40 y a distintas televisoras, sólo podía provenir de dos fuentes: los mandos de la PFP o la propia dirección del penal. Ahora sabemos que Leonardo Beltrán Santana, quien era director del penal de Puente Grande durante la fuga de *El Chapo*, también fue director de Almoloya en la época en la que se filmaron aquellos controvertidos videos. Hoy Beltrán Santana está detenido, junto con una treintena de custodios, acusados de haber facilitado la fuga de Guzmán.

Las líneas de investigación deben ir mucho más allá. El mismo día de la fuga estaba en Guadalajara el subsecretario de seguridad pública, Jorge Tello Peón. Estaba investigando las denuncias realizadas por la presidenta de la Comisión de Derechos Humanos de Jalisco, Guadalupe Morfín, sobre una red de protección de los principales narcotraficantes detenidos en el penal de Puente Grande; denuncias que habían sido ignoradas por las autoridades y por la CNDH. Incluso, después de la fuga, se divulgó que lo que Morfín pedía era un relajamiento de la seguridad del penal. Era mentira: tiempo después pudimos confirmar plenamente que, desde año y medio atrás, Morfín estaba denunciando, con testimonios y pruebas, cómo *El Chapo* Guzmán, *El Güero* Palma y el *Texas*, Martínez Herrera, manejaban el penal y tenían control sobre los directores de Puente Grande y los custodios. La acusación filtrada contra Morfín, difundida en los medios, consciente o inconscientemente, funcionó como una cortina de humo más para ocultar la fuga de *El Chapo*. Fue por esa denuncia de Morfín que Tello Peón decidió visitar el penal y establecer un mecanismo especial de seguridad que entraría en vigor el viernes a las 22:30 horas. A las 21:45 se vio por última vez al *Chapo* Guzmán en Puente Grande. Minutos después se trasladó a la cocina y escondido, se presume, en un carro con ropa sucia, abandonó el penal de máxima seguridad por la puerta. Cuando llegaron los efectivos de la PFP a las diez y media de la noche, *El Chapo* ya estaba lejos. Las autoridades de Puente Grande aún invirtieron ocho horas en buscarlo dentro del penal antes de dar la voz de alerta y avisar, cerca de las ocho de la mañana, a la PGR y a la Sedena. Las autoridades de Jalisco, que ya sabían de lo ocurrido, tampoco dieron aviso a las autoridades federales hasta la madrugada del sábado. Existe otra versión bastante fundada que cae casi en lo cómico, si no fuera trágica: que *El Chapo* salía regularmente del penal con autorización de las autoridades locales, sobre todo los fines de semana. Ese viernes salió temprano como muchos otros. Lo que sucedió fue que el operativo intempestivo que ordenó Tello Peón lo sorprendió fuera del penal y le impidió regresar. Por eso no se fueron con él los otros dos operadores del penal de Puente Grande: su amigo y compadre, Héctor Luis *El Güero* Palma y Arturo Martínez Herrera, *El Texas*. Se habría tratado de una suerte de fuga involuntaria.

El hecho revela, como dijo el procurador Rafael Macedo de la Concha y el propio Tello Peón, una brutal traición y corrupción, por lo menos, de las autoridades del penal y muy probablemente de funcionarios de alto nivel del área de seguridad pública en el estado de Jalisco, pero también es un apretón de tuercas en la guerra de cárteles. Porque si estamos viviendo a mediados del 2001 los prolegómenos de un proceso desestabilizador con muchas semejanzas con el sufrido por el país en 1993 y 1994, la fuga de *El Chapo* pone en el escenario desestabilizador a quien fue uno de los principales actores de aquel proceso.

Lo cierto es que con Guzmán en libertad, la guerra que ahora tiene como escenario Chiapas, Oaxaca, Guerrero, Michoacán, Jalisco, Nayarit, Sinaloa, Sonora y las dos Baja California se ha agudizado hasta límites extremos, porque éste podrá sumarse a distintos grupos que ahora enfrentaban por separado a los Arellano Félix, como los Díaz Parada, en Oaxaca, y el famoso (y también muy poderoso) Ismael Zambada, en Sinaloa.

Ello agudizará la violencia en varios ámbitos y lugares geográficos. Por una parte, en Chiapas: recordemos que allí había ido a buscar refugio *El Chapo* cuando fue detenido en 1993. En esa ocasión se dijo que había sido detenido en la frontera con Guatemala y rápidamente entregado a las autoridades mexicanas. Sin embargo, las versiones extraoficiales aseguran que su detención se dio en el rancho de un conocido ex funcionario federal que tuvo participación en las áreas de justicia precisamente en los años de crecimiento de los actuales cárteles, el entonces subprocurador Javier Coello Trejo. También que *El Chapo*, los días anteriores a su detención, había dormido en San Cristóbal, y se documentó la coincidencia de las rutas que alimentaban sus redes con las zonas de la entonces conocida como guerrilla de Ocosingo y con las vías del tráfico de indocumentados. Ahora el control de Chiapas, en el ámbito del narcotráfico, está dividido entre varios actores: por una parte, el cártel de Sayaxché, por la localidad guatemalteca desde donde concentra sus operaciones, que suele estar aliado con sus sucesores del cártel del Golfo, que se han integrado a su vez, a través de Osiel Cárdenas, con los sucesores de Amado Carrillo (y allí otra vez aparece la figura del *Azul* Esparragoza), y por la otra, por los propios Arellano Félix, quienes controlan parte del comercio en la región de Tapachula y toda la costa del Pacífico. Allí, también, ya comenzó la guerra, con distintas ejecuciones, sobre todo en Oaxaca, en el Istmo.

El otro gran escenario de batalla serán los estados fronterizos y del noroeste del país. En Sinaloa, sin duda, se recrudecerán los enfrentamientos, pero también se darán en Baja California, Sonora y Jalisco. En Chihuahua y Tamaulipas ocurrirá otro tanto, allí no necesariamente porque los Arellano estén en posibilidad de controlar el tráfico de drogas y el crimen organizado (aunque lo disputen), sino porque, con una táctica que utilizan todos estos grupos contra sus adversarios, buscarán aumentar la inseguridad y la violencia en esas entidades para concentrar allí la atención de las autoridades y los medios, y quitarse un poco de presión. Quizá ésa es una vertiente sobre la que habría que ponerse mucha atención a la hora de investigar el atentado contra Patricio Martínez García.

Lo cierto es que las autoridades federales deben redoblar sus esfuerzos. La tesis, enarbolada por el propio presidente Fox, de que enfrentamos una serie de acontecimientos aislados, que no tienen relación entre sí, ya no tiene sustento: hay una guerra entre los cárteles del narcotráfico por el control de buena parte del territorio nacional y de éstos contra unas instituciones estatales a las que están desafiando abiertamente para saber hasta dónde están dispuestas a llegar. Y en este sentido, están aprovechando un *handicap* que le ofrecen las instituciones de seguridad del Estado: aún no están coordinadas, no hay una línea única de acción ni de mando, ni una estrategia común, subsiste la división interna y se generan importantes vacíos que son utilizados por los grupos del crimen organizado para dinamitar la estabilidad política. La respuesta debería estar a la altura de este desafío.

CAPÍTULO IV

La conexión tamaulipeca: dinero, política y violencia

*Es la historia de mi vida: de cómo salí de unos orígenes
humildes para acabar en el más completo desastre.*

WOODY ALLEN

Tres estampas personales
de los narcotraficantes del Golfo

Octubre de 1994. Publico en la columna *Razones* que la primera
persona contratada para asesinar a José Francisco Ruiz Massieu,
Carmelo Herrera, que se escapó, dicen, con los 300 mil pesos que
se le habían entregado como adelanto por esa operación, era un
integrante de la banda de *Los Texas*, asentados en Nuevo Laredo,
y que era el mismo que apenas unos meses antes, el 12 de mayo
de ese mismo año, había sido detenido en el aeropuerto capitalino cuando cargaba 432 mil 509 dólares desde Ciudad Alemán, que
le había entregado uno de los principales operadores del cártel
del Golfo, Marcelino Guerrero, a fin de entregarlos a un funcionario de la PGR. Dos días después, Carmelo quedó en libertad sin
acusación alguna en su contra. Esa noche de octubre, alguien me
llamó para decirme que si volvía a hablar de Carmelo Herrera o de
Los Texas me iba a morir. Tuve que seguir hablando de él, entre
otras causas porque descubrimos que había sido la mano derecha
de José Luis Larrazolo, un comandante de la Policía Judicial que
semanas atrás había intentado matar a Amado Carrillo Fuentes en
el restaurante Bali Hai del sur del Distrito Federal. Amado salvó la
vida gracias a otro personaje ahora conocido, su jefe de custodios,
Alcides Ramón Magaña, *El Metro*, quien se convertiría después en
el jefe del cártel de Juárez en Cancún; un mes después, Larrazolo
fue acribillado a las puertas de su casa en el Pedregal de San
Ángel, en la ciudad de México.

Mediados de 1998. Vamos con Víctor Ronquillo a hacer un reportaje sobre *Los Texas* a Nuevo Laredo, Tamaulipas. Los empresarios de la zona están hartos del poder de esa banda en la ciudad fronteriza y sus alrededores. Todos han sido secuestrados, todos son extorsionados, los principales mandos de la banda están encarcelados, pero dirigen el narcotráfico y las acciones de su grupo desde la cárcel, que manejan a su entera voluntad. Es tan difícil la situación que decidimos llegar en vuelos por separado a Laredo, Texas, y nos alojamos en un hotel de ese lado de la frontera con otros nombres. A los pocos minutos de llegar a nuestras habitaciones, alguien llama, pregunta por Jorge Fernández; y me dice que si no queremos dar una entrevista a la televisión local sobre el reportaje respecto a *Los Texas* que estábamos realizando y que, suponíamos, era un secreto absoluto que sólo compartíamos unas pocas personas. Hicimos el programa en otro hotel texano donde también nos localizaron. Nos llevamos filmadas la historia y las entrevistas, pero tuvimos que dejar la ciudad a la mañana siguiente, en el primer vuelo.

Noviembre del año 2000. Un altísimo funcionario del área de seguridad me ofrece tomarnos un café en sus oficinas para hablar de cómo estaba operando la transición del zedillismo al foxismo en ese renglón. Llega tarde, me dice que lo disculpe, pero me regala una información: le acaban de informar que detuvieron un par de horas antes a una persona muy cercana a Osiel Cárdenas, el nuevo jefe del narcotráfico en Tamaulipas y que están tratando de ver si con la información recogida y el testimonio de esa persona, pueden realizar un operativo para detenerlo. Me asegura que todo es absolutamente secreto y que esa información es confidencial, *off the record,* hasta que él me diga. En ese momento suena el teléfono; es su línea privada. Un reportero de un medio nacional llama para preguntarle a qué hora comienza el operativo contra Cárdenas y cómo se llama el familiar detenido de ese narcotraficante. La noticia se había filtrado en minutos del ámbito privadísimo de sus oficinas y el operativo ya había sido reventado, inutilizado al difundirse en los medios. Un procedimiento mucho más común de lo que se cree.

Así podrían contarse miles de historias similares que se relacionan con distintos grupos del narcotráfico. Éstas son especiales porque se trata de personajes o grupos relacionados con el cártel del Golfo, asentado en Tamaulipas, y que opera, sobre todo, en las tres ciudades fronterizas de ese estado: Matamoros, Reynosa y Nuevo Laredo. Un cártel, como ningún otro, atado a las vicisitudes políticas; un grupo que, quizá también como ningún otro, vivió y se desarrolló de la mano de las relaciones políticas que construyó durante las administraciones de Miguel de la Madrid y Carlos Salinas de Gortari. Un cártel que, hoy, está fragmentado en varios grupos antagónicos, pero que, desde la caída y extradición de su jefe, Juan García Ábrego, parece haber quedado asociado al *holding* de Ciudad Juárez, del cual es una filial autónoma y con enorme capacidad de operación.

La historia comienza, como muchas otras, tiempo atrás, cuando don Juan N. Guerra comandaba el contrabando en esa zona de la frontera.

Los capos: de Juan N. Guerra a Osiel Cárdenas

El miércoles 11 de julio de 2001 murió en Matamoros, Tamaulipas, una de las leyendas del contrabando y el tráfico de drogas en la costa este de la frontera mexicana con Estados Unidos: Juan Nepomuceno Guerra. Falleció a los 82 años, víctima de una grave enfermedad que ya le había causado la pérdida de las piernas hace un par de años.

Con su muerte, se revivió la mitología que se había generado en torno suyo en el pasado, misma que, a decir verdad, estaba fuera de la realidad. Se dijo que Juan N. Guerra era el verdadero jefe del cártel del Golfo, que fue el hombre que manejaba, como una réplica de *Don Corleone*, el tráfico de drogas en toda esa región de la frontera. Nunca fue así: la importancia de la historia de Juan N. Guerra es que representa perfectamente bien el cruce de caminos entre dos etapas del crimen organizado en México y de sus relaciones con el poder. Y también los métodos que se utilizaron para forzar el reemplazo de unas figuras por otras.

En realidad, como muchos de su época, Guerra comenzó sentando bases como contrabandista en esa franja de la frontera. En una época en que el mercado nacional estaba cerrado, donde el consumo de drogas en Estados Unidos no era todavía importante, el verdadero negocio estaba en el contrabando de objetos de la Unión Americana hacia el mercado interno en México. Para eso se requerían amarres y contactos políticos. Juan Guerra los fue construyendo hasta convertirse en un verdadero cacique en la región. Localmente la alianza principal se estableció con los dirigentes de la CTM (que controlaban a los transportistas), sobre todo con Agapito Hernández Cavazos, dirigente cetemista en el estado, y con Pedro Pérez Ibarra, dirigente de la CTM en la estratégica aduana de Nuevo Laredo. Con el control de los transportes locales y de las aduanas de Nuevo Laredo y Matamoros, Juan N. Guerra pudo hacer florecer el negocio del contrabando durante años, incursionando posteriormente y cada vez más en el narcotráfico, casi exclusivamente en la marihuana, aunque, en comparación con el contrabando de productos hacia México, la droga era, en esa época, un negocio secundario.

La cantidad de políticos nacionales que formaban parte de los contactos de Juan N. Guerra parecían ser innumerables: prácticamente todos los políticos importantes del noreste del país, particularmente de Nuevo León (si bien existen diversas actas de nacimiento de Guerra, incluso una que lo hace nacer en Estados Unidos, todo indica que era originario de China, Nuevo León) y Tamaulipas, lo conocían y lo trataban. Las versiones policiales aseguran que uno de esos políticos, especialmente influyente en la época de Adolfo López Mateos, fue Raúl Salinas Lozano. De esa relación entre Juan N. Guerra y el padre del ex presidente Carlos Salinas, se desprendieron innumerables especulaciones, sobre todo a partir de que Raúl Salinas de Gortari fuera detenido.

Los vínculos entre el crimen organizado y el poder político tienen en esas épocas sus orígenes, y a partir de allí se desarrollan hasta sus formas actuales. Durante años, el cártel de Matamoros (posteriormente se convertiría en el cártel del Golfo) basó su poder en esas relaciones y terminó siendo, ésta, la estrecha relación con el poder, uno de los signos distintivos del grupo. Los vínculos con la CTM local le permitieron a Guerra establecer otra fuerte relación, con Joaquín Hernández Galicia, *La Quina*, el otrora poderosísimo dirigente petrolero, y también con el grupo político local de Enrique Cárdenas González. Los apoyos políticos de estos grupos oscilaron tradicionalmente entre el PRI y el PARM, y así mantuvieron su influencia en la frontera durante años.

Pero en 1988, todo indica que realizaron apuestas equivocadas (muy probablemente de la mano de *La Quina*) y terminaron rompiendo con el entonces presidente Carlos Salinas de Gortari. Allí comenzó una operación para recomponer el control caciquil en toda esa región del país y muy probablemente muchos episodios desestabilizadores sucedidos años después tienen origen en ese conflicto.

Hay distintas versiones sobre la caída del imperio de Juan N. Guerra, pero todas coinciden en que el eje central estuvo, en el ámbito político, en un distanciamiento de sus aliados tradicionales; otros consideran que el problema principal es que este viejo cacique, ya con graves problemas de salud en aquellos años, no permitía que se estableciera una verdadera red empresarial para el manejo del narcotráfico en la entidad, lo que coincidió, además, con la reestructuración del negocio de la droga en nuestro país, a partir de la detención de Miguel Ángel Félix Gallardo, un negocio que, desde entonces, ya se había asentado en la cocaína, mucho más que en la marihuana y, por supuesto, con la apertura de mercados que ya se anunciaba, fuera del interés del contrabando (por lo menos del tradicional, de aparatos electrónicos, bebidas, ropas, que era norma en aquellos años).

Cuando se inicia la reestructuración del narcotráfico, se decide una división del territorio nacional entre diferentes grupos. Originalmente, los únicos que no aceptan la misma serían los Arellano Félix, con lo que comenzó una guerra entre cárteles que continúa hasta el día de hoy. Pero en la zona del Golfo ya comenzaba a operarse el cambio que implicaba la consolidación de un sobrino de Guerra, Juan García Ábrego, con un apoyo claro de fuerzas políticas locales y nacionales, y sobre todo de funcionarios del área de seguridad.

En realidad hubo dos grandes operaciones que sirvieron para modificar el control de los principales grupos de narcotraficantes y, en ambas, un mismo personaje aparece como el principal ejecutor: Guillermo González Calderoni. La primera de ellas se produjo en Ojinaga, Chihuahua, en abril de 1987. Allí, en una operación combinada de la PGR y el FBI, encabezada por el entonces comandante de la Policía Judicial Federal en Ciudad Juárez, Guillermo González Calderoni, fue muerto el único hombre que le disputaba realmente el control del narcotráfico en México a Félix Gallardo: Pablo Acosta, un traficante que introducía toneladas de cocaína, marihuana y heroína en Estados Unidos y que tenía una red de distribución interna en ese país que abarcaba de California a Carolina del Norte. La muerte, se asegura que a golpes, de Pablo Acosta, y la casi inmediata detención de Félix Gallardo, abrieron el espacio para que se redistribuyera el narcotráfico en México y se consolidara lo que ahora conocemos como el cártel de Ciudad Juárez.

La segunda gran operación se dio precisamente en 1990. Ya habían caído en Tamaulipas *La Quina* (en una operación policial también ejecutada por González Calderoni) y Agapito Hernández, ya se habían dado cambios en los grupos políticos dominantes en el estado y ya había surgido un nuevo grupo que comandaba el crimen organizado. Pero para consolidar todo eso se requería terminar de desplazar a la vieja generación. Fue entonces cuando se decidió la detención en uno de sus ranchos de un Juan N. Guerra, quien ya estaba en silla de ruedas y fue mostrado, entonces, como el verdadero jefe del cártel del Golfo, como *El Padrino* del narcotráfico mexicano, mientras que la realidad mostraba que ese grupo operaba bajo otros mandos. La detención de Juan N. Guerra, fue encabezada, una vez más, por Guillermo González Calderoni. La operación fue espectacular pero las consecuencias legales, por lo menos endebles. No se acusó prácticamente de nada al viejo cacique e, incluso, por su estado de salud ni siquiera pisó la cárcel: pero lo importante era la señal y ésa ya se había dado. Allí se oficializó que quien mandaba en esa frontera era García Ábrego.

Poco después, el propio González Calderoni vio cómo caía su estrella, y antes de ser detenido, acusado de tortura y de participar activamente en el tráfico de drogas, precisamente con el cártel del Golfo, buscó refugió en Estados Unidos, donde se ha convertido en testigo protegido de la DEA, la que en un hecho inédito le ha permitido mantener su fortuna (que según las acusaciones que tiene en México es producto del narcotráfico) calculada, de acuerdo con estimaciones oficiales, en unos cinco millones de dólares. Los cálculos extraoficiales llegaron a hablar hasta de 400 millones de dólares. El gobierno estadounidense ha negado la extradición de González Calderoni que, según fuentes de alto nivel de las áreas de seguridad en México, seguiría siendo un hombre clave para comprender cómo se mueven los grupos de la droga en esa región.

Desde su detención, Guerra ya no tuvo influencia en el tráfico de drogas en esa parte de la frontera. Y con el cambio de gobierno, vendría la caída de su sobrino, Juan García Ábrego, y una nueva redistribución de los grupos del narcotráfico en el noreste mexicano. Se acentuó la lucha entre distintos grupos considerados herederos de García Ábrego: en Laredo estaba la banda de *Los Texas*; en Matamoros, Jesús *El Chava* Gómez; en esa misma zona, Osiel Cárdenas. Los primeros fueron detenidos, aunque conservaron desde el penal de Nuevo Laredo y Puente Grande el control de ese puesto fronterizo durante años; los otros trabajaron juntos, pero la presencia del cártel de Juárez se fue extendiendo hasta conquistar buena parte de esas plazas. En 1998, Gómez y Cárdenas fueron detenidos y encerrados en una casa del Pedregal, en el Distrito Federal. Pagaron, se dice, 700 mil dólares a los policías que los custodiaban y se fugaron. Allí mismo comenzó la guerra entre ambos y ganó Osiel Cárdenas: meses después, el cuerpo acribillado de Gómez aparecía en las afueras de Matamoros. Hoy, el sobreviviente de esa lucha, asociado con el cártel de Juárez y particularmente con Juan José Esparragoza, *El Azul*, parece ser el hombre que controla el tráfico de drogas en esa región del país. Juan N. Guerra era parte, ya, de un pasado muy lejano.

El del Golfo, un cártel político en desgracia

Juan García Ábrego fue detenido el 14 de enero de 1996 y enviado a Houston, Texas, un día después. La captura y deportación del líder del cártel del Golfo fue un parteaguas no sólo en la lucha contra el narcotráfico, sino también, y sobre todo, en la relación con Estados Unidos y en el desmantelamiento de los más poderosos grupos de poder erigidos en el sexenio pasado.

García Ábrego, nacido en el poblado de La Paloma, en Texas, cerca de Mc Allen, es hijo de padres mexicanos. El FBI, al colocarlo en 1995 en la lista de los diez más buscados, dejó en claro que lo consideraba estadounidense y como tal lo aceptó siempre el gobierno mexicano: tan es así, que ésa fue la causa fundamental de que no se aceptaran sus condiciones para entregarse voluntariamente, que se basaban en que permaneciera detenido en Tamaulipas y no fuera deportado a Estados Unidos.

El cártel del Golfo podría explicarse como un triángulo con tres vértices muy diferenciados: García Ábrego, como el responsable de la operación del cártel, un área muy sólida de relaciones políticas que estaban por encima de él y sólidas conexiones financieras que podrían confluir en el propio Carlos Cabal Peniche y sus distintos operadores.

Si bien desde principios de los ochenta, Juan García Ábrego fue un próspero traficante de drogas, es hasta fines de esa década y luego de la detención de Juan N. Guerra que estamos realmente ante la presencia de un cártel. En 1989, pocas semanas después de la detención de Félix Gallardo, también era detenido Guerra, y García Ábrego se hacía cargo del cártel del Golfo. Al mismo tiempo, era capturado un oscuro operador de Félix Gallardo: Amado Carrillo, que semanas después quedaría en libertad y asumiría el control de los restos de este grupo y del cártel de Pablo Acosta, en Ojinaga, y se convertiría en el famoso y entonces todavía poco conocido Señor de los Cielos, el más importante de los narcotraficantes mexicanos.

Pero mientras Amado Carrillo se movió al principio con mucha discreción e incluso no tenía orden de captura, hasta después que se produjo el atentado en su contra en el restaurante Bali Hai a fines de 1993, García Ábrego prefirió la ruta de la espectacularidad (vía múltiples ajustes de cuentas con sus adversarios), con la convicción de que gozaba de impunidad; pero la suya era una fama sexenal: había crecido con el sexenio y se comenzaba a apagar con él. Tan era así, que su hermano Humberto, quien sería el cerebro financiero del grupo, era en esos años proveedor oficial de la Conasupo, a la que le vendió unos dos mil millones de viejos pesos de productos agrícolas.

Al mismo tiempo, el grupo financiero de Carlos Cabal Peniche crecía como la espuma y de la nada se hacía de BCH (transformado después en Banca Unión), de Banca Cremi y del Grupo del Monte, además de invertir en muchas otras empresas, sobre todo hoteleras y de la construcción. El derrumbe del cártel, en realidad, coincidió con la intervención del Grupo Cremi-Unión y la fuga de Cabal Peniche. Esa intervención se produjo cuando la DEA y el Departamento de Justicia de Estados Unidos, junto con la Secretaría de Hacienda que entonces encabezaba Pedro Aspe, iniciaron la llamada Operación Cobra, con la convicción de que Cremi-Unión lavaba dinero para el cártel del Golfo.

Este cártel fue, sin duda, parte de un grupo de poder, y no es una excepción en este sentido; por el contrario, fue arquetípico de cómo se relaciona una organización criminal con un grupo político y de poder. En este sentido es particularmente importante analizarlo.

Sus contactos se extendieron hasta Mario Ruiz Massieu cuando éste tuvo su primer paso por la PGR. Durante aquel periodo, la relación de Mario con el cártel del Golfo se estableció por diversas vías, pero, según un documento del FBI de fines de 1994 al que hemos tenido acceso, creció a través de comandantes de la PJF que trabajaron estrechamente con el entonces subprocurador y sobre todo con Adrián Carrera, ahora testigo protegido del gobierno mexicano y encargado de la investigación del asesinato de José Francisco Ruiz Massieu; según las autoridades, también es responsable de omitir toda mención de Raúl Salinas en la investigación de ese crimen. Más allá de la participación de este grupo de poder en el narcotráfico y en los asesinatos políticos de 1994, estas relaciones cruzadas entre García Ábrego, González Calderoni y Mario Ruiz Massieu continuaron.

Resulta casi obvio que ciertos sectores políticos que trabajaron con el ex subprocurador, con González Calderoni y con Adrián Carrera, terminaron contaminados con el narcotráfico, aunque muchos de los involucrados políticamente con ellos lo ignoraran: lo cierto es que el narcopoder se vale de estos grupos y esas relaciones, conscientes o inconscientes, para extender sus propias redes, mismas que en este caso se extendieron en forma muy amplia en Estados Unidos y particularmente en Texas. Un paradigma en este sentido es el de Tony Canales, el abogado defensor de Guillermo González Calderoni, de Mario Ruiz Massieu y de Juan García Ábrego. Canales es un hombre nacido en Brownsville (casi contemporáneo y paisano de García Ábrego) que pasó de ser defensor de mexicanos indocumentados y fiscal a responsabilizarse de la defensa de los grandes capos del narcotráfico, especialmente aquellos ligados con los cárteles mexicanos.Tony Canales opera desde un elegante despacho ubicado en el 2601 de la avenida Morgan en Corpus Christi, junto a la Isla del Padre. Allí despachan él y su socia, Nancy Simonson. Ocupan a unos 15 empleados, tienen utilidades declaradas por encima de los dos y medio millones de dólares al año, cobran en promedio 350 dólares por hora para prestar sus servicios y se sabe que son los abogados del cártel del Golfo.

Si bien el legista texano se ha hecho famoso en México por sus defendidos, también es significativo que Canales y Simonson son importantes miembros del Partido Demócrata, particularmente de esa ala sureña y moderada que apoyaba a la ex gobernadora Ann Richards y que llevó a la presidencia a James Carter y luego a Clinton.

Canales fue, de 1977 a 1980, fiscal federal. En esa responsabilidad, no sólo se ocupaba de Houston, sino también de otras zonas de la frontera, como Laredo, Brownsville, Corpus Christi y Mc Allen. Ahora podemos agregar que a ese cargo llegó por sus relaciones políticas: su madre, Clotilde García, y su tío, Héctor García, fueron reconocidos activistas en la defensa de los derechos civiles y firmes impulsores de Lyndon B. Johnson. Luego unieron su suerte al más moderado, millonario e importante de los políticos demócratas de Texas, Lloyd Bentsen, senador y luego secretario del Tesoro con Clinton.

El que desde los años setenta se especializara en defender casos de narcotráfico no impidió que, con la abierta intervención personal de Bentsen, Canales se convirtiera en fiscal federal. La recomendación de Bentsen fue decisiva para que, en esa oportunidad, el FBI lo declarara apto para ese cargo, pese a su relación con narcotraficantes y a que su contador había sido denunciado por lavar dinero proveniente de esa actividad.

En aquellos años, Canales aseguraba que su objetivo eran los capos del narcotráfico, a los que, sin embargo, terminó defendiendo. También en su gestión como fiscal federal persiguió a petroleros acusados de corrupción y a funcionarios policiacos, como Carrol Lynn y Billy Clayton. Paradójicamente, apenas dejó la fiscalía no sólo defendió a capos, sino también a petroleros acusados de corrupción y contrabando de armas, como el lugarteniente de *La Quina*, José Cruz Contreras, y después, para defender a García Ábrego, se asoció con Gerald Goldstein, quien fuera precisamente el defensor de Clayton en un memorable juicio por cohecho en el que Canales fue el fiscal.

Su socia Nancy Simonson también es miembro del Partido Demócrata y recomendada de Bentsen; fungió como asistente del procurador general de Texas de 1977 a 1983; su eje de trabajo fue la corrupción de agentes policiacos. Sus otros socios, para casos específicos, son igualmente personajes notables del mundo político y jurídico. Por ejemplo, el citado Goldstein (también abogado de García Ábrego) es otro demócrata moderado, presidente de las asociaciones nacionales y estatales de abogados penalistas y profesor de Derecho en la Universidad de Austin. Pero se hizo famoso como defensor de otro hombre ligado a narcotráfico, el ex mandatario panameño Manuel Antonio Noriega.

La lista de casos de alguna forma ligados al cártel del Golfo en la que ha participado Canales es significativa. Además de los muy conocidos, como González Calderoni, Ruiz Massieu y García Ábrego, el abogado Canales fue defensor'de Brígido Marmolejo, *sheriff* del condado de Hidalgo, acusado de corrupción y de haber permitido escapar a narcotraficantes del cártel del Golfo; de los ex banqueros de American Express, Lourdes Reatagui y Antonio Giraldi, quienes lavaban dinero para ese mismo cártel; del narcotraficante (también de la gente de García Ábrego) Kamel Nassif; del defraudador Jorge Emilio Dubois Ferreiro y hasta de la familia de la desaparecida cantante Selena. En cierta ocasión, declaró que "está agradecido al gobierno de México" porque, por sus pedidos de extradición "se está volviendo cada vez más rico". Tiene razón: por ejemplo, a Mario Ruiz Massieu, hasta 1997, ya le había cobrado más de un millón 200 mil dólares por su defensa.

Tony Canales, como destacado miembro del Partido Demócrata de Texas, apoyó la reelección de Clinton y, sin duda, la "guerra contra las drogas", demostrando con ello, también, la doble cara con que se combate el narcotráfico: ¿qué haría el gobierno estadounidense, por ejemplo, si supiera que un distinguido militante del partido en el poder en México, que fue designado fiscal federal por el apoyo de un importante senador y secretario de finanzas, se convirtiera en el abogado defensor de todos los miembros prominentes del cártel del Golfo y continuara su pública militancia en su partido? Lo menos que dirían es que allí está la prueba fehaciente de un país que se ha convertido en una narcodemocracia. Evidentemente, no aplica ese criterio para sí mismo.

Las relaciones políticas de García Ábrego fueron notables y se establecieron en todos los niveles del poder. Si bien desde 1990 tenía dos órdenes de captura donde ya se le identificaba como el jefe del entonces llamado cártel de Matamoros (enlazado desde entonces con el cártel de Cali, que encabezaban los hermanos Rodríguez Orejuela), García Ábrego comenzó a ser conocido en el ocaso del sexenio de Salinas de Gortari, cuando a fines de 1993 la Procuraduría General de la República ofreció una recompensa de tres millones de pesos para quien proporcionara datos que pudieran llevar a su captura. Eso no impedía que García Ábrego se siguiera mostrando con personajes de la vida política, artística y de los medios de comunicación, que asistiera a palenques y fiestas. La lista de sus contactos registrada en su expediente es tan amplia que prácticamente incluye a todo el mundo político en el gobierno de Carlos Salinas, incluyendo al presidente y a su hermano Raúl. Esa misma amplitud y los cuestionados testimonios que han dado muchos de los testigos protegidos tanto por la PGR como por la DEA que han testificado contra él, obligan a ser cuidadosos para saber qué hay de verdad en todo ello. Algunos de ésos, la mayoría recogidos en el informe de la ex procuradora de justicia suiza Carla del Ponte, en el proceso que se sigue en la Federación Helvética contra Raúl Salinas de Gortari, son descabellados: un testigo protegido, por ejemplo, asegura que García Ábrego le entregaba cientos de miles de dólares al entonces presidente Salinas y que éste los recogía, personalmente, a bordo de una limusina blanca, en las calles de Matamoros. Absurdo.

Pero hay múltiples contactos de García Ábrego plenamente documentados. Entre los lavadores de dinero que trabajaron para él, se señala a su cuñado, Martínez Marte, entonces propietario del periódico *El Fronterizo* en Matamoros. Uno de sus primos es Emilio López Parra, ex comandante de la Policía Judicial Federal y de la Dirección Federal de Seguridad. Otro primo de García Ábrego, también acusado de lavar dinero para ese cártel, es Jesús Roberto Guerra Velasco, dueño de periódicos y empresas distribuidoras de semillas en la entidad; en los expedientes de la PGR se habla, también, de Emidgio García, muy cercano al ex gobernador Américo Villareal, propietario de hoteles y centros comerciales en Matamoros; del ex comandante de la policía judicial en Reynosa, Manuel Ayala; de Jesús Bonilla, propietario de una agencia de seguridad que servía como tapadera al grupo de García Ábrego. En forma destacada aparece Guillermo González Calderoni, ex comandante de la PJF en Ciudad Juárez y Guadalajara, director de la lucha contra el narcotráfico en la frontera norte, director de intercepción aérea y terrestre de la PGR y delegado de ésta en Cancún, de donde huyó en 1993 a Mac Allen para pedir asilo en Estados Unidos. Entre otos mandos policiales conocidos se encuentra Rafael Chao López, ex comandante de la Dirección Federal de Seguridad y cercano colaborador del ahora también detenido

José Antonio Zorrilla, condenado como autor intelectual del asesinato del periodista Manuel Buendía. Otro comandante de la PJF, José Carlos Aguilar Garza, fue asesinado poco antes de la captura de García Ábrego, pero había sido el responsable de la lucha antidrogas en los gobiernos de José López Portillo y Luis Echeverría. La lista podría ser interminable. En las que han confeccionado las autoridades suizas (que siempre han insistido en el vínculo de Raúl Salinas con el cártel del Golfo), se incluyen prácticamente todos los hombres de primer nivel del salinismo.

Otro de los enlaces importantes de la organización de García Ábrego se encontraba establecido en Saltillo, Coahuila, a través de José Luis García Treviño, un próspero empresario local al que, incluso, en alguna oportunidad, se llegó a decir que era el propio García Ábrego, con nueva identidad y nueva fisonomía gracias a una operación de cirugía estética. García Treviño era una pieza fundamental del engranaje del narcotraficante y fue detenido a fines de 1994. Era la cabeza del grupo empresarial Aztlán, tenía empresas constructoras, minas, hoteles y sus intereses se extendían hasta Cancún, Oaxaca, Morelos y Michoacán. Su principal socio era Agapito Garza Salinas, asociado con Mario Ruiz Massieu, y tenía nexos con el ex secretario privado del presidente Salinas, Justo Ceja.

Las sospechas de que el cártel del Golfo estuviera detrás de los asesinatos de Luis Donaldo Colosio y José Francisco Ruiz Massieu minaron tanto sus contactos políticos y sus esquemas de protección, que García Ábrego cayó poco después del cambio sexenal. Fue detenido en Monterrey el 14 de enero de 1996 y un día después se le aplicó el artículo 33 constitucional: fue expulsado del país considerándolo extranjero y entregado al gobierno de Estados Unidos, donde purga cadena perpetua. Aparentemente fue entregado por Carlos Reséndez Bertolussi, uno de sus principales lugartenientes —por lo menos eso fue lo que se dijo en el juicio público que se le siguió en Houston, donde García Ábrego no hizo revelación alguna respecto de sus relaciones políticas y los fiscales estadunidenses jamás lo interrogaron en público sobre ellas—. Desde ese juicio en 1996, no se ha vuelto a saber de él. El

día de su expulsión a Estados Unidos, la PGR, entonces encabezada por el panista Antonio Lozano Gracia, informó que un funcionario de esa dependencia sería enlace con las autoridades
estadounidenses para saber de los avances sobre las investigaciones que se realizaran en torno a García Ábrego. Desde entonces,
hace más de cinco años, no se ha vuelto a informar de esas investigaciones dentro o fuera de Estados Unidos.

El Golfo después de García Ábrego

La caída de Juan García Ábrego tuvo como consecuencia el derrumbe de buena parte de su organización. Fueron aprehendidos
sus principales operadores, Óscar Malherbe y Carlos Reséndez;
durante un par de años estuvo detenido su hermano Humberto
(actualmente en libertad, luego de una controvertida decisión judicial); se rompieron las redes de lavado de dinero y sus principales contactos políticos, que lo habían hecho fuerte en esa región
del país, creándose un verdadero vacío en el control del narcotráfico en esa estratégica franja de la frontera. Por supuesto, esos
vacíos siempre se llenan con rapidez: en Tamaulipas, y por extensión en el resto del golfo, se generó una etapa de incertidumbre
porque ninguno de los grupos estuvo, durante un periodo de tiempo
relativamente largo, en condiciones de controlar ese territorio, pro-
vocándose una lucha feroz entre los sucesores del propio García
Ábrego e intentos de los cárteles de Juárez y Tijuana por apropiar-
se de esa plaza en el contexto de su propia lucha interna. A eso se
deben agregar dos componentes muy importantes: por una parte,
durante mucho tiempo la plaza de Tamaulipas y el golfo fue de la
mano de la célula del sureste del cártel de Juárez, asentada en
Cancún; cuando ésta se rompió allí creció también la incertidumbre. Adicionalmente, los contactos de García Ábrego siempre se
establecieron con el cártel de Cali, pero cuando éste es parcialmente desarticulado y detenidos los hermanos Rodríguez Orejuela, lo que coincide con la caída de García Ábrego, la situación
quedó fuera de control durante casi dos años .

Pero, poco a poco, y luego de una inusual racha de violencia —de la que sólo el más fuerte lograría sobrevivir— en Tamaulipas, las cosas comenzaron a quedar claras y los principales grupos del narcotráfico se han consolidado. La situación general no es muy diferente a la de otras regiones de la frontera, pero todo indica que la penetración que han logrado estos grupos sobre los cuerpos de seguridad y autoridades locales, sobre todo municipales, es aún mayor que en otras plazas del país. El panorama, por tanto, no es demasiado halagüeño. Los decomisos de drogas en esa parte de la frontera, pese a ser de la más transitada, son bajos, incluso comparados con los que se realizan del lado texano. La oferta de droga en las calles de la frontera ha aumentado en forma dramática: la dosis de cocaína bajó a un tercio de su valor en dos años, crecieron la violencia, las ejecuciones, y la coordinación de los distintos cuerpos de seguridad locales y federales no ha funcionado eficientemente.

El momento clave para el recrudecimiento de la violencia de los últimos años se inició con la fuga de dos de los operadores principales del antiguo cártel del Golfo en una casa de seguridad de la PGR, ubicada en la calle de Cráter en el Pedregal de San Ángel, en el Distrito Federal, en agosto de 1998.

Ángel Salvador *El Chava* Gómez y Osiel Cárdenas se fugaron de la casa donde poco antes habían estado arraigadas la esposa y la nuera de Daniel Arizmendi y que fue propiedad de *El Güero* Palma. Ambos pertenecían al cártel del Golfo; *El Chava* Gómez era considerado lugarteniente de García Ábrego y su sucesor operativo. Según la PGR, Gómez era responsable de varios homicidios en la lucha por el control de la frontera, entre ellos los de Antonio Ávila, *El Comandante*, y de un atentado contra Hugo Baldomero, con quienes se disputó el control de las plazas de Reynosa y Matamoros, tras el reacomodo de la organización.

El Chava Gómez y Osiel Cárdenas habían sido capturados el 5 de julio de 1998 en el rancho El Refugio, ubicado a 10 kilómetros de Matamoros, y trasladados a la ciudad de México, donde un juez federal obsequió a la Fiscalía Especializada de Delitos contra la Salud las órdenes de arraigo judicial correspondientes; los delincuentes se encontraban bajo arraigo precautorio, mientras se llevaban a cabo las indagaciones. Pagaron entonces 15 mil dólares a cada uno de los cuatro agentes que los custodiaban, y pudieron escaparse por una de las ventanas del inmueble. Los agentes, además, tardaron varios días en denunciar la fuga.

La plaza de Matamoros es, sin duda, la más violenta. Cuando fue detenido García Ábrego, comenzaron allí los ajustes de cuentas internos. Por una parte, se enfrentaron los grupos locales encabezados entonces por *El Chava* Gómez, Osiel Cárdenas, un operador de las alas más violentas de García Ábrego, y Hugo Baldomero Medina Garza, conocido como *El señor de los trailers*, en contra de los grupos del cártel de Juárez que ya estaban presentes en la entidad encabezados por Juan José Esparragoza, *El Azul*. Cuando Osiel Cárdenas y Gómez fueron detenidos, vino una etapa de consolidación de los grupos de Juárez. Pero los dos sucesores de García Ábrego lograron fugarse y regresaron al estado: con una característica, comenzó una violenta guerra entre ambos que terminó con la muerte de Gómez y, poco después, con la detención de Hugo Baldomero Medina. Osiel Cárdenas se quedó así como jefe del grupo, pero se asegura que debió aliarse con la gente de Juárez que ya había tomado, vía Esparragoza, el control del tráfico en la zona.

La muerte de *El Chava* Gómez permitió, paradójicamente, bajar los niveles de violencia, porque éste había establecido un sistema de intimidación interna entre sus propios miembros y entre los cuerpos de seguridad que llegó, incluso, a un intento de secuestro a funcionarios de la DEA que estaban de visita en Matamoros. Pero el mando operativo estuvo siempre bajo control de Cárdenas y éste, finalmente, se deshizo de un socio eficiente pero indeseable. Fue Cárdenas también quien mantuvo las principales relaciones políticas e incluso se ha asegurado que estableció contactos importantes en el estado de Jalisco, vía lazos familiares con algún funcionario del gobierno de esa entidad.

Las rutas que siguen los cárteles en la entidad están bastante definidas. Varias de ellas parten del puerto de Veracruz, donde reciben cargamentos por vía marítima (provenientes del Caribe y la península de Yucatán), y desde allí son trasladados por tierra hasta Matamoros, Reynosa y Nuevo Laredo. Otra ruta inicia en la llamada Laguna Madre, en el municipio de San Fernando, en Tamaulipas. Allí llega la droga desde distintos puntos en pequeñas embarcaciones, con motores fuera de borda muy potentes. Suelen llegar desde la península de Yucatán y seguir un viaje a Estados Unidos, particularmente por Matamoros. Pero también se utilizan las brechas que atraviesan el estado, que permiten acumular fuertes cargamentos en lugares de la frontera sin control y posteriormente cruzarla. La más utilizada es la llamada brecha del Becerro. Las cosas se facilitan porque buena parte de la frontera que divide el río Bravo está conformada en ambos lados de la misma por ranchos de particulares que, en muchos casos, participan de este negocio, dificultando aún más la detección de los cargamentos.

Mientras tanto, en Reynosa creció la violencia porque ninguno de los grupos en disputa tiene el control real de la plaza, aunque las informaciones de los cuerpos de seguridad insistían en que la gente de Juárez se ha asentado cada vez en forma más sólida en esa ciudad.

El martes 25 de agosto de 1998, al filo de las 6:15 horas, una bomba hizo añicos la residencia en la que, en uno de los más elegantes y costosos barrios de Reynosa, se había mudado el comandante de la Policía Judicial del Estado, Raúl Manuel Ruiz Guerrero, quien murió instantáneamente. Al mismo tiempo, su esposa, Liliana Macías de Ruiz, quien se encontraba en el octavo mes de embarazo, su pequeño hijo Raúl y el velador resultaron gravemente heridos, además de morir una empleada doméstica. Se reportaron por lo menos 10 lesionados más.

Alrededor de la casa destrozada, ubicada en la colonia residencial Valle Alto, otras 70 residencias y un supermercado fueron dañados, además de un sinnúmero de vehículos propiedad de los habitantes de esta zona. Localizada sobre la carretera Reynosa-Monterrey, la casa del comandante quedó reducida a escombros. Había costado un millón de dólares y fue inaugurada tan sólo unos días antes, en una fiesta cuyo invitado de honor había sido el procurador de Justicia del estado, José Herrera Bustamante.

Raúl Ruiz Guerrero era originario de Reynosa, tenía 27 años y apenas hacía tres meses había tomado posesión como comandante de la Policía Ministerial del estado, en Camargo. Anteriormente, había trabajado como agente efectivo de la Policía Judicial Federal bajo las órdenes de los ex comandantes Guillermo González Calderoni y Rodolfo Manzano Peredo. En los últimos meses, se había convertido en el hombre clave en el esquema de seguridad del entonces gobernador Manuel Cavazos Lerma.

A pesar de que las autoridades se apresuraron a afirmar que la explosión que dio muerte al comandante Raúl Ruiz fue un accidente por acumulación de gas, el suceso es muy preocupante; su muerte no es un hecho aislado: a pocos metros de distancia de la residencia destruida, 15 días antes fue asesinado el joven Luis Esteban Menéndez por Antonio Barba, quien, a su vez, fue acribillado siete días después por unos desconocidos. Un mes antes, la víctima de otro ajuste de cuentas, en esa misma colonia, fue un médico, Marín Reséndiz, también ligado a fuerzas policiales.

La ola de asesinatos originada en Matamoros y Reynosa provocó que buena parte de la operación de estos grupos se fuera concentrando en Ciudad Miguel Alemán y en el ahora famoso pueblo de Guardados de Abajo, que controlaba uno de los socios de este grupo, Gilberto García, *El June*. Ciudad Alemán se ha ido convirtiendo cada vez más en un lugar estratégico para el narcotráfico de la región debido a la protección oficial, casi absoluta, que tienen los capos de los diferentes grupos, comenzando por la del presidente municipal Raúl Rodríguez Barrera, y la de los cuerpos de seguridad locales. Tan es así, que en la zona los llamados cuerpos de inteligencia se conformaron con integrantes de los grupos de *El June* y de otro conocido narcotraficante, *El Yeyo* López, con el objetivo de proteger a esos grupos. Ciudad Alemán tiene otras características que la hacen muy adecuada para ese tipo de operaciones; colinda con el río Bravo y del otro lado de la frontera existe poco control; está bien comunicada con Monterrey, Nuevo Laredo y Reynosa, y está cruzada por innumerables brechas que utilizan estos grupos para mover la droga a los distintos puntos de la frontera. Obviamente, hasta la operación realizada en

Guardados de Abajo a principios de 2001, los índices de decomisos en esa zona de la frontera eran de los más bajos del país: sólo 5 por ciento de todos los decomisos de marihuana y 0.16 por ciento de cocaína de todo el estado.

Nuevo Laredo se convirtió en una zona dominada por el terror que impuso un grupo de características muy especiales llamado *Los Texas*, que pasaron en unos pocos años del tráfico de gente al narcotráfico y a los crímenes por encargo.

Los Texas: brazos ejecutores

En la década de los años ochenta en Nuevo Laredo nació una de las bandas más peligrosas del crimen organizado que operan en el país. En un principio se integró por los miembros de la familia Martínez Herrera; después fueron reclutando narcotraficantes de otras mafias, como la de los Martínez Pruneda, que se encontraban prófugos de la justicia. Desde entonces y hasta la fecha, la cabeza es Arturo Martínez Herrera, llamado *El Texas 1*, quien en agosto de 2001, luego de haber sido uno de los hombres que controlaba el penal de "alta seguridad" de Puente Grande, junto con el fugado Joaquín *El Chapo* Guzmán y Héctor Luis *El Güero* Palma, fue trasladado al penal de Almoloya de Juárez en el estado de México, para tratar de cortar así el manejo virtual que Martínez Herrera seguía teniendo de las acciones de su organización desde la cárcel.

Los Texas se iniciaron con el tráfico de indocumentados hacia Estados Unidos. En poco tiempo se consolidaron como la organización más poderosa en esa rama del crimen organizado, transportando indocumentados centroamericanos, asiáticos, hindúes y, por supuesto, mexicanos.

De acuerdo con un informe confidencial, esta organización trabaja al más puro y complejo sistema de las organizaciones asiáticas, con la escala de mando de los siguientes integrantes: Arturo Martínez Herrera, *El Texas* 1, preso en el penal de Puente Grande, Jalisco, ahora trasladado a Almoloya; Guillermo Martínez, *El Borrado*, preso en el penal número 1, La Loma, de Nuevo Laredo,

Tamaulipas, trasladado recientemente también a Almoloya; Daniel Martínez Herrera, *El Negro*, actualmente en libertad y al frente de la organización, además de ser el enlace de la banda con *El Borrado*; y Agustín Martínez Herrera, *El Tilín*, quien se encuentra en libertad y operando de manera similar a *El Negro*.

Los Texas no sólo se constituyeron como una de las organizaciones más poderosas de Centroamérica y de México en el tráfico de indocumentados; también se acreditaron como los más sanguinarios y crueles. Y fueron de los primeros que obligaron a las caravanas de indocumentados a transportar droga.

Una de las historias que se le conocen a esta banda es cuando, a fines de los ochenta, trasladaron a un grupo de 14 salvadoreños a Houston, Texas. Los indocumentados se dieron cuenta que estaban siendo utilizados para traficar droga; trataron de denunciarlos a las autoridades norteamericanas y fueron descubiertos por Guillermo y Arturo Martínez Herrera, quienes como respuesta asesinaron a 13 integrantes de ese grupo; sólo uno quedó vivo, el que los delató. Desde entonces, son requeridos por las autoridades de Estados Unidos para que respondan por las 13 muertes y por tráfico de indocumentados y droga.

Los Texas sentaron sus bases de operación en Nuevo Laredo, Tamaulipas. Se sabe que desde su origen estaban coludidos con las autoridades judiciales del país. Contaron con la protección del entonces comandante de la Policía Judicial Federal, Guillermo González Calderoni, quien al ascender al cargo de director de Intercepción Aérea de la PJF, enviaba parte de los decomisos realizados a esta organización; *Los Texas* se encargaban de comercializarla; realizaban diversos trabajos para él y para quien era su socio cercano, Juan García Ábrego. Su especialidad se convirtió en ser camellos, pasando droga por la frontera, y cada vez más comenzaron a ser utilizados como matones profesionales.

Actualmente, cuentan con unos 50 pistoleros, capacitados por Jaime González Beath (ex miembro de las fuerzas especiales de Estados Unidos y por el momento preso en ese país) y por Enrique Tomás de la Cruz, asesinado en el interior del penal número 2 de Nuevo Laredo. Éste, presuntamente, fue liquidado por órdenes de

Guillermo Martínez, ya que pretendía disputarle el mando en dos centros penitenciarios de esa ciudad. *Los Texas* controlaban el monopolio de la violencia en los centros de reclusión de Nuevo Laredo, Tamaulipas, y en Puente Grande, Jalisco. Para poder trasladar a Guillermo Martínez de Nuevo Laredo a Almoloya, se tuvo que realizar un operativo con tropas aerotransportadas que literalmente tomaron por asalto el penal y estuvieron, incluso, a punto de no encontrarlo, porque había sido colocado con otros presos para evitar su identificación. No era para menos: los directores que llegaban a ese penal y no "cooperaban" con *El Borrado* tenían la mala costumbre de ser asesinados.

En su haber tienen acreditados decenas de homicidios. Han terminado con sus bandas rivales y acabado con cualquier autoridad policiaca o judicial que ha intentado oponérseles. En 1992 organizaron un comando para liquidar a una banda rival, cometiendo 11 homicidios en sólo un día. En 1993, en un intento para terminar con la banda de Tomás de la Cruz, que operaba de manera independiente, asesinaron a dos de sus integrantes.

En 1994 llegó a Nuevo Laredo el comandante de la Policía Judicial Federal Luis del Moral Zamudio. Se negó a aceptar un portafolios con 200 mil dólares, enviado supuestamente por Arturo Martínez Herrera. La respuesta no se hizo esperar; el 17 de julio de ese año, un escuadrón de la muerte, con la ayuda de expertos en electrónica, interceptaron el teléfono de Del Moral, lo emboscaron, dándole muerte e hiriendo a otros dos agentes. En esta ocasión, un judicial federal logró aprehender a Guillermo Martínez Herrera. Después de su captura, fue asegurado un impresionante arsenal, drogas y 100 vehículos; la droga incluía dos kilos de cocaína y 11 paquetes de marihuana; el arsenal, 32 armas largas de diversos calibres y dos lanzagranadas. Fue recluido en el penal número 1, conocido como La Loma.

Desde esa fecha, Guillermo *El Borrado* vivió en una lujosa celda, con teléfonos celulares, radio y circuito cerrado de televisión, y cámaras instaladas para la vigilancia de los accesos interiores y exteriores del penal. Además, adquirió varias casas vecinas donde mantenía a un grupo de por lo menos 20 personas fuertemente armadas. En los cinco años que habitó el penal, se conoció que había enviado matar a tres celadores y a varios reos que se negaron a seguir sus órdenes, haciéndolos aparecer como suicidios. Cuando, luego de dos intentos frustrados, la PFP, en ese entonces al mando de Wilfrido Robledo Madrid, finalmente logró tomar el penal en una operación aerotransportada, encontraron incluso túneles para que Martínez Herrera pudiera salir o entrar sin dificultades. Fue la sorpresa de la operación, de la que no fueron advertidas las autoridades, la que permitió tomar el penal. Incluso, los elementos que participaron en ella fueron congregados en Ciudad Victoria, la capital de Tamaulipas, a muchos kilómetros de Nuevo Laredo, con la excusa de que recibirían allí un seminario. En la noche, se les subió en helicópteros y hasta ese momento se les explicó qué tipo de operación realizarían. Estamos hablando, insistimos, de las precauciones que se tuvieron que tomar para poder entrar a un penal, a un centro de detención supuestamente controlado por el Estado. En la visita a Nuevo Laredo de la que escribíamos al principio de este capítulo, tuvimos oportunidad de acercarnos al penal de La Loma, de observar y filmar las cámaras de vigilancia que se controlaban desde la celda-suite de Martínez Herrera, de constatar las direcciones de las casas que servían como custodias armadas de este personaje alrededor del penal, y Víctor Ronquillo pudo hablar con el director en turno, un hombrecillo aterrado que se limitó a decir que todo era mentira, que en el penal todo funcionaba normalmente, pero que no nos podía permitir la entrada porque estaba prohibido filmar a personas dentro de un reclusorio.

Arturo Martínez Herrera, *El Texas*, también sigue en prisión. Al ser capturado, lo trasladaron al penal federal de Puente Grande, Jalisco; se le atribuye el asesinato del comandante Del Moral ocurrido en 1994. Durante el tiempo en el que estuvo protegido por González Calderoni, poseía documentación en la que se le acreditaba como comandante de la PJF en Piedras Negras, Coahuila. En Puente Grande, *El Texas*, junto con *El Chapo* y *El Güero* Palma, controlaban el penal de "alta seguridad". Entraban y salían, hacían fiestas, tenían invitados e invitadas, manejaban desde allí sus negocios y organizaciones. Como siempre, Martínez Herrera se caracterizaba por ser el brazo operador de esos grupos y se considera que estuvieron detrás de los asesinatos de distintos ex funcionarios de Puente Grande y Almoloya, que se produjeron poco antes de la fuga de *El Chapo*. *Los Texas* siguen funcionando porque, aunque las cabezas principales se encuentran en prisión, los asesinatos han sido ejecutados por los mismos familiares y miembros de la banda.

En 1998, por ejemplo, el hijo de Guillermo Martínez, del mismo nombre, asesinó con una AK-47 al agente del la PJF Jacinto Corral, cuando se cortaba el cabello a una cuadra del penal. Aún cuando se cuenta con testigos, sigue libre *Memito*, o *El Texillas*, como también se le conoce. En 1996, Arturo Martínez Herrera mandó asesinar al comandante de la PJF Eduardo Ángelo Lozano Aguirre, quien intervino en su detención. En ese atentado, un bebé de dos meses, murió en brazos de su madre y ella perdió un ojo. Después de una airada reacción de la sociedad civil y de los medios, Guillermo Martínez se dio el lujo de convocar, dentro del penal, a una rueda de prensa para negar los cargos que se le imputaban.

Esta organización criminal cuenta con los servicios del conocido defensor de narcotraficantes Juan Miguel Pérez Barquierena, quien por más de 20 años se ha dedicado a esta actividad. La banda cuenta, además, con un operador de nombre Juan de la Rosa, encargado de repartir el dinero de los sobornos entre los policías preventivos y judiciales, y entre las autoridades penitenciarias.

La increíble historia de Carmelo

El 7 de marzo de 1996, fue detenido en la ciudad de México Carmelo Herrera, acusado de ser cabeza de una banda de robacoches; su especialidad eran los *Jetta* y los *Golf*, que con documentación apócrifa eran vendidos en diferentes estados de la República y en Centroamérica.

Este hecho no hubiera sido relevante, sería un capítulo más de la larga historia de las mafias especializadas en el tráfico internacional de automóviles, si Carmelo Herrera no hubiera sido a quien Fernando Rodríguez González y sus hermanos, comandados por Manuel Muñoz Rocha, le pagaron 300 mil pesos para matar al entonces secretario general del PRI, José Francisco Ruiz Massieu. Carmelo Herrera, luego de espiar a quien sería su víctima, se dio a la fuga con el dinero, sin haber cumplido con "el encargo", porque lo consideró demasiado peligroso.

Herrera fue "madrina" del comandante de la Policía Judicial Federal José Luis Larrazolo en Yucatán y Quintana Roo, pero era más que un simple colaborador. Fue detenido, en Mérida por asesinar a golpes a un detenido acusado de relaciones con el narcotráfico. En aquella época, el cártel del Golfo, vía González Calderoni y Larrazolo, intentó limpiar de competidores la península de Yucatán.

Carmelo mantuvo sus vínculos con Guillermo González Calderoni y con el propio Larrazolo hasta antes de la muerte del ex comandante de la Judicial. Es primo de los hermanos Arturo y Guillermo Martínez Herrera, cabecillas de la banda *Los Texas*, ya especializados en ese entonces en el tráfico de indocumentados y de drogas, y en los asesinatos a sueldo.

Incluso, en el caso de José Francisco Ruiz Massieu, el juez sólo sentenció a Carmelo por encubrimiento. Fue liberado, previo pago en efectivo de una fianza de 140 mil pesos. Nadie averiguó cómo un desempleado obtuvo esa cantidad para pagar su libertad. El entonces todo poderoso subprocurador Mario Ruiz Massieu era el encargado de la lucha contra el narcotráfico y nada hizo respecto a Carmelo Herrera.

Herrera era, también, un hombre de *Los Texas*. Su relación con esta banda y con el cártel del Golfo están documentadas; fue, además, vecino de los tíos de Mario Aburto, el asesino de Luis Donaldo Colosio, en un rancho de la huasteca donde Aburto escribió sus famosos y nunca explicados cuadernos. En ellos, Aburto se hacía llamar Caballero Águila. ¿Sabe cuáles eran los nombres en clave de *Los Texas*? Adivinó: Aguila I, Aguila II y así sucesivamente. ¿Son demasiadas casualidades?

La Operación Impunidad

A fines del 2000 se realizó la llamada Operación Impunidad II, que permitió la detención de 82 personas en México y Estados Unidos, además de la incautación de cinco toneladas de cocaína y 4.5 toneladas de marihuana, un muy fuerte golpe al narcotráfico en la vertiente del golfo de México, que puso en la mira pública a uno de los principales narcotraficantes del país, Osiel Cárdenas Guillén. Fue la primera operación antinarcóticos importante en la que participó el gobierno de Vicente Fox, y en buena medida resultó exitosa.

Si bien no era verdad que, como dijeron entonces las autoridades estadounidenses, Osiel Cárdenas es el principal narcotraficante del país, el hecho de que trascienda su nombre y que en su persecución se involucre el gobierno estadounidense envió varias y fuertes señales políticas.

La operación fue realizada por autoridades de la DEA y de la PGR en México. Con ella se desmanteló la red que manejaba Cárdenas desde Cali y que llegaba hasta ciudades como Nueva York, Chicago, Columbus, Memphis, Louisville, Houston, Mc Allen y Brownsville. En México sólo ha trascendido, sin que la información se haya ampliado aún oficialmente, que fueron detenidos en la ciudad de Querétaro los narcotraficantes colombianos Rubén Darío Nieto Benjumea, Gustavo Adolfo Londoño Zapata y Elkin Cano Villa, considerados, según información extraoficial, como dirigentes importantes entre los sucesores del cártel de Cali. Estos colombianos asentados en Querétaro dijeron que desde allí estaban negociando envíos tanto a la gente de Osiel Cárdenas como al cártel de los Arellano Félix. La DEA, además, en relación con esta operación, ofreció una recompensa de dos millones de dólares por Osiel Cárdenas y sus dos lugartenientes, Adán Medrano y Juan Manuel Garza Rendón. El director de la DEA, Donnie Marshall, agregó que Cárdenas es el narcotraficante mexicano más importante en estos momentos porque "unificó" los restos de los cárteles de Juárez y el Golfo.

Y sin duda es una pieza importante en el ajedrez del narcotráfico, pero no con la magnitud que lo manejan las autoridades estadounidenses. Del otro lado de la frontera, donde se hizo el anuncio oficial de la Operación Impunidad II, se busca con ahínco a Cárdenas porque éste, como se conoció a través de un relato que hace varios meses publicó Raymundo Riva Palacio en *Milenio*, les hizo recordar a los hombres de la DEA su mayor espectro: el asesinato de Enrique Camarena en 1985. Porque Osiel Cárdenas, con un grupo de gatilleros, literalmente secuestró y estuvo a punto de matar a dos de los principales agentes de la DEA en Matamoros, mientras éstos realizaban —violando, justo es decirlo, su estatus diplomático— una investigación sobre el cártel del Golfo. El narcotraficante demostró en aquella ocasión tener un amplio control de Matamoros y encendió en torno suyo las luces rojas de las autoridades de Estados Unidos y México. A partir de allí, comenzó una cacería que la DEA ha tomado como un objetivo prioritario.

Pero Osiel Cárdenas es, sobre todo, un operador de los grupos más poderosos, que fue reclutado por el cártel de Juárez para controlar esa parte de la frontera y no al revés, como dicen las crónicas que surgen en el norte. Hasta hace un par de años, Cárdenas manejaba uno de los varios grupos que se disputaban la línea divisoria de México y Texas, en Tamaulipas, sucesor, como los otros, de García Ábrego. Luego de que eliminó a su antiguo jefe y aliado, *El Chava* Gómez, se quedó con el control de la mayoría de los grupos que sobrevivían a la debacle. Las diferencias entre Gómez y Cárdenas eran básicas. El primero era partidario de consolidarse como un grupo autónomo. El segundo, que algo debe haber leído sobre los beneficios de la globalización, era partidario de asociarse con el cártel de Juárez que en aquellas fechas ya estaba en Tamaulipas para tratar de reemplazar la plaza de Cancún, que se había deteriorado seriamente con la fuga de Mario Villanueva Madrid y la detención de varios operadores del cártel de Juárez en la península de Yucatán. A partir de allí, se desprendieron varios operativos que rompieron redes importantes en el Caribe, en el golfo y en Estados Unidos. Era necesario reemplazarlas y allí estaban los sucesores del cártel de García Ábrego. Cárdenas, entonces, se alió con los hombres de Juárez que estaban y están comandados por Juan José Esparragoza, *El Azul*.

Comenzó entonces una operación brutalmente violenta para eliminar competidores: fueron asesinados los principales operadores de *El Chava* Gómez y este mismo fue secuestrado y muerto. Otros narcotraficantes que se opusieron a la *joint venture* entre Cárdenas y los de Juárez aparecieron muertos o fueron objeto de "soplos" que permitieron su detención; ello también permitió a grupos locales, sobre todo delegados de agencias federales, atribuirse logros en la lucha contra el narcotráfico (el caso más notable fue la detención del llamado *Señor de los trailers;* otro el socio de Cárdenas, Hugo Baldomero Medina).

Pero desde aquel incidente en Matamoros, comenzó a cerrarse el círculo en torno a Osiel Cárdenas y, como en otros casos, pero éstos relacionados con el cártel de Tijuana, ese círculo estuvo marcado por la detección de aliados colombianos y damas de ese origen muy cercanas a su grupo más íntimo. Contra Cárdenas confluyen intereses muy poderosos. Para la DEA, romper con esta red es un objetivo prioritario, porque desde el caso Camarena su lógica es que no se puede atacar impunemente a un agente de esa corporación. Si las cosas se han dado como parecen, podrían estar haciendo cumplir esa norma. Para la administración Fox, alcanzar a Osiel Cárdenas es una operación clave en varios sentidos: primero, para dar un golpe duro, como los prometidos contra el crimen organizado; segundo, para demostrar que su nivel de colaboración con autoridades estadounidenses es muy alto; tercero, porque lo sucedido demostraría que se logró dar la transición en esa área tan estratégica sin fuga de información y continuando con programas y objetivos establecidos previamente.

Esta operación enciende también luces rojas en otros ámbitos. La detención de los cuatro miembros del cártel de Cali en la ciudad de Querétaro confirma algo que era ya un secreto a voces y que no ha querido ser asumido por las autoridades locales: esa entidad se ha convertido en una suerte de reemplazante de Cuernavaca en la operación del narcotráfico y, particularmente, para que allí se asienten algunos de los principales cabecillas del crimen organizado. Ya en el pasado fueron decomisadas casas pertenecientes a Amado Carrillo, al *Azul* Esparragoza y a otros narcotraficantes; ahora allí caen los hombres del cártel de Cali y, como antes en Cuernavaca, desde 1998 han aumentando los secuestros *express*, típicos de los grupos que suelen acompañar a los capos cuando se asientan en alguna plaza.

Un pueblo dedicado al crimen organizado

La continuación de la Operación Impunidad II se dio el primer fin de semana de abril del año 2001, cuando la fiscalía antidrogas, dependiente de la PGR, dio un golpe muy duro contra el narcotráfico en Tamaulipas y, por primera vez, logró penetrar estructuras que están siendo cada vez más comunes, sobre todo en el norte del país. Ocupó Guardados de Abajo, todo un pueblo involucrado en el narcotráfico en sus distintas vertientes, una virtual zona liberada que no está bajo control del Estado sino de sus propios habitantes y de los grupos del crimen organizado que los controlan.

No es una novedad; en Sinaloa y Sonora son muchos los poblados con las mismas características. En el primero de esos estados, un alto funcionario de seguridad nos platicaba de un pueblo completo dedicado a la industria del secuestro y de los esfuerzos infructuosos de las autoridades por siquiera acercarse a él. Lo mismo ocurrió hace algunos años en Aguililla, una ciudad michoacana que quedó prácticamente bajo control de grupos ligados a la producción de marihuana, y la escena se repite en Guerrero, en Oaxaca, en muchos otros puntos de la geografía nacional.

En este caso, se trató de una población en el municipio de Camargo, ubicado a pocos kilómetros de la frontera. El saldo de la operación fue alto: unos 20 detenidos, armas, 50 toneladas de drogas, dinero, propiedades, un golpe logrado a través de un despliegue impresionante de fuerzas de la propia PGR y de la Sedena, que tuvieron que ser prácticamente aerotransportadas para poder llegar sin que los narcotraficantes fueran puestos sobre aviso. Algo similar debió hacerse unos meses después en Sinaloa, en el poblado de El Salado, a pocos kilómetros de Culiacán, donde tenía su base Ismael *El Mayo* Zambada. Sin embargo, éste logró escapar.

Pareciera que lo mismo ocurrió en esta ocasión con quien ha quedado como cabeza del narcotráfico en toda esa región de la frontera, Osiel Cárdenas Guillén. No tuvo tanta suerte uno de sus lugartenientes, Gilberto García Mena, El June. Su captura fue peliculesca. Se sabía que era el responsable de los grupos que controlaban Guardados de Abajo, pero, luego de la operación y a pesar de que el pueblo estuvo sitiado diez días, no había ni rastros de El June ni de Osiel Cárdenas. Las autoridades ya se disponían a regresarle la casa incautada a la madre de García Mena, cuando un oficial de la PGR comenzó a ver adónde iba un cable que no tenía destino aparente: se encontraron así con un escondite secreto, subterráneo, donde estaba escondido este narcotraficante, con aire acondicionado, víveres, radio y energía eléctrica, además de varias armas, entre ellas una con cachas de oro y la inscripción El Coronel, de las que no se sabe su origen. Se presume que fueron regalos a El June de sus socios colombianos. Se encontraron también cintas de video que, primero, y siguiendo el estilo Montesinos (el ex jefe de inteligencia peruano que filmaba todas sus reuniones privadas, sobre todo aquellas en las que sobornaba a sus interlocutores), se dijo que eran videos en los que El June se mostraba con funcionarios locales, estatales y federales. Luego se dijo, oficialmente, que era la filmación de la fiesta de 15 años de su hija; eran cuatro horas de video en las que se veían los invitados, muchos de ellos, sí, funcionarios locales y estatales que estaban festejando a uno de los principales narcotraficantes de la región.

La alianza de Osiel Cárdenas con un grupo de los sucesores de Amado Carrillo se estableció desde entonces, pero también comenzó a cerrarse la pinza contra este narcotraficante en uno de los capítulos de mayor colaboración que se ha dado, al final de la anterior administración e inicio de ésta, entre autoridades mexicanas y estadounidenses. En torno a Cárdenas Guillén se dieron varios golpes importantes a mediados del 2001, que derivaron en la detención de operadores de este grupo, la de enviados del cártel de Cali en México y de personas muy cercanas, de un círculo más íntimo. Un golpe aún más extraño recibió esta organización cuando en junio de 2001, un hombre cruzó el puente internacional Reynosa-Pharr, se identificó como Juan Manuel Garza Rendón, y se entregó a las autoridades estadounidenses en forma voluntaria. Era el principal operador de Osiel Cárdenas en Matamoros, y la DEA había puesto una recompensa de dos millones de dólares para quien diera información que llevara a su detención. Lo último que se supo de Garza Rendón fue que estaba detenido en la prisión de Cameron, en Texas. Con su entrega y la captura de Gilberto García Mena, el cártel de Osiel Cárdenas ha sufrido un golpe muy duro. Pero lo cierto es que ello no ha disminuido el tráfico de drogas por esa región de la frontera. La pregunta, obvia, es saber si ellos mantienen el mismo nivel de operación o por quiénes están siendo reemplazados.

En todo caso, la operación realizada en Guardados de Abajo fue importante para la PGR porque, después del golpe dado al cártel de los Arellano Félix en esos mismos días, al desarticular la célula que controlaba el DF y Guadalajara para ese grupo (la que había establecido los contactos con las FARC de Colombia), era importante enviar señales que mostraran que la justicia, como ha pasado en otras ocasiones, no se enfocará sólo contra uno de los grupos en pugna, favoreciendo a los otros. La del narcotráfico es una guerra que, en términos estratégicos, quizá nunca pueda ser ganada, pero, por lo menos, se deben ganar la mayor cantidad de batallas posibles. Por las exigencias sociales, las batallas por ganar deben ser, aún y sin duda, muchas más que las actuales.

CAPÍTULO V

La célula del sureste: auge y caída de Mario Villanueva

*El mundo atribuye sus infortunios a las grandes
conspiraciones y maquinaciones de grandes malvados.
Entiendo que subestima la estupidez.*
ADOLFO BIOY CASARES

Estaba ya entrado marzo de 1999. Era una mañana nublada, marcada por la típica inversión térmica de la ciudad de México. Tenía
para esas fechas y desde hacía muchos años, una oficina privada
en la colonia Nápoles, donde concentraba mis archivos y donde
escribía cotidianamente. Una secretaria entró en mi despacho entre asustada y preocupada: a veces recibíamos visitas incómodas,
pero esta vez había un despliegue evidente de guaruras en la calle
de Colorado. Minutos después, llegó un hombre bajo, bien vestido, con un rostro que reflejaba una profunda preocupación, un
ojo que lagrimeaba por una antigua dolencia, rasgos imposibles
de no reconocer por la parálisis facial que lo afectaba: se trataba de
Mario Villanueva Madrid, quien en unas semanas debería dejar el
gobierno del estado de Quintana Roo.

Desde 1997, había estado investigando las actividades de Villanueva relacionadas con el narcotráfico y había publicado esos
resultados en prensa, los había platicado en radio y mostrado en
televisión. Villanueva no me quería; me lo mandó decir con muchas personas y me lo escribió en más de un mensaje: apenas
unas semanas atrás, había hecho un programa especial de televisión con un recorrido de varios días por el estado de Quintana
Roo, mostrando todo el entramado del narcotráfico en la zona:
viajé e investigué, custodiado por miembros del ejército mexicano
para garantizar mi seguridad en el territorio de un Villanueva que
ya se sentía acosado, y a quien ese reportaje y esa protección
oficial que obtuve para realizarlo sin que me ocurriera algún "accidente", sabía que lo llevaban a un grado cercano a la furia. Cuando

vi que Villanueva llegaba a mi oficina sin cita ni aviso previo, me preparé, por lo menos, para una escena.

Dos años atrás, las investigaciones sobre Villanueva habían comenzado, como muchas otras, de forma casual. Fuimos a pasar unas vacaciones navideñas con otra pareja en Chetumal: el objetivo era recorrer la zona, desde la costa sur de Quintana Roo, frente a Banco Chinchorro, y disfrutar de kilómetros de playas prácticamente vírgenes y, además, conocer las ruinas arqueológicas, majestuosas, que se desgranan a lo largo de la frontera con Belice. Pero mis amigos participaban en la política y el periodismo, vivían en Chetumal y el tema en la capital de Quintana Roo era solo uno: los negocios, las tropelías, los abusos de Mario Villanueva. Se hablaba por igual de dirigentes políticos expulsados del estado (uno de ellos era Joaquín Hendricks, quien para esa fecha parecía muy difícil que terminara siendo el sucesor de Villanueva en el gobierno de Quintana Roo); de delegados de dependencias federales reclutados; de cómo otros recibían, vía memorandos oficiales, órdenes sobre a quiénes contratar y en qué invertir los recursos públicos: los que aceptaban las órdenes vivían francamente bien; los que decían que no, siempre sufrían algún tipo de desgracia política o familiar o la amenaza de ésta los hacía abandonar el estado; se hablaba en cada esquina de la historia del asesinato del padre del gobernador: un hombre entró al rancho en las afueras de Chetumal donde vivía el padre de Villanueva y simplemente lo mató: se habló de un robo pero nadie tendría, en su sano juicio, la intención de robarle en su casa al padre del verdadero cacique de la zona; se hablaba de cómo se consignó por ese crimen a una persona, pero que el verdadero responsable había sido muerto a golpes por el propio Villanueva. Pero sobre todo se hablaba de los negocios: no se trataba sólo del rancho *El Mostrenco* y las otras casas oficiales, chicas y grandes de Villanueva, sino de una innumerable cantidad de negocios, desde los más pequeños (una panadería en pleno centro de la ciudad) hasta la venta de ganado, las propiedades en la costa, los modestos pero suculentos restaurantes de Calderitas o del pequeño malecón de Chetumal que el mismo Villanueva había mandado reconstruir. Todo eso sazonado con historias sobre bellas mujeres cubanas llegadas a Cancún vía Chetumal que, justo es decirlo, no provocaban muchos rechazos en la comunidad masculina local.

Parecía un regreso al pasado. Mi anfitrión hablaba de *Chetubar*, y decía que aquello, tenía razón, parecía un pequeño Macondo tropical, con su coronel que no tenía quién le escribiera: el distanciamiento del entonces presidente Zedillo con Villanueva comenzaba a ser evidente, a pesar de que éste buscaba de todas formas congraciarse con el sucesor de Carlos Salinas: incluso, sabiendo de su gusto por Cancún y por el ciclismo, había hecho construir una pequeña pista de tartán junto a la avenida principal de la zona hotelera del balneario, para que Zedillo pudiera recorrerla en bicicleta o correr, pero el presidente, ya desde aquellas fechas, había dado orden, en sus constantes visitas de descanso a Cancún, que no quería recibir al gobernador. Villanueva, un ingeniero agrónomo de orígenes muy humildes, había trepado políticamente de la mano de diferentes caudillos locales, y luego se había relacionado con los equipos del Programa Nacional de Solidaridad que lanzó Carlos Salinas, con Carlos Rojas y con Luis Donaldo Colosio, pero su peso lo logró en Cancún, en la apertura de muchos negocios en los que involucró a empresarios y políticos, y en forma muy destacada al entonces cuñado del presidente Salinas, Luis Yáñez, y a la hermana de éste, Adriana. Luego llegó al poder y decidió convertirse él mismo en el verdadero cacique, ya no sólo de la zona de Chetumal, sino de todo el estado: desplazó a los otros grupos y dirigentes políticos locales que no se subordinaban a sus órdenes y comenzó a tener "participación" en todo negocio de consideración que se hiciera en su estado.

Pero por sus abusos y arrebatos, ya en aquellos años, en 1997, no tenía grupo político: se relacionaba con los gobernadores del sureste; ante el vacío presidencial, buscó a Manuel Bartlett y Roberto Madrazo; contaba con el apoyo de su padrino, el gobernador de Yucatán, Víctor Cervera; repartía dinero a manos llenas en algunos medios; invitaba gente a Cancún; buscaba un espacio entre los inversionistas importantes de esa plaza. Villanueva era tolerado. Ni su estilo, ni su forma de hacer y entender la política, ni sus negocios eran aceptados ni aceptables, salvo por algunos, para beneficiarse económicamente de ellos. Sin embargo, en su estado, sobre todo en sectores populares, Villanueva cambiaba, se transformaba en el jefe, el dueño de personas y haciendas: la personificación del cacique local. Y como a todos éstos, se le quería y temía al mismo tiempo: se aseguraba que nada pasara en el estado que él no supiera. Nadie era imprescindible para el gobernador: en su mandato, hasta diciembre de 1998, realizó 47 cambios de gabinete, además de haber nombrado a sus allegados y familiares para puesto de procuradores, secretarios, secretarios privados e incluso senadores. En seis años tuvo siete presidentes estatales del PRI y, hasta que cayó en desgracia, movió, puso, hizo caer o mandó a prisión y expulsó del estado tanto a sus adversarios políticos como a muchos que se creían sus amigos.

Pero en aquel diciembre de 1997, fuera de ese, en última instancia fascinante, regreso a una época del pasado político que muchos no habíamos vivido en forma directa, personal, había algo mucho más grave de lo que no se podía hablar, o que se hacía en secreto, en Chetumal: el tráfico de drogas en la entidad y cómo la gente de Villanueva participaba en ello. Era un secreto a voces: se conocían las pistas, los lugares, quiénes descargaban y cargaban, de dónde venía la droga y hacia dónde iba.

Lo que hay detrás de esta historia es una lucha política por ocultar la fuerte presencia del crimen organizado en Quintana Roo. Al respecto, existen datos duros muy convincentes. Desde 1992, la península de Yucatán, y más particularmente Quintana Roo, se transformó en un portaviones virtual del narcotráfico, convirtiendo progresivamente al Caribe en una de las principales puertas de entrada de drogas a México como lanzadera hacia Estados Unidos.

Se conocen, además con cierta precisión, las rutas más importantes del narcotráfico en la entidad. Se sabe que la cocaína que entra a Quintana Roo proviene de Cali, en Colombia, y que los operadores locales están controlados por viejos socios del cártel de Juárez, entre ellos, el ahora detenido Alcides Ramón Magaña, *El Metro*, quien fue el virtual sucesor de Amado Carrillo en esa zona. La droga llega, sobre todo, por la costa. Los bultos suelen ser arrojados en la frontera sur de la reserva de la biósfera de Sian Ka'an, entre Punta Herrera y Mosquiteros. Allí llegan a la costa gracias a las mareas o son recogidos por lanchas rápidas y llevados hasta tierra firme.

Existen, además, numerosas pistas clandestinas, pero durante el gobierno de Villanueva se había detectado el descenso de aviones con cargamentos en por lo menos tres pistas públicas. Una de ellas está en la misma reserva ecológica, en Punta Herrera, construida por las autoridades estatales incluso bajo la protesta de la Semarnap (ahora Semarnat). Otra se encuentra en el ejido Calderitas, cerca de la laguna de Bacalar y del propio poblado de Calderitas, junto a Chetumal. A poca distancia de la capital del estado, existe una tercera pista, en la localidad de Sergio Butrón.

Las rutas que utiliza el narcotráfico para introducir drogas en nuestro país han ido variando y se han modificado de acuerdo con la coyuntura, y con el nivel de la persecución que se aplica sobre los narcotraficantes. Hasta 1992-93, lo que se utilizaba eran los vuelos, en grandes aviones que venían con toneladas de cocaína desde Colombia y otras regiones de Sudamérica hasta el norte de México, prácticamente hasta la frontera con Estados Unidos, donde la carga era trasladada en camiones hacia el otro lado. Era la época de aquellos famosos aviones "carabela" con decenas de toneladas de cocaína que enviaba Amado Carrillo y que le dieron el mote de *El Señor de los Cielos*.

Esos grandes vuelos fueron disminuyendo; ya no se llegaba hasta la frontera norte; desde el sur del país era trasladada en aviones mucho más pequeños. En esta época, 1993-94, el cártel de Juárez, comandado por Amado Carrillo, se asentó en Chetumal y en la ciudad de Cancún, en Quintana Roo.

Las puertas de entrada de la droga a México eran muchas: La Unión; la costa maya, sobre todo en Ixcala; en Jahuala hasta Punta Herrero; también entraba droga por el corredor Cancún, Playa del Carmen y Tulum; vía Yucatán la droga llegaba preferentemente por Puerto Progreso, Puerto Lagartos y Celestún.

En aquella visita, además de recorrer playas y zonas arqueológicas, pude ver algunas pistas clandestinas, se me mostraron algunos de los negocios que cubrían esas actividades y la forma en que se operaba en Chetumal. Dejé pasar unos meses y, después de lograr confirmación oficial a lo que había visto, con fuentes de la Secretaría de la Defensa, lo publiqué y lo utilicé como información en radio. Villanueva me envió un pequeña carta felicitándome por mi cumpleaños, ya había sido tiempo atrás, advirtiéndome que siempre me leía, que teníamos que hablar, invitándome a Cancún y señalando que lo que había publicado era falso. Como seguí con el tema, las cartas se transformaron en amenazas o advertencias que me entregaban algunos de sus allegados, diciéndome que no sabía con quién me metía. Eso duró muchos meses mientras las investigaciones de la Procuraduría General de la República y de la Secretaría de la Defensa en México, y las de la DEA y el FBI en Estados Unidos, comenzaron a cercar a Villanueva y a descubrir sus nexos con el cártel de Juárez en Quintana Roo.

Y así llegamos a aquel día de marzo de 1999. Villanueva entró a mi despacho solo, sus custodios quedaron afuera, y en lugar de las amenazas o del tono desafiante que se le conocía, me encontré con un hombre vencido, humilde, comedido, que al hablar enrollaba su corbata con los dedos. La plática no duró más de media hora: me preguntó qué tenía en su contra; le dije que personalmente nada; me preguntó entonces por qué lo acusaba de ser narcotraficante; le dije que no era yo quien lo acusaba, sino la PGR, el Ejército y la DEA; me preguntó cómo podíamos hacer para resolver el problema, que qué necesitaba; le dije que no necesitaba nada y que no tenía problemas con él, que sus problemas eran con esas instancias de seguridad en México y en Estados Unidos, y que eran ellos los que lo estaban investigando y lo querían en la cárcel, que era con ellos con quienes tenía que resolver su "problema". Entonces miró el suelo, agachó la cabeza, bajó la voz y me dijo que todo lo que se decía de él era verdad, que había cometido muchos abusos; habló de negocios y cubanas, que estaba dispuesto a aceptar todas las culpas por ello, pero que no era narcotraficante. Creo que le dije algo así como que no era a mí a quien tenía que demostrármelo. Hizo un gesto de resignación, se levantó, me dio la mano y se fue. Unos días después, dos semanas antes de entregar el poder a su viejo enemigo Joaquín Hendricks, simplemente se fugó.

Villanueva según el viejo Cisen

Ahora hay decenas de versiones sobre quién es realmente Mario Villanueva, cuáles eran y son sus relaciones, su poderío real en el mundo del narcotráfico. Siempre he creído que, hasta el final, Villanueva era lo que parecía: un cacique. Un hombre que, simplemente, cobraba comisión por cualquier negocio que se quisiera instalar o hacer en su estado, desde la construcción de un hotel hasta pasar una tonelada de cocaína. Evidentemente, participó en labores de lavado de dinero, se reunió con narcotraficantes, los protegió e hizo negocio con ellos. Construyó equipos de seguridad que respondían al propio Villanueva y que cometieron innumerables crímenes siguiendo sus órdenes. Villanueva no era un capo del narcotráfico, pero sí un cacique metido en ésas y otras actividades.

Para comprender a Mario Villanueva y saber cómo se le veía en aquellos días finales de su mandato, es fundamental la visión que sobre él tenían desde el mismo poder. En aquellas fechas, obtuvimos una copia de la ficha que sobre el gobernador todavía en funciones había realizado el servicio de inteligencia del Estado, el Cisen, en diciembre de 1997. El documento contiene errores, inexactitudes, pero también muchos datos ciertos. Lo importante es que así es como se veía (y se sigue viendo) desde el poder al ex funcionario, ahora preso en el penal de máxima seguridad de La Palma, en el municipio de Almoloya de Juárez, en el estado de México. Ésta es la parte medular de esa ficha.

Mario Ernesto Villanueva Madrid, nacido el 2 de julio de 1948 en Chetumal, Quintana Roo, casado con Isabel Tenorio, se graduó como ingeniero en Agronomía, en la Escuela de Agronomía de la Universidad Autónoma de Chihuahua (UACH), Chihuahua, y obtuvo la maestría en Ciencias Agrícolas en la Escuela Nacional de Agricultura de Chapingo, Estado de México.

Vínculos familiares

Su hermano Arturo Villanueva Madrid fue secretario de Desarrollo Económico del estado durante la gestión de Jesús Martínez Ross.

Su primo hermano Fidel Villanueva, presidente municipal de Isla Mujeres, ha sido centro de una polémica que ha ocupado algunos espacios periodísticos en el ámbito local, sobre la manera "extraña" en que fue dado de alta en el padrón ejidal un predio de Fidel Villanueva con una extensión de 924 hectáreas, ubicado cerca del poblado Rancho Viejo, zona de gran potencial turístico, con sitios arqueológicos no explorados; así como del destino de los aproximadamente doscientos mil pesos del pago de cuotas, resultado de la lotificación del predio. El alta del predio en el padrón ejidal de Fidel Villanueva ocurrió a finales de 1997, cuando el tío de la ex comisaria Canul Mena, Antonio Canul Peniche, "cedió sus derechos" a Fidel Villanueva durante una asamblea ejidal sin consultar a los ejidatarios y el dinero recibido por la lotificación no fue reportado a la nueva directiva.

Vínculos políticos

Para ser nominado senador y electo secretario de Organización de la CNC en 1992, Villanueva Madrid recibió el respaldo de la familia Salinas de Gortari, principalmente a través del hermano mayor Raúl Salinas de Gortari, su hermana Adriana Salinas, y Luis Yáñez de la Barrera, esposo de esta última; así como Hugo Andrés Araujo, entonces líder nacional de esa confederación, y Víctor Cervera Pacheco, entonces secretario de la SRA y ex gobernador del estado de Yucatán.

Además, en ese entonces, Villanueva Madrid contó con el apoyo político de Pedro Joaquín Coldwell, quien también fungió como embajador de México en Cuba, al unificar los criterios del sector empresarial para impulsar su candidatura. Asimismo, el ex gobernador Jesús Martínez Ross respaldó a Villanueva Madrid. Sin embargo, el arribo de Villanueva Madrid a la gubernatura significó una ruptura con respecto a las dos administraciones estatales precedentes.

Entre los funcionarios de mayor confianza y cercanía con el Ejecutivo estatal se encuentran: Primitivo Alonso Alcocer, quien fue asesor del entonces gobernador; Jorge Omar Polanco Zapata, ex secretario estatal de Sedesol y senador; Héctor Esquiliano Solís, entonces secretario general de gobierno; Raúl Santana Barrestechea, ex secretario general de gobierno; Miguel de Jesús Peyrefitte Cupido,[1] procurador general de justicia del estado; Enrique Alonso Alcocer, ex presidente del CDE del PRI; y Miguel Mario Angulo Flota, secretario ejecutivo del Sistema Estatal de Seguridad Pública.

María Cristina Sangri Aguilar, colaboradora del gobernador, fue intermediaria entre éste y Luis Yáñez,[2] quien se ha dedicado a la compra-venta y fraccionamiento de lotes en esa entidad. A finales de 1995, Yáñez de la Barrera buscó el apoyo del mandatario estatal para cubrir sus adeudos, derivados de la actividad referida. El respaldo otorgado por el mandatario estatal ha sido negociado con el ofrecimiento de terrenos por parte de Luis Yáñez para cubrir su adeudo.

Al respecto, en una nota publicada por el diario *Reforma* el 9 de septiembre de 1998, se consignó que el procurador General de Justicia del Estado, Miguel de Jesús Peyrefitte, informó que Yáñez de la Barrera contrajo deudas con Banca Unión, que finalmente fueron absorbidas por el Fondo Bancario de Protección al Ahorro (Fobaproa).

En un intento por disminuir los ataques de una minoría del perredismo local, Villanueva Madrid buscó un acercamiento con el Partido de la Revolución Democrática (PRD) a través de Ricardo Monreal Ávila, actual gobernador por el estado de Zacatecas, quien expresó su interés por entrevistarse con el mandatario de Quintana Roo. Cabe señalar que la dirigencia estatal de este partido se ha visto ampliamente beneficiada en términos económicos por el gobierno del estado.

---

[1] Poco después de la fuga de Villanueva, fue encontrado muerto en circunstancias nunca aclaradas en una casa cerca de Cuernavaca.

[2] Esposo de Adriana Salinas de Gortari.

En el sector clero sobresale la cercanía de Villanueva Madrid con el obispo Jorge Bernal Vargas, identificado con la Corriente Centrista.

No obstante que Villanueva Madrid declaró no tener interés en intervenir en la elección del candidato del PRI a la gubernatura, en el ámbito local se percibió la existencia de una alianza entre Mario Villanueva y Pedro Joaquín Coldwell para impulsar la pre-candidatura de la hermana del ex gobernador, Addy Joaquín Coldwell, la cual se rompió cuando el senador con licencia Jorge Polanco renunció a la coordinación de la campaña de ésta, por el acotamiento del que fue objeto por el grupo de Pedro Joaquín Coldwell, rompiéndose con ello lo supuestamente acordado. Lo anterior generó una situación de descomposición en el priísmo estatal, lo que provocó la salida de Enrique Alonso Alcocer de la dirigencia, quien fue sustituido por José Arjona Carrasco, senador sustituto de Jorge Polanco.

Después de la elección interna, en el cual resultó ganador Joaquín Hendricks Díaz, se agudizó el distanciamiento con el ex gobernador Pedro Joaquín Coldwell.

Imagen pública

La gestión de Mario Villanueva Madrid se caracteriza por enfrentar severas críticas que no favorecieron su imagen entre los habitantes de la entidad. Tan sólo siete meses antes de que concluyera su administración (el 4 de abril de 1999), se observó una paulatina disminución en los respaldos en torno a su figura como resultado de los excesos de su carácter autoritario, que propició resentimientos por parte de políticos, empresarios y líderes sociales por limitar y opacar su imagen entre la ciudadanía.

Una fracción del sector empresarial rechazó su candidatura. Incluso el Centro Empresarial de Quintana Roo promovió, con apoyo del PRD y del Partido Acción Nacional (PAN), la Coalición Cívica Cancunense en la elección municipal. Esta coalición evidenció el compromiso de algunos empresarios de la ciudad de

Cancún con el entonces senador Joaquín González Castro, quien también fue uno de los candidatos a la gubernatura.

Las principales críticas de distintos sectores sociales y actores políticos a su gestión tienen como origen por lo menos uno de los siguientes aspectos:

1. Centralización de las decisiones políticas.
2. Nepotismo.
3. Actitud arbitraria.
4. Daños al arrecife Paraíso, en el municipio de Cozumel.
5. Supuesto enriquecimiento ilícito.
6. Presuntos vínculos con el narcotráfico.
7. Despojo de predios.
8. Apoyo para la instalación de casinos.
9. Excesos en el manejo del conflicto limítrofe con Campeche y Yucatán.
10. Persecución de Salvador Ramos Bustamante.
11. Supuestas amenazas de muerte en contra de funcionarios públicos (nacionales y extranjeros).

Centralización de las decisiones políticas

Desde la integración del gabinete estatal, son comunes los comentarios entre la clase política local y medios de comunicación, de que el gobernador Villanueva Madrid concentra las decisiones políticas de los poderes estatales. Es decir, los miembros de su gabinete, legisladores priistas y presidentes municipales, no promueven iniciativas, ni autorizan la entrega de recursos y, en ocasiones, no dan trámite a gestiones administrativas, sin el aval del jefe del Ejecutivo estatal. Asimismo, es común que el gobernador releve a funcionarios de su gabinete, si éstos no se ajustan a las directrices marcadas por el Ejecutivo estatal.

Esta situación fundamenta la hipótesis de que los funcionarios de su gobierno se caracterizan por su excesiva dependencia hacia el gobernador y su reducida experiencia y capacidad política para desempeñar eficazmente su labor.

En la administración de Villanueva Madrid destacan los constantes cambios en su gabinete, destaca el hecho de que ha tenido cuatro secretarios generales de Gobierno: Sara Muza, Raúl Santana, Rafael Lara y Héctor Esquiliano. Otros relevos importantes han sido los siguientes:

Julio César Mena Brito y Diego Rojas Zapata fueron removidos como titulares de las secretarías estatales de Turismo y de Desarrollo Social a finales de 1996, al verse involucrados en actos de corrupción por la compra-venta ilícita de predios del ejido Cerro de las Flores en el municipio de Othon P. Blanco. A la fecha, al parecer, no detentan ningún cargo público.

Miguel Angulo Flota fue nombrado presidente del Consejo Estatal de Seguridad Pública, dejando el cargo de presidente del Tribunal Superior de Justicia del estado el 17 de abril de 1996.

Daisy Báez Rodríguez, ex directora de la Comisión de Agua Potable y Alcantarillado (CAPA), fue removida de su cargo. Hasta el momento no ocupa ningún cargo público formal, pero, según fuentes vivas,* mantiene una relación sentimental con el gobernador.

Nepotismo

En el gabinete de Villanueva Madrid, sus familiares y amigos ocupan distintos cargos públicos, lo que ha sido un factor de crítica constante de la opinión pública en general.

Adicionalmente, el gobernador ha tratado de evitar que, nuevamente, los grupos políticos de los ex gobernadores se consoliden, además de impedir el fortalecimiento de nuevos subgrupos políticos en el interior de su gabinete, ello con la intención de "ejercer influencia y mantener el poder" al término de su periodo.

Los cargos públicos que ocupan [o han ocupado] sus parientes en la administración pública estatal, son:

---

* Informantes del Cisen.

NOMBRE	PAREN-TESCO	CARGO
Eusebio Azueta Villanueva	Tío	Director de la Administración Portuaria Integral (API).
Efraín Villanueva Arcos	Primo	Rector de la Universidad de Quintana Roo.
Jorge Millán Narváez	Cuñado	Director del Sistema Educativo Quintanarroense.
José Luis Alamilla Baños	Cuñado	Director de la Escuela de Policía.
Normando Medina Castro	Cuñado	Director del Sistema Quintana-rroense de Comunicación Social.
Carlos Azueta Villanueva	Tío	Director de Control y Gestión del Gobierno del Estado.
Javier Villanueva Madrid	Hermano	Recaudador de Rentas en Cancún.
Manuel Madrid Andrade	Primo	Subdirector de Recursos Humanos de la Secretaría de Salud Estatal.
Lía Jenny Villanueva	Prima	Directora de SensoresAdquisiciones y Proveduría de la Secretaría de Administración.
Alfredo Díaz Jiménez	Compadre	Secretario de Educación y Cultura del Gobierno del Estado.
Miguel Villanueva Cuevas	Primo	Subsecretario de Desarrollo Social del Estado.
Tito Pérez Villanueva	Sobrino	Funcionario en el Ayuntamiento de Benito Juárez.
Edgar Pérez Villanueva	Sobrino	Director de Obra Pública en el municipio de Othón P. Blanco.
Manuel Villanueva Enríquez	Primo	Funcionario de Comunicación Social del Gobierno del Estado.
Efrén Villanueva	Primo	Líder del Sindicato de Taxistas Suchaa.
Fidel Villanueva	Primo	Presidente municipal de Islas Mujeres.
Villanegri Villanueva	Prima	Jefe de compras del Gobierno del Estado.

El 22 de junio de 1998 el diario *El Financiero* reprodujo las declaraciones del gobernador Villanueva Madrid, en el sentido de que "el nepotismo es inexistente en su administración", toda vez que "Quintana Roo sigue siendo una entidad pequeña, donde las familias son grandes, y en ninguno de los casos que se señalan tengo una violación a la Ley de Responsabilidades". Asimismo, aseguró que cada uno de sus familiares que ocupa cargos en la administración pública "los han obtenido por méritos propios y otros porque han demostrado capacidad para las encomiendas a su cargo".

Daños al Arrecife Paraíso, municipio de Cozumel

Desde su toma de posesión como gobernador, el 5 de abril de 1993, Villanueva Madrid ha apoyado la construcción del proyecto Puerta Paraíso de Cozumel, el cual consiste en la construcción de un muelle para crucero en el arrecife Paraíso. Al inicio de la obra, fueron destruidos importantes bancos de coral y zonas de manglares. Finalmente, esta obra fue clausurada en 1997.

La obra fue iniciada en 1991 por el denominado Consorcio H., el cual es dirigido por el empresario Joaquín Haces Calvo (empresario mexicano de origen español, y presidente y principal accionista del Consorcio de Desarrollo y Promociones Inmobiliarias H).

Durante varios años, el grupo realizó varios trámites oficiales para que fuera aprobado el proyecto Puerta Paraíso de Cozumel, en ese municipio, sin que consiguieran su propósito.

La obra fue impugnada desde un principio por grupos de ecologistas, particularmente por el Comité de Protección de los Recursos Naturales de Cozumel y el Grupo Ecologista del Mayab (GEMA), además de Jacques Cousteau y el extinto Ramón Bravo.

El problema adquirió resonancia en el ámbito internacional, al autorizarse por la Comisión para la Cooperación Ambiental (CCA) del TLC la apertura de un expediente de hechos.

El 25 de junio de 1996, se anunció que la construcción de dicho muelle se podría suspender hasta por un año, debido a que se debían realizar los estudios de impacto ambiental que exigía el

Instituto Nacional de Ecología, entonces presidido por Gabriel Quadri de la Torre.

Actualmente, la obra no ha sido concluida. Incluso, el 22 de mayo de 1998, Haces Calvo fue detenido y procesado por el delito de fraude y abuso de confianza ante la falta de cumplimiento en la construcción del muelle.

Supuesto enriquecimiento ilícito

Se comenta que el gobernador ha logrado amasar una gran fortuna personal, luego de iniciar inversiones en el sector turístico de Cancún y asociarse con empresarios locales y nacionales. Asimismo, se le acusa de tener supuestos negocios ilícitos, difíciles de comprobar; entre éstos destacan vínculos con el narcotráfico, de tener una red de tráfico de indocumentados y de contrabandistas, y por desvío de recursos del erario público.

A mediados de los años ochenta, algunos sectores de la población lo señalaron por amasar una considerable fortuna durante su desempeño como delegado estatal de la SARH. Sus detractores políticos señalaron como fuente de su riqueza el desvío de recursos de esta dependencia para beneficio personal, que le permitió adquirir un rancho aledaño a Chetumal y algunas instalaciones deportivas, como canchas de tenis.

Se comenta que tiene negocios en sociedad con Johnny Nicolás Barudy Estefano, distribuidor de la Cervecería Corona y Coca Cola; con Mario Rendón Monforte, concesionario de la Cervecería Superior y dueño de un restaurante en Bacalar; en el Sindicato de Taxistas Andrés Quintana Roo, al parecer posee entre 100 y 150 taxis; se dice que es dueño de una Casa de Cambio en Cancún; de la empresa PROALVI (servicio de protección a particulares); de ARVICA (compra-venta de bienes raíces que maneja su hermano Arturo). Además de que tiene 65 fincas y cuatro ranchos (*El Frutillo, Ubre Blanca, Cenotillo* y *El Mostrenco*, este último heredado de su padre).

El 22 de junio de 1998, en el diario El Financiero, la reportera Mariza Macías señaló que una corriente de opinión de quintanarroenses vislumbró al gobernador como un empresario metido en todo: en el "cuarto poder", en la distribución de cerveza y refrescos, como accionista de dos equipos de beisbol, como propietario de varios aviones, en la administración de 1 000 taxis de Cancún, y dos grandes proyectos (ganadero y hortícola) financiados por el gobierno federal.

Presuntos vínculos con el narcotráfico

Diversas notas periodísticas y fuentes vivas han relacionado al gobernador Villanueva Madrid con el narcotráfico, además de permitir que la entidad sea utilizada como vía de tránsito de drogas (desembarco y lanzamiento aéreo en las costas) hacia Estados Unidos de América (EUA).

El 13 de diciembre de 1997, en el rotativo *Reforma* se señaló que la Interpol mantiene una investigación donde se han acumulado documentos sobre las presuntas actividades ilícitas de Villanueva Madrid y que lleva el nombre del Imperio Tropical. De acuerdo con el documento, al año siguiente de que Mario Villanueva tomara posesión como gobernador comenzó sus actividades ilícitas.

El diario describió que Villanueva Madrid tenía vínculos con los narcotraficantes Rafael Aguilar Guajardo, dirigente del cártel de Juárez, y con Adrián Carrera Fuentes, ex director de la Policía Judicial Federal (PJF), relacionado con el desaparecido Amado Carrillo Fuentes *El Señor de los Cielos*, a quienes supuestamente otorgó protección. Aguilar Guajardo, finalmente, fue asesinado en 1993 en Cancún.

Óscar Benjamín García Dávila, quien según algunas versiones es de la absoluta confianza del gobernador y está al mando de un grupo especial de la policía judicial del estado, dirige en sociedad con José Luis Patiño Esquivel una empresa de seguridad privada que posee armamento y equipo de radio comunicación y es utilizada para proteger las operaciones de *El Metro* y de los colombianos *Tony* y *Mario*, residentes en Cancún y considerados contactos de los cárteles colombianos con la organización de Ciudad Juárez.

García Dávila *El Rambo* fue comandante de la PJF, cesado en 1995 por sus vínculos con los Arellano Félix.

En junio de 1997, en diversos círculos políticos locales se señaló que la obra de construcción del entonces Hotel Hilton, hoy Hotel Gran Caribe Real, en Cancún, se financiaba con el lavado de dinero proveniente del narcotráfico, y que el propietario de la obra, Álvaro Cervera Zea, era prestanombres de Carlos Cabal Peniche. 50% de las acciones del Hotel fueron adquiridas por Fernando García Zalvidea, representante del Grupo Best Day, empresa receptora de turismo que opera en Cancún, la cual, según comentarios, no cuenta con capacidad económica para comprar un inmueble de esa naturaleza en 20 millones de dólares. García Zalvidea es cuñado de Rogelio Márquez Valdivia, regidor de turismo del ayuntamiento de Benito Juárez y quien es uno de los probables candidatos del PAN a la gubernatura del estado en los próximos comicios locales de 1999. Se le considera socio de Alcides Ramón Magaña, *El Metro,* en la construcción del Hotel a través de un intermediario, José Luis Durán, *Cheche,* conocido distribuidor de enervantes y prestanombre de narcotraficantes en Cancún.[3]

El diputado local priísta Carlos Cardín, presidente del Congreso del estado, fue sustituido el 29 de julio de 1997 por el legislador Jorge Mario López Sosa. Entre la clase política local, se señaló con insistencia que su destitución fue producto de los comentarios que filtró a algunos periodistas y funcionarios federales con respecto a la presunta participación de Villanueva Madrid en el Hotel Gran Caribe Real.

La fuente también externó que el gobernador se encuentra asociado con Fernando García Zalvidea en el Hotel Porto Real, antes conocido como Balcones del Caribe, en el municipio de Playa del Carmen.

---

[3] García Zalvidea, poco después de que se redactara este informe, fue detenido, acusado de lavado de dinero para el cártel de Juárez, argumentando que no podía justificar el origen de 50 millones de dólares invertidos en esa cadena hotelera. Finalmente, luego de una extensa campaña y una influyente defensa, García Zalvidea fue exonerado por falta de pruebas y quedó en libertad. Su hermano es hoy senador por el PAN.

Villanueva Madrid, según fuentes vivas, mantiene vínculos con el abogado Joaquín Espinoza Peón, *El Guacho*, propietario del "Despacho Jurídico Espinoza" en Cancún, quien está involucrado en el tráfico de drogas del cártel de Amado Carrillo desde Corozal, Belice, en complicidad con el capitán Federico Márquez Solís (Director de Seguridad Pública en Cancún); mantiene una cercana relación con el procurador estatal, con quien negocia la libertad de pequeños distribuidores de droga, con Héctor Esquiliano Solís, subsecretario de gobierno, Ricardo Marín Carrillo.

Espinoza Peón presume de tener relaciones con funcionarios cubanos (Osmani Cienfuegos y Raúl Castro, entre otros) ante quienes gestiona una iniciativa del ex presidente José López Portillo para establecer una empresa turística en Cuba.

Ante las diversas versiones de sus presuntos vínculos con Amado Carrillo Fuentes, el 10 de noviembre de 1997 compareció voluntariamente ante la Fiscalía Especial para la Atención de los Delitos contra la Salud de la PGR, con el objeto de negar rotundamente cualquier nexo con narcotraficantes y solicitando a la Fiscalía a realizar todas las investigaciones necesarias para esclarecer las acusaciones en su contra.[4]

Despojo de predios
Desde el 2 de abril de 1994, el empresario Francisco Rangel Castelazo acusó al gobernador Villanueva Madrid de haber fomentado la invasión de un predio de 273 hectáreas, ubicado en Playa del Carmen, municipio de Solidaridad, propiedad de la esposa de Rangel Castelazo, Ofelia González Whitt. Actualmente, en dicho predio se asienta en forma irregular, la colonia denominada Luis Donaldo Colosio, donde viven alrededor de 5 100 familias de filiación priísta.

---

[4] Cuando se divulgó esta información, Espinoza Peón me vino a ver y a negar terminantemente cualquier relación con el narcotráfico, con el ex presidente López Portillo y con el gobierno cubano. Nunca fue juzgado penalmente por estos casos.

En 1995, el PRD trató de retomar la problemática sobre la invasión de predios, acusando al mandatario estatal de permitir nuevamente la invasión de fraccionamientos, en este caso los de Tumben Cuxtal y El Sol, ubicados en Cancún. El 20 de mayo de 1998, la diputada federal perredista y dirigente de El Barzón, Elba Capuccino Herrera, recurrió a la Procuraduría General de la República (PGR) para presentar una solicitud de juicio político contra Villanueva Madrid por ejercicio indebido del servicio público, abuso de autoridad, coalición de servidores públicos y tráfico de influencias luego de que la presentara ante el Congreso del Estado por los mismos motivos, el 13 de abril del mismo año, fue declarada improcedente el día 24 de ese mes y año.

El conflicto entre Rangel Castelazo y el gobernador hizo crisis a fines de 1997, luego de una entrevista sostenida entre el gobernador y Rangel Castelazo. Este último la hizo pública el 23 de noviembre de 1997 en el programa televisivo *Detrás de la Noticia*, conducido por Ricardo Rocha. En el programa, Rangel Castelazo presentó la documentación que acredita a su esposa como legítima propietaria; así como una grabación de su entrevista con el gobernador, en la que supuestamente este último lo amenazó de muerte.

Apoyo para la instalación de casinos

Desde el inicio de su gestión, el gobernador se ha distinguido por insistir ante las autoridades federales para que se autorice la instalación de casinos en Cancún, Cozumel e Islas Mujeres, aduciendo que favorecerían el desarrollo económico y turístico de la entidad. Incluso, según fuentes vivas, se asoció con el principal concesionario de la Pepsico en México, Enrique Molina Sobrino, para la instalación de un casino en el Centro de Convenciones de Cancún, presionando para ello a los locatarios establecidos con el objeto de que abandonaran los espacios que ocupaban en beneficio de Molina Sobrino.

Francisco Javier Suárez Hamz, representante legal del barco *Lucky Seven* o *Casino Cancún*, el cual pretendía operar como ca-

sino flotante en aguas internacionales zarpando de Puerto Morelos (Cancún), difundió que el gobernador Villanueva Madrid (21
de agosto de 1998) era uno de los principales promotores del
proyecto.

El 18 de junio de 1998, en el diario *Reforma*, el secretario de
Turismo, Óscar Espinosa Villarreal, indicó que no habría impedi-
mento legal para la operación de un barco-casino, cuyo muelle se
ubicaría en Cancún. En dicha entrevista, manifestó: "Los barcos y
los cruceros del país y todo el mundo llegan con un casino y eso no
es ninguna novedad, mientras todos los barcos de pasajeros y de
carga operen y se apeguen a la ley, no hay ninguna observación".

Excesos en el manejo del conflicto limítrofe con Campeche y Yucatán

El 13 de febrero y el 29 de mayo de 1997, el gobernador Villanueva Madrid interpuso ante la Suprema Corte de Justicia de la Nación (SCJN) una demanda de controversia constitucional en contra
de los estados de Campeche y Yucatán, por la supuesta invasión de
territorio quintanarroense.

Hasta el momento, la SCJN no ha emitido los fallos correspondientes. Esta situación genera una creciente polémica, toda vez
que en la zona en disputa existen fricciones entre los cuerpos de
seguridad pública de Campeche y Quintana Roo, ante la falta de
acuerdos concretos que delimiten la acción legal de los agentes de
seguridad en una zona territorial supuestamente indefinida.

El 31 de diciembre de 1996, al aprobarse la creación del municipio de Calakmul en Campeche, el gobierno de Quintana Roo
calificó "de intervencionista la actitud de su homólogo campecha-
no, ya que con la creación del municipio invade 4810 km² de
territorio quintanarroense".

En el caso Yucatán, a partir del mes de mayo de 1997, el
gobierno de Quintana Roo acusó al de aquella entidad de una
supuesta invasión de 4200 km² de territorio quintanarroense. Lo
anterior, con base en que las coordenadas geográficas que marca
el artículo 14 de la Constitución Política de Yucatán no coinciden

con los límites naturales, actuales e históricos, entre ambas entidades, pues éstos incluyen la cabecera municipal de José María Morelos, Quintana Roo.

El 8 de enero de 1998, en la comunidad El Cibalito, en Calakmul, un grupo de ocho elementos de la PJE de Quintana Roo intentaron impedir el tránsito al gobernador José Antonio González Curi, cuando éste efectuaba una gira de trabajo por esta localidad. Los judiciales estatales argumentaron que dichos terrenos pertenecían a Quintana Roo. Esta acción provocó un altercado verbal con los elementos de la escolta de González Curi, por lo que éste tuvo que intervenir para calmar los ánimos, sin que el incidente pasará a mayores.

El 10 de febrero de 1998, un grupo de 20 efectivos de la PJE de Quintana Roo, asentados en la comunidad Josefa Ortiz de Domínguez, detuvieron a cinco integrantes de la PJE de Campeche, quienes intentaban cumplir con una orden de aprehensión en aquella comunidad, siendo recluidos en las oficinas centrales de dicha corporación en el municipio de Chetumal. Más tarde, fueron liberados.

Persecuciones de Salvador Ramos Bustamante

La aprehensión y encarcelamiento, por segunda ocasión (25 de mayo de 1998), de Salvador Ramos Bustamante, coordinador político del CEN del PRD en el estado de Quintana Roo y ex dirigente estatal de la Confederación Revolucionaria de Obreros y Campesinos (CROC), por el delito de administración fraudulenta, ha sido un factor que ha sido capitalizado por grupos perredistas y obreros sindicalizados para acusar al gobernador Villanueva Madrid de "represor de luchadores sociales". La CROC demandó a Ramos Bustamente por la venta a particulares de un predio patrimonio de los trabajadores sindicales, donado por el gobierno del estado a través del Instituto de la Vivienda de Quintana Roo y que sería destinado a la construcción de casas para los trabajadores. El importe de la transacción efectuada por Ramos Bustamante no ingresó al patrimonio de la CROC.

El origen del conflicto se remonta a 1991, cuando Ramos Bustamante pretendió buscar la candidatura del Partido Revolucionario Institucional (PRI) al Senado de la República, la designación recayó —en ese entonces— en Villanueva Madrid, por lo que Ramos Bustamante repudió públicamente su candidatura, integrando la Coalición Cívica Cancunense, la cual tenía como objetivo deslegitimar a Villanueva Madrid.

En 1994, Ramos Bustamante aspiró nuevamenta a la candidatura al Senado; no obstante, la designación recayó en Esteban Maqueo Coral. En respuesta, Ramos Bustamente estableció una alianza electoral con el Partido Acción Nacional (PAN) y el Partido de la Revolución Democrática (PRD), por lo que ordenó que los votos de los croquistas para la elección del gobernador fueran emitidos a favor de esos institutos políticos.

Como consecuencia, los porcentajes electorales del PRI disminuyeron, particularmente en el municipio de Benito Juárez (Cancún).

El 13 de marzo de 1994, la dirigencia nacional de la CROC destituyó a Ramos Bustamante, que según versiones de la clase política local significaba un obstáculo para la reelección de Juárez Blancas. Ramos Bustamente contaba con amplias oportunidades de quedar como dirigente nacional de esa confederación, toda vez que contaba con el apoyo de organizaciones sindicales internacionales, debido a su actuación como secretario de Relaciones Internacionales del CEN de la CROC.

Esta situación produjo que la CROC se fraccionara. Actualmente, la corriente institucional es encabezada interinamente por Roberto Castellanos Tovar, quien fue designado encargado de esta agrupación en la entidad por Alberto Juárez y mantiene relaciones institucionales con el gobierno del estado.

El 25 de febrero de 1995, Ramos Bustamante fue aprehendido en Mérida y trasladado a la cárcel municipal de Cancún, acusado de amenazas de muerte, privación ilegal de la libertad, disparo de arma de fuego e intento de homicidio; fue puesto en libertad bajo caución el 27 de febrero de ese año. Esta situación agravó el distanciamiento de una fracción de la CROC estatal con el gobierno del estado.

LA CÉLULA DEL SURESTE: AUGE Y CAÍDA DE MARIO VILLANUEVA

Actualmente Ramos Bustamante se encuentra recluido desde el 25 de mayo de 1998 en Cancún, Quintana Roo.

Amenazas de muerte contra de funcionarios públicos (nacionales y extranjeros)
Entre la clase política local se ha señalado con insistencia que el gobernador Villanueva Madrid ha enfrentado conflictos con delegados de dependencias federales, desaprobando a aquellos que no son originarios de la entidad y que no hayan sido propuestos por él, incluso, en algunos casos ha llegado a reclamarles por tal situación y solicitarles que abandonen el estado.

Tal caso se presentó el 21 de agosto de 1996 con el delegado de la Comisión Reguladora de la Tenencia de la Tierra, Carlos Ceballos, a quien inclusive el mandatario estatal no le permitió tomar posesión de su cargo.

Es una nota publicada el 17 de junio de 1998 en el diario Reforma, se señaló que el Cónsul de los ELLA en Cancún, David van Valkenburg, tuvo que abandonar México a mediados de 1997, por haber recibido amenazas de muerte provenientes del gobernador Villanueva Madrid.

Situación patrimonial

No se encontró en el país ninguna cuenta bancaria en la que aparezca como titular y en las registradas a nombre de sus familiares más cercanos (Aidee Sarai Villanueva, Judith, Isolina Roger Encarnación, Elvia y Luz María Villanueva Madrid), todas ellas en Bancrecer, no se observa una manejo de recursos que corresponda a las versiones e información de los bienes muebles e inmuebles que posee Mario Villanueva Madrid y su familia.[5]

Existen versiones de que es accionista del periódico yucateco *Por Esto!*, a través del cual supuestamente realiza campañas de

---

[5] Actualmente la fortuna de Villanueva encontrada fuera de México, en Estados Unidos y en diversos paraísos fiscales, supera los 20 millones de dólares.

desprestigio contra personajes contrarios a sus intereses personales. Tal es el caso del director de Banamex, Roberto Hernández, a quien acusó de tener nexos con el narcotráfico y de realizar actividades de lavado de dinero. Lo anterior se deriva, al parecer, de un problema por terrenos (Punta Pájaros y Chacmol) en el estado de Quintana Roo. También se comenta en la entidad que Villanueva Madrid es accionista de los diarios *La Crónica* (Cancún) y *Diario de Quintana Roo* (Chetumal).

Fuentes vivas informan que su hijo Ernesto Villanueva Tenorio es quien se dedica a la administración de las finanzas de la familia Villanueva Tenorio. También se considera que la secretaria y amante de Villanueva Madrid, Daisy Báez Rodríguez, maneja parte importante de sus finanzas personales. Su hermano Arturo Villanueva Madrid es quien se encarga de las compras de equipo de oficina, computadoras y contratación de seguros de autos, inmuebles y personal de gobierno del estado, así como de la compra de propiedades y negocios para la familia Villanueva.

Asimismo, Villanueva Madrid, según las mismas fuentes, tiene cuentas bancarias en un banco suizo, cuya sede es el edificio Omega de la Cd. de México, en Nassau, Bahamas, y en Banca Serfín (domiciliada en California, EUA) y en las Islas Caimán, donde está depositada parte de los 10 millones de dólares que diversos patrocinadores aportaron para apoyar la campaña electoral del ex secretario de finanzas de Quintana Roo, Rafael Lara Lara, para la presidencia municipal de Benito Juárez (Cancún).

Villanueva Madrid, de acuerdo con información de otras fuentes, mantiene negocios con los empresarios Anuar Name, con quien viaja periódicamente a Panamá, y Máximo Hadad, principal accionista en la construcción de la carretera Cancún-Tulum. Se menciona que cuenta con una empresa Agrícola Ganadera, S.A., en la República de Panamá, en sociedad con el segundo vicepresidente de ese país, Felipe Alejandro Virzí L., *Pipo*. Desde diciembre de 1997, han sido importadas con sobreprecio, por el gobierno de Quintana Roo desde ese país, vía Honduras, aproximadamente 2 277 cabezas de ganado, bajo el programa Alianza para el Campo. Se espera en fechas próximas el arribo de otras 1 200 reses, que se les venden a los campesinos-ganaderos más caras que los precios que contempla el programa.

Es el propietario del rancho El Mostrenco, sobre la carretera Chetumal-Caderitas, que fue beneficiado por el desvío de inversión federal por catorce millones de pesos, a través del programa de citricultura que maneja el Ing. Ricardo Dehesa, compadre de Villanueva Madrid.

El gobernador también es propietario de dos departamentos en Cancún, uno ubicado en el hotel Casa Maya y otro en el penthouse del edificio Hopelchen, mismo que se encuentra rumbo a Punta Sam. De acuerdo a la fuente, cada inmueble tendría un valor aproximado a los 150 mil dólares. Está en proceso de construcción o casi terminada una gran residencia en Cozumel, donde pretende residir después de su mandato.

Villanueva Madrid posee propiedades en otras entidades federativas, entre ellas, una casa en Bosques de la Lomas (Bosque de Pinos No. 44 Lt. 7 Mz. 24 México, 11700, DF), donde al parecer reside su hijo Ernesto Villanueva Tenorio, quien también ocupa una residencia en la calle de Ghana No. 29, fraccionamiento Chimali, 14370, México, DF.

Asimismo, Villanueva Madrid donó en 1996 a sus hijos Carlos Mario y Luis Ernesto el Rancho Yuc-Puc en el municipio de Hopelchen, Campeche. Se ubica sobre la carretera Campeche-Holpechen a 5 kms. de la cabecera municipal, cerca del poblado Bolonchón de Legión, rumbo a Mérida; cuenta con pista aérea, sistema de riego y carretera hasta el casco del rancho. Los hijos del gobernador han establecido en esa propiedad la sociedad de producción rural Rancho San Judas Tadeo. También se le atribuye la supuesta propiedad de un rancho en Belice, en sociedad con el señor Florencio Marín, legislador y servidor público de alto nivel en ese país, quien es el principal cacique en la zona norte de Belice.

En la entidad, los medios de comunicación que le han otorgado respaldo han sido los periódicos *Novedades* de Quintana Roo, propiedad de Andrés García Lavín; el *Diario de Quintana Roo*, cuyo director es Abraham Farah Weje; el rotativo Por Esto, propiedad de Mario Menéndez Rodríguez. En estos medios periodísticos,

se menciona que el gobernador Villanueva Madrid es accionista
en los diarios antes citados.

La caída de Villanueva
o el regreso al lugar del crimen

La detención de Mario Villanueva, la noche del jueves 24 de mayo
de 2001, es, sin duda, uno de los mayores éxitos que en materia de
justicia ha tenido la administración del presidente Fox. Pero su
aprehensión es especialmente importante por otras razones: porque puede ser el hilo que permitirá jalar el resto de la madeja que
constituye el negocio de las drogas en la península de Yucatán y
en buena parte del golfo de México. La posterior detención de
Alcides Ramón Magaña y la llamada Operación Marquis en Estados Unidos son la mejor demostración de ello.

La captura de Villanueva fue una operación bien planteada y
bien realizada. No es verdad que hubo una entrega pactada: si así
fuera, Villanueva no estaría hoy en el penal de máxima seguridad
de La Palma; tampoco es verdad que fue traicionado por el gobierno, porque pensara entregarse al día siguiente: la condición
que Villanueva pidió a través de distintas entrevistas y pláticas era
que no aceptaría un penal de máxima seguridad y menos aún la
posibilidad de ser extraditado a Estados Unidos; hoy, allí está detenido y la solicitud de extradición, en camino.

Su aprehensión se preparó desde meses atrás. Se sabía que el
ex gobernador solía visitar su estado, sobre todo para ponerse de
acuerdo con sus contactos a fin de mover dinero. Y esa presencia
era cada vez mayor, lo mismo que los riesgos que asumía, porque
el cerco que se construyó en las naciones centroamericanas y del
Caribe, donde él buscó refugio, se fue haciendo cada vez más
asfixiante. Villanueva se movió durante su clandestinaje en los
lugares donde en el pasado había realizado amarres políticos, y
sobre todo económicos: luego de su fuga, el 27 de marzo de 1999,
de las oficinas privadas de Víctor Cervera Pacheco, en Mérida, se
supone que Villanueva voló a la capital de Belice, Belmopan, y de

allí a Cuba, siempre acompañado por uno de sus hombres de confianza, Gregorio (o Ricardo) Magaña, un ex militar cubano que había establecido su conexión con funcionarios de la isla. Éste fue detenido en La Habana unas semanas después de la fuga de Villanueva, acusado de haber desertado del Ejército cubano en 1989, en coincidencia con los procesos contra los hermanos De la Guardia y Arnaldo Ochoa.

De la llegada de Villanueva a Cuba hay dos versiones, aunque ambas coinciden con que lo hizo acompañado de Magaña (con quien venía desde Mérida). Una, que llegó a la localidad llamada Surgidero de Batabano, de donde habría partido hacia El Salvador, buscando llegar a Chile (la ruta de Amado Carrillo en uno de sus últimos viajes a Sudamérica). Otra versión indica que Villanueva fue de Belmopan a la ciudad de Belice y de allí viajó en barco a Cuba. En la isla, llegó a La Habana utilizando un pasaporte salvadoreño y desde entonces se decía que utilizaba barba y se había comenzado a dejar crecer el cabello; el documento que utilizó estaba a nombre de *Mario* o *Agustín Barrero*. Los datos, incluso, señalan que en esas primeras semanas de fuga, se pudieron localizar llamadas suyas dirigidas a diversos medios de comunicación, realizadas desde el hotel Meliá Cohiba, de La Habana, donde estaban registrados el citado Magaña y un hombre llamado Campos Ortega, que sería otra identidad utilizada por Villanueva.

Los dos contactos importantes del ex gobernador en la isla eran su viejo amigo, el entonces canciller cubano Roberto Robaina, y el ex secretario de Turismo y hermano de Camilo Cienfuegos, Osmany Cienfuegos. Poco después de la fuga de Villanueva y coincidiendo con los datos de que éste se encontraba en Cuba, tanto Robaina como Cienfuegos fueron destituidos de sus cargos, acusados, entre otras cosas, de estar involucrados en actividades relacionadas con el turismo sexual.

Villanueva tuvo que dejar Cuba ante la inminente caída de sus aliados, pero contaba con muchos otros en la región: en Panamá, su socio era el entonces vicepresidente de ese país, Felipe Alejandro Virzi, con el que tenía distintos negocios, sobre todo una empresa ganadera con la que vendía carne al estado de Quintana

Roo a un precio más alto que los considerados internacionalmente. También contaba con fuertes aliados en Belice, donde se le vio en múltiples oportunidades: Villanueva participó solapadamente, en muchas oportunidades, en la vida política de ese país, sobre todo con Florencio Marín, legislador y uno de los más importantes dirigentes políticos de ahí, dando apoyo y financiamiento a distintos dirigentes locales: en varias oportunidades, se dijo que Marín le brindaba protección y residencia a Villanueva en el norte de Belice. También tuvo relaciones importantes en República Dominicana y en Guatemala, y un poco menores en Costa Rica. Su centro de operaciones estaba, sobre todo, en Panamá y Belice, donde diferentes grupos de poder lo apoyaban activamente: las versiones de que vivía en una casita de interés social, escondiéndose en distintos lugares de Quintana Roo, eran una falacia. A pesar de que había sido avistado en ambos países en más de una oportunidad, no se le podía detener, pues contaba con advertencias de los movimientos policiales de sus protectores locales.

Entonces, la estrategia que se siguió fue comenzar a crear una especie de cerco en torno a Villanueva: se sabía que la detención no se podría dar en esos países, pero se podía demandar información públicamente a las autoridades locales para que el prófugo fuera advertido de que en ese país ya había sido localizado y, de esa forma, se le obligaba a cambiar una y otra vez de residencia y se le cerraban las opciones. La tesis de los investigadores que estaban tras Villanueva era la de cualquier novela policial: el asesino siempre regresa al lugar del crimen, y lo que buscaban era que Villanueva regresara cada vez más seguido a Quintana Roo para detenerlo dentro del país. En este sentido, se estableció una estrategia de comunicación e intercambio de información muy amplia, tanto con Interpol como con la DEA, la que tenía a Villanueva como uno de sus principales objetivos.

Unos días antes de que llegara a la que sería su última visita a Quintana Roo, se tuvo la información de ese viaje. La frontera, según versiones oficiales, estaba ya controlada desde hacía mes y medio, previendo los movimientos de Villanueva. Paradójicamente, otra detención realizada a miles de kilómetros de Cancún complicó las cosas: parte del mismo equipo que estaba persiguiendo al ex gobernador localizó al banquero prófugo Raúl Monter, en Vancouver, Canadá, y la policía de ese país decidió detenerlo. Hubo que dividir las fuerzas en dos y se corría el peligro de que Villanueva se les fuera de las manos. No fue así: la mañana de aquel jueves, cerca de las nueve, se hizo lo que los policías llaman el primer contacto visual, ya en Quintana Roo. Desde entonces, se le siguió hasta que, cerca de las nueve de la noche, se decidió detenerlo, junto con uno de sus custodios y con el ex dirigente político juvenil del PRI, Ramiro de la Rosa, que ya había estado detenido acusado de tráfico de gente, hace algunos años, en operaciones realizadas, precisamente, desde Cancún.

Pero la historia de la caída de Mario Villanueva se había fraguado desde mucho antes, desde los primeros meses de 1993.

Los años de la impunidad

En abril de 1993, fue asesinado en un muelle de Cancún el empresario y narcotraficante Rafael Aguilar Guajardo, quien no sólo había sido un prominente integrante de la desaparecida Dirección Federal de Seguridad, sino también un hombre del mundo del espectáculo: era dueño del *Premier,* en la ciudad de México, y del *Lido,* en París.

Aguilar Guajardo se había hospedado en el hotel Hyatt de Cancún, acompañado de 15 familiares y numerosos guardaespaldas: rentó seis *suites* y pagó todo en efectivo. Ante esa visita, la administración del hotel avisó a las autoridades locales, pero nadie hizo nada, hasta que una semana después fue asesinado.

En todo esto no sólo había impunidad. Fuentes muy confiables aseguraban en aquellos años que Aguilar Guajardo, ya enfrentado con quien era el verdadero jefe del cártel de Juárez, Amado Carrillo Fuentes, se había acercado a la PGR, tratando de negociar la legalidad de sus negocios a cambio de proporcionar información sobre lo que ocurría con el cártel de Juárez. Esa negociación se vio interrumpida por la salida de Ignacio Morales Lechuga de la

PGR y la llegada de un equipo crudamente enfrentado con sus antecesores, el de Jorge Carpizo y Mario Ruiz Massieu. Entonces, Rafael Aguilar se habría acercado a la DEA para tratar de llegar a un acuerdo similar. No tuvo tiempo de concretarlo plenamente, porque el 12 de abril de ese año fue acribillado cuando se disponía a abordar una lancha. Pero quién sabe en qué medida ese acuerdo no había avanzado: en el mismo incidente, murió una turista estadounidense, Georgina Knafel, quien, según esta misma versión, nunca desmentida por las autoridades estadounidenses, era en realidad una agente de la DEA que estaba encargada, con otro más, de la vigilancia y custodia de Aguilar Guajardo y su esposa. Originalmente, se había dicho que los asesinos eran miembros del cártel de Juan García Ábrego; ahora sabemos que, en realidad, quien ordenó ese asesinato fue el propio Amado Carrillo, para consolidar su liderazgo en Juárez y deshacerse de un peligro potencial.

Pero, por una u otra causa, lo cierto es que desde entonces Mario Villanueva estuvo en la mira de los estadounidenses. Para esa fecha, ya se había instalado en Cancún Alcides Ramon Magaña, *El Metro*, del grupo de Amado Carrillo, que establecería una relación muy sólida con Villanueva y con muchos hombres de dinero en la península, pero que al dirigir los envíos de cocaína desde esa región a Estados Unidos, sobre todo al mercado de Nueva York, terminó poniendo al descubierto toda la operación.

Desde 1997, las cosas comenzaron a salirse de cauce para Villanueva. Primero, fue la muerte de algunos jóvenes estadounidenses por sobredosis de droga en Cancún. Luego, cuando se supone que estaba investigando éstos y otros temas relacionados con el tráfico de drogas, el cónsul estadounidense en Mérida, David Van Valkenburg, fue localizado por la gente de Villanueva y literalmente expulsado del estado y del país. A partir de allí, el expediente del ex gobernador estuvo entre los que más interesaban a la DEA. Pero para esa misma fecha, Mario Villanueva se hizo de otros enemigos importantes: ante la situación que se presentaba en la península, el general Enrique Cervantes, secretario de la Defensa, envió un grupo de inteligencia militar para investigar el caso. Villanueva acababa de formar un grupo de tareas que respondía directamente a sus órdenes, comandado por Óscar García Dávila, alias *El Rambo*, quien indirectamente había estado ligado al asesinato del cardenal Posadas Ocampo, lo mismo que uno de sus hermanos, Edgar (asesinado en Guadalajara en marzo de 1996, por un ajuste de cuentas interno entre narcotraficantes), y que había sido un cercano colaborador de Javier García Paniagua.

García Dávila era parte del cártel de los Arellano Félix y fue detenido en 1995 en Guadalajara por el ahora procesado, y entonces jefe de seguridad pública, Horacio Montenegro. De alguna forma, llegó a un acuerdo con éste (se dice que traicionó a sus antiguos jefes de Tijuana y comenzó a trabajar para el propio Montenegro y para Gutiérrez Rebollo), fue liberado y comenzó a prestar sus servicios al cártel de Juárez. Fue entonces que el general Jesús Gutiérrez Rebollo lo envió con Villanueva para que se hiciera cargo de ese "equipo especial" de la Policía Judicial estatal. García Dávila, siguiendo órdenes de Villanueva, decidió secuestrar al grupo de inteligencia militar: luego de una prolongada jornada de torturas, uno de los oficiales había muerto y los otros fueron expulsados del estado. A partir de allí, la Secretaría de la Defensa, y en particular el general Enrique Cervantes, tomó como un tema prioritario el caso Quintana Roo.

Simultáneamente, Villanueva abría otro frente en su contra: para desviar las acusaciones que comenzaban a llover por abrir el estado al tráfico de drogas, empezó a filtrar, vía periódicos locales y sobre todo a través de *Por Esto!*, que dirige Mario Renato Menéndez —estrechamente ligado tanto a Villanueva como a Cervera Pacheco—, la versión de que en realidad ese comercio estaba ligado al banquero Roberto Hernández, entonces director del grupo Banamex-Accival. Villanueva fue más allá: en una carta que le envió a Hernández el 19 de abril de 1997, escrita de su puño y letra, de la que tenemos una copia, el entonces gobernador le dice al banquero: "Roberto: anoche estuve con el licenciado Chuayffet (para esa fecha secretario de Gobernación). Me enteré que te has quejado ante el presidente, acusándome de ser el autor de la campaña que Mario Renato con el periódico *Por Esto!* trae contra ti."

Continúa el texto manuscrito de Villanueva, diciendo que "en enero de 1995, Mario Renato me hizo lo mismo. La alternativa era acabar con él o negociar. Soy gente de conciliación (*sic*) y preferí un mal arreglo en bien de mi tranquilidad como gobernador y mi prestigio personal (*recontrasic*)". Y prosigue: "en tu caso, hablé con Mario Renato para conocer el origen de su encono. Te busqué enseguida. Me informaron que estabas en Europa y hablé con tu director de relaciones. Le hice ver –dice Villanueva– que la campaña tiene un fin: dinero. Mario Renato se queja de que, en cuatro años, Banamex no le dio publicidad. Nunca le dije a tu gente que le diera tres millones de pesos. Les dije que te informaran y que estaba en la mejor disposición de apoyarte por mi actual relación con Mario". Y concluye con la advertencia y amenaza en un estilo que fue típico en Villanueva: "ésta es la parte de la aclaración; deberías sentarte a hablar conmigo. Si decides, por el contrario, continuar con tu actitud, es asunto tuyo y te reitero, sin fundamento. Creo que me debes una disculpa". Firma: Mario Villanueva.

Hernández no se sentó a hablar con Villanueva ni con el editor de *Por esto!* y la campaña ha continuado hasta el día de hoy: porque la relación de Villanueva con ese medio llegaba mucho más allá: cuando ese periódico tenía una deuda de 11 millones de pesos con Pipsa, el gobernador hizo importar papel de Panamá, donde, como hemos escrito, tenía importantes negocios con el vicepresidente Felipe Alejandro Virzi; el trato: proporcionarle papel gratis al periódico de Hernández.

Un águila que cae

Las investigaciones oficiales en contra de Villanueva comenzaron con la detención de un narcotraficante beliceño en la carretera que va a Escárcega, Campeche, desde Chetumal. Al ser detenido con un cargamento de cocaína en un poblado llamado Caoba, este hombre pidió que lo comunicaran con el gobernador porque, decía, estaba protegido por él. Pero no se dio cuenta que ya estaba en Campeche, no en Quintana Roo. y que la detención la había hecho un retén militar. Ello propició que, en 1998, se le tomará, por primera vez, declaración como indiciado, a Mario Villanueva. Ésta la brindó en las oficinas de la fiscalía antidrogas en la ciudad de México. Al mismo tiempo se comenzaban a sumar los testimonios de los testigos protegidos en Estados Unidos y se asentaban los cargos en contra de Villanueva del otro lado de la frontera. Un punto adicional preocupaba a los estadounidenses: la internacionalización de las operaciones que se realizaban en Quintana Roo. Porque la droga que estaba entrando a la península en aquellas épocas no sólo iba hacia Estados Unidos sino también hacia Oriente, y la magnitud de la red de operación que entonces se construyó explicaría la protección que recibió Villanueva en esa región. La droga se concentraba en Belice, en el poblado de Orange Walk; de allí se cargaba en camiones que cruzaban Centroamérica y, desde la costa guatemalteca, se embarcaba hacia Oriente, particularmente hacia Japón.

Según la acusación oficial que ha abierto la fiscalía de Nueva York contra Mario Villanueva, en la causa S1 01 Cr.201, se dice que "desde 1993 hasta junio de 1998, en el distrito sureño de Nueva York, Mario Villanueva y otros, ilegal e intencionalmente y con conocimiento, se combinaron, conspiraron, confederaron y acordaron violar las leyes de narcóticos de Estados Unidos". A partir de allí, describe los hechos cometidos, entre otros por Villanueva y Alcides Magaña: desde 1994 hasta diciembre de 1996, se arregló la entrada de 200 toneladas de cocaína a Quintana Roo. De acuerdo con esa información, Villanueva recibía 500 mil dólares por cada cargamento de cocaína que ingresaba a su estado. La justicia estadounidense dice tener conocimiento de una reunión de Villanueva con *El Metro* y otros narcotraficantes para acordar la entrega de 500 kilos de cocaína en Belice y su posterior traslado a Quintana Roo, y que ese cargamento se transportó, incluso, en un avión propiedad del gobierno del estado. Pero el problema para Villanueva comienza poco después: el 27 de febrero de 1997, fueron detenidos algunos de los que el expediente estadounidense denomina "conspiradores", en el Bronx, en Nueva York, transportando 107 kilos de cocaína pura. Semanas después, el 7 de marzo, otro "conspirador" es detenido cerca del hotel Holiday Inn de Middletown, Nueva York, con mil 603 kilos de cocaína pura. Según el *New York Times*, citando fuentes de la DEA, son 17 los testigos protegidos que están colaborando desde hace cinco años en esta investigación contra Villanueva, en un mecanismo inédito de trabajo conjunto entre México y Estados Unidos. Varios de esos testigos han presentado testimonios demoledores contra el ex gobernador, pero dos son especialmente importantes por el papel que tenían en la organización: uno es José Alfredo Ávila Loureiro, hermano de la esposa de Alcides Magaña, Yolanda Ávila Loureiro, quien dijo haber participado en una reunión con *El Metro* y Villanueva en el hotel César Park de Cancún, en la que estuvo también Ricardo Marín Carrillo, entonces comandante de la Policía Judicial del estado. Pero más duro para los ahora detenidos fue el testimonio de Gilberto Garza García, conocido como *El Güero Gil*, uno de los principales operadores del cártel de Juárez en la frontera con Tamaulipas y quien controlaba buena parte de las redes de distribución en la Unión Americana. Él explica realmente cómo funciona toda la organización, quiénes son los responsables e incluso los contactos que se establecían entre la célula del sureste con otras instancias del cártel de Juárez. Su primera declaración como testigo protegido se dio en octubre de 1998 y es cuando comienza a desmoronarse Villanueva, y se incautan muchas de las propiedades de Alcides Magaña y Albino Meraz en Cancún.

En todas esas redes de corrupción e impunidad, se fue incubando la caída de Mario Villanueva. Salvo las amistades que había comprado con dinero y complicidad, el hoy preso, desde mucho antes de su caída, ya no contaba con apoyo alguno y sí, con innumerables enemigos.

A finales de 1998, realizamos una acuciosa investigación periodística, recorriendo por aire y tierra las diversas rutas que sigue el narcotráfico en la frontera entre Quintana Roo y Belice. Hay dos vías fundamentales: las pistas que quedan del otro lado de la frontera, que se ubican de Río Hondo hasta Belice; mucha de la droga que ahí llega toma una nueva ruta hacia Guatemala y de ese país se envía hacia el Oriente. La otra entra por los caminos de la localidad de Cacao, se dirige posteriormente hacia el interior del país, a Escárcega, por la carretera a Campeche. Estas rutas no son nuevas, se utilizaban cuando Chetumal era parte de toda la zona franca de la frontera; desde ahí entraba una enorme cantidad de contrabando hacia México y se dirigía hacia distintos puntos del país. Las rutas siguen siendo las mismas pero han cambiado los productos; en este momento lo que cruza el Río Hondo es sobre todo droga.

En esta zona de la frontera existen condiciones propicias para el tráfico; hay muy poca población y la vegetación permite ocultar los cargamentos. Durante varios años, sobre todo desde que ocurrió el levantamiento en Chiapas hasta que inició la Operación de Sellamiento en la península, la zona estuvo prácticamente desprotegida: fueron los años en los que se intensificó el trasiego de drogas. Esta vía se convirtió en una de las privilegiadas, particularmente por el cártel de Juárez.

En Río Hondo, la llegada de la droga se da sobre todo por vía aérea; las pistas no requieren ser demasiado sofisticadas para que los pequeños aviones que están utilizando los narcotraficantes puedan aterrizar, concretamente, en la muy poco poblada frontera beliceña. Pero esas pistas también están de nuestro lado y son las que utilizan los narcotraficantes del cártel de Cali.

La Unión es el poblado más importante de la frontera y el más alejado; aquí, paradójicamente, cuando llegó la Operación de Sellamiento, descubrió una población donde había camionetas, pero no con placas de Quintana Roo sino de Sonora, Sinaloa y Jalisco.

Ese poblado es quizá el punto más profundo del triángulo que conforman Campeche, Belice y Quintana Roo. Es uno de los más importantes de esta zona, donde no se observa la pobreza que existe en otras regiones del país, pues sus tierras son relativamente prósperas, y se han hecho más por el comercio que se ha dado.

Cuando la droga deja las zonas en las riveras del Río Hondo y la frontera entre Belice y Quintana Roo, tiene que trasladarse por vía terrestre al interior del país. Hay carreteras que cruzan Quintana Roo hacia el resto de México, como la que va hacia Escárcega.

Hace algunos años que la vía predilecta para la entrada de las drogas a la zona sur del país es la marítima, pero ahora se ha complicado para los narcotraficantes, desde mayo de 1998, cuando comenzó la Operación de Sellamiento de la península. Entraban grandes barcos que venían de Sudamérica, atracaban en la frontera mexicana y eran descargados; desde ahí se trasladaba la droga hacia el norte del país. Lo que se hace ahora son dos modalidades distintas: por una parte, se bombardean los paquetes de droga, en algunos casos con boyas, a las zonas cercanas a la costa, para que las corrientes las lleven hacia la orilla o sean recogidas mar adentro por lanchas rápidas; también son trasladadas directamente con yates desde Colombia, o algunos otros puntos de Centroamérica, hacia el Caribe mexicano. El punto predilecto para la entrada de esas drogas con estos mecanismos es la llamada Costa Maya o Riviera Maya, uno de los lugares de mayor potencial turístico en Quintana Roo.

La zona de la Costa Maya ha sido dominada por la fuerza del narcotráfico. Por allí está entrando cada vez más droga al Caribe ante el costo creciente que tiene ingresarla por tierra; la vía marítima es evidentemente mucho más desprotegida, y se ha convertido en la ruta preferente para muchos narcotraficantes. No se trata solamente de la Costa Maya, sino de todas las costas del Caribe, de la enorme cantidad de islas que ahí existen y que se prolongan hasta Miami, sin lugar a dudas uno de los territorios más importantes para el narcotráfico, no sólo por el consumo, sino también por el lavado de dinero. Por esa ruta ya se han documentado no solamente aviones, lanchas y embarcaciones: también, con mucha frecuencia, minisubmarinos.

El encarecimiento de las vías terrestres ha hecho regresar a los narcotraficantes, sobre todo colombianos, a esta ruta que privilegiaron a principios de los ochenta y que abandonaron como consecuencia de una Operación de Sellamiento de la península de Florida muy similar a la que se ejecuta actualmente en la de Yucatán. Un punto clave para ese traslado es Banco Chinchorro.

La Costa Maya sube hacia la reserva de la biósfera de Sian Ka'an; cruzando ésta, comienza un nuevo mundo; ahí se inicia el corredor turístico para terminar en Cancún, una de las costas más bellas del mundo y también un espacio privilegiado para el lavado de dinero.

Isla Dorada es el principal fraccionamiento turístico de Cancún. Ahí se ha concentrado buena parte de las inversiones de los narcotraficantes. De la misma forma que Río Hondo, Banco Chinchorro y la Costa Maya se convirtieron en las zonas privilegiadas para que entrara la droga; todo el corredor turístico que va de Cancún, Playa del Carmen, hasta Tulum se ha convertido también en la zona preferida para invertir y lavar dinero.

La crisis política que en su momento se escenificó en el estado de Quintana Roo fue detonada, una vez más, por la prensa internacional: a partir de información que se había proporcionado con insistencia en algunos medios nacionales, *The New York Times* confirmó, el 25 de noviembre de 1998, que el entonces gobernador Mario Villanueva sí estaba siendo investigado por sus relaciones con el narcotráfico, e incluso proporcionó el nombre con el que sería conocido en esas operaciones, *El Chueco*.

El ex gobernador respondió de dos formas al periódico estadounidense. Le dijo, comparándose con Bill Clinton, que en Estados Unidos, cuando se quiere difamar a alguien, se le acusa de "sexo ilícito" (*sic*) y en México "se le acusa de narcotraficante". Por otra parte, afirmó que estaba dispuesto a que lo investigaran y que incluso aceptaría que se le quitara "el fuero" para ello. Evidentemente, Villanueva estuvo mal asesorado: los gobernadores no tienen fuero que los proteja cuando se trata de delitos federales y, por tanto, no era necesario que se le quitara nada para ello: la investigación ya existía y se inició en su tiempo, oficialmente, hace más de tres años y medio.

En este contexto, la situación de *El Chueco* se siguió deteriorando con la decisión del gobierno federal de "sellar" la península de Yucatán. Al mismo tiempo, comenzaron las operaciones para incautar propiedades del cártel de Cancún: la lista de bienes asegurados por los últimos operativos es realmente impresionante. Hasta 1999 se habían decomisado 20 casas y dos terrenos, 12 de ellas en Isla Dorada, una bodega de carga, un conocido restaurante, un piso completo en el Centro Empresarial de Cancún, cinco hoteles, tres de los más importantes de la ciudad: el Gran Caribe Real, el Costa Real, y el Laguna Real. Se decomisaron también seis yates de lujo, diez motos acuáticas, tres motos deportivas y nueve empresas, incluyendo la encargada de seguridad en el aeropuerto de Cancún y que hasta antes de su detención era propiedad de Alcides Ramón Magaña. Todo esto representó apenas la punta del iceberg.

La violencia no ha sido ajena al crecimiento del narcotráfico en la región. El 29 de mayo de 1997, fueron detenidos cuatro hombres con 380 kilos de cocaína, ocho autos, dos lanchas y armas, según publicó el diario *Novedades de Yucatán*. La droga provenía de la laguna de Chacmuchuc, en Isla Mujeres. Los detenidos, Raúl Meza Ontiveros, Javier Torres Félix, Ramón López Serrano y Fernando Ruffo Álvarez, fueron sentenciados por el juez Gabriel Fernández a sólo diez años de prisión. Un año más tarde, el magistrado Tomás Garrido Muñoz no los encontró culpables y ordenó su libertad.

Una semana después de la acción de la PGR, fue asesinado en Cancún, frente a su casa, ubicada en lote 19, número 2 de la manzana 14, supermanzana 27, en la calle Erizo, cuando descendía de su automóvil, Vicente Zambada, un hombre de unos 42 años, hermano, precisamente, de *El Mayo* Zambada. El asesinato parecía una advertencia del cártel de Juárez contra los intrusos de Sinaloa que buscaban participar en el mercado de la droga que llegaba y salía de Cancún.

En torno a Villanueva, a partir de esas operaciones se levantaron tres tipos de investigaciones: por una parte de la PGR; la segunda coordinada por la DEA en Estados Unidos; y una tercera, encabezada por la Interpol, que habría detectado distintas operaciones financieras del ex gobernador en Panamá y Centroamérica (y ahora también en Nassau y las Islas Caimán).

Pero la caída de Villanueva tuvo otras consecuencias políticas, no sólo en el PRI y en el gobierno, sino también en el PAN.

Ello se relaciona con uno de los empresarios detenidos, acusado de lavar dinero para el cártel de Juárez: Fernando García Zalvidea. Desde octubre de 1998, García Zalvidea fue puesto en arraigo domiciliario. De ahí pasó al Reclusorio Sur, acusado por su probable responsabilidad en la comisión de delitos de violación a la ley federal contra la delincuencia organizada, contra la salud y operaciones con recursos de procedencia ilícita. Muchos meses después, recuperó la libertad.

Su defensa se movió en diferentes ámbitos. Por una parte, sostuvo que este empresario detenido operaba, mas no poseía, los hoteles a los que se considera infiltrados por dinero del narcotráfico. Por la otra, planteó que el problema judicial estaba rebasado por la cuestión política y se estaba entremezclando su caso con las acusaciones contra el gobernador Villanueva.

La familia de García Zalvidea le envió cartas al entonces presidente Zedillo pidiendo su ayuda; buscó también a los funcionarios de la PGR, fue a la CNDH y a la CDHDF. Viajó a Estados Unidos, estuvo en las oficinas de Barry McCaffrey, de Madelaine Albright, e incluso en la Casa Blanca, argumentando que su familiar estaba completamente limpio de cualquier acusación y que los recursos financieros con los que operaba cuatro hoteles no provenían del narcotráfico; que no estaba relacionado con narcotraficantes, que no conoce a Alcides Ramón Magaña, *El Metro,* y que sus recursos financieros provienen de bancos nacionales y extranjeros. Pero el problema es que, según las autoridades, sólo la mitad de los recursos invertidos estaban respaldados por esos préstamos financieros. La otra nunca se supo de dónde salió.

Para la familia, quien quiso perjudicar al ahora detenido, fue Samuel González Ruiz, ex jefe de la Unidad contra el Crimen Organizado, después cónsul en Sevilla, quien, el 24 de diciembre de 1999, buscó a Fernando García para proponerle que aceptara ser testigo protegido y declarara contra Liébano Sáenz, Emilio Gamboa, Romárico Arroyo y el empresario Enrique Molina. Según García Zalvidea, el mismo ex funcionario (quien fue también coordinador de asesores de Antonio Lozano Gracia) le dijo personalmente que mientras no cayera por lo menos Mario Villanueva, él seguiría siendo el chivo expiatorio.

Fernando García operaba varias empresas, entre las que están: Operadora de Condominios del Sureste, BD Promotora Turística (propietaria del hotel Posada Laguna), BD Costa Real Cancún (donde la promotora es propietaria de 20 por ciento de los condominios inmuebles; 80 por ciento es de Inmobiliaria Grupo Tomma), hotel Porto Real en Playa del Carmen y hotel Gran Caribe Real de Cancún. Este último, comprado a Banco Unión en marzo de 1998.

De acuerdo con la versión oficial, al empresario se le imputa haber lavado dinero en la venta que realizó, en 1996, del hotel Laguna Real, a Ricardo Ortega, por casi un millón de dólares. Según García Zalvidea, al hacer la transacción, el comprador le dijo que el dinero provenía de la venta de un rancho en Toluca. El hotel se escrituró a nombre de una empresa de Ortega, y Fernando García permaneció como operador del inmueble. Este último argumenta que el procedimiento se realizó legalmente, sin saber ni conocer al hermano de Ortega, a quien se le acusa de ser narcotraficante.

Pero a mediados de 1998, Samuel González Ruiz, entonces titular de la Unidad Especializada en Delincuencia Organizada, UEDO, le informó también que uno de los condominios del hotel Costa Real era propiedad o estaba habitado por un narcotraficante. Sin embargo, según García Zalvidea, fue Gabriel Tomassi quien, en 1997, vendió o dio posesión del condominio a un señor de apellido Quintanilla. De acuerdo con su versión, ese condominio era propiedad de la Inmobiliaria Grupo Tomma.

La versión de las autoridades es otra. El 19 de febrero de 1998, el agente del Ministerio Público Aarón Espinosa Salazar libró una orden de aprehensión contra 38 personas, entre las que se encontraba García Zalvidea. De los delitos contra la salud, el empresario fue exonerado, en función de que la averiguación previa omitió referir el motivo por el cual se atribuyó la comisión del delito, pero no así de la acusación de lavado de dinero producto del narcotráfico. Sin embargo, meses después, sería también exonerado de ese delito.

Para la acusación en contra de García Zalvidea y Manuel Gómez Fernández Galán (operador, entre otros negocios, del restaurante Zuppa de Cancún, propiedad de otro acusado de narcotráfico, José Luis Patiño Esquivel), las autoridades han utilizado testimonios como el de Mario Mariles Villaseñor, quien sostuvo que vio cómo, en la oficina del hotel Costa Real, José Luis Durán (*El Che-ché*, otro acusado de pertenecer al cártel de Juárez en Cancún) y José Luis Patiño Esquivel le entregaron varias maletas, supuestamente llenas de dinero, a Manuel Gómez.

En cuanto al delito de delincuencia organizada, la PGR argumenta que Fernando García Zalvidea es representante legal de Corporación Hotelera del Sureste, de BD Reales Hoteles, Playa del Carmen, Gran Caribe Real, Costa Real y Laguna Real, que su actividad es la de invertir en estos hoteles a cambio de un porcentaje de las ganancias y que no se ha justificado la procedencia lícita de los recursos invertidos. García Zalvidea niega estas acusaciones y argumenta que todos los recursos utilizados tienen procedencia lícita y que él opera los hoteles, rentando los inmuebles y pagando un porcentaje a los propietarios. Que en el caso del hotel Costa Real, es propietario de 20 por ciento de las acciones y que hay una habitación, la 355, vendida a un señor Quintanilla, que después resultó ser Gilberto Garza, un notorio narcotraficante que se convirtió en testigo protegido; pero García Zalvidea dice que nunca conoció a este individuo; siguiendo, explica que Porto Real y Costa Real es en un 80 por ciento propiedad de los señores Tomassi Colomé (mismos que no han sido aprehendidos); que el hotel Caribe Real fue en un principio de Cabal Peniche, y que quedó abandonado por diez años. Álvaro Cervera Zea, poseedor de los derechos, le propuso a García terminar el hotel, y Banca Unión, después de que la intervino la CNBV, se lo vendió al propio García Zalvidea.

A García se le imputó que, si bien no era partícipe directo de las operaciones del narcotráfico, sí sabía de ellas por su relación con Gilberto Garza García, José Durán y José Luis Patiño Esquivel. A su vez, él dice que desconocía que el dinero que éstos manejaban proviniera de ese negocio ilícito.

El asesor para la defensa de García Zalvidea fue, nada más y nada menos, que el ex procurador José Antonio Lozano Gracia (paradójicamente, el principal acusador era el fiscal de la UEDO, Samuel González Ruiz, quien había sido coordinador de asesores

EL OTRO PODER

durante el paso de Lozano por la PGR), que sigue siendo uno de los hombres importantes del PAN y que actualmente comparte su tiempo entre el DF y Washington, donde realiza labores de investigación en la Universidad de Georgetown. El abogado defensor (y de otros coacusados en esta historia) era José Gómez Mont, no sólo un muy destacado abogado, sino también el primero de los hermanos de una de las familias de mayor peso e historia en el panismo nacional. Participaron en la campaña para liberar a García Zalvidea algunas de las principales organizaciones empresariales ligadas a la iglesia católica, como el Opus Dei. Pocas veces, o quizá en ninguna otra ocasión, ha habido una movilización de fuerzas aparentemente encontradas a favor de un hombre acusado de este tipo de delitos, como la que se conjugó para trabajar por la libertad de García Zalvidea: desde gente cercana a Villanueva hasta el PAN, pasando por destacados empresarios y hombres de la Iglesia.

Las pruebas contra García Zalvidea se desvanecieron, éste logró su libertad en febrero del año 2000 y fue reivindicado en Cancún por el propio Francisco Labastida, entonces en campaña electoral. El hermano de Fernando García Zalvidea es hoy senador por el PAN e incluso se habló de él para ocupar la Secretaría de Turismo en la administración Fox.

La detención de *El Metro*

El martes 12 de junio de 2001, aproximadamente a las 20:45 horas, finalmente fue localizado Alcides Ramón Magaña, *El Metro*, cuando realizaba una llamada telefónica desde una caseta ubicada en la calle de Viveros, en el fraccionamiento residencial Nueva Imagen, de Villahermosa, Tabasco.

Había bajado de peso y era notoria una cirugía facial que le hacía aparentar casi 10 años menos de los 43 que tenía en el momento en que fue capturado. Un comando militar de élite de ocho hombres lo estaba localizando desde días antes. Al ser detenido, se le llevó a la trigésima Zona Militar de donde se le condujo al aeropuerto de la ciudad de Toluca y de allí, sin escalas, al penal de máxima seguridad de La Palma, donde habita también uno de sus viejos socios y acompañante en la desgracia, el ex gobernador Mario Villanueva.

Con la caída de Magaña, prácticamente se cierra ese capítulo de la historia siempre presente del narcotráfico en la península de Yucatán, pero *El Metro* es también una pieza muy importante para conocer a fondo las actividades de tráfico de drogas y, sin duda, para distintos factores de poder que van desde el Ejército mexicano hasta las agencias antidrogas de Estados Unidos. Para el Ejército, sobre todo, porque la lucha contra la célula del sureste tuvo en el sector militar a su más entusiasta seguidor, ya que la persecución en forma en contra de Villanueva, *El Metro* y otros cómplices de ese grupo comenzó con el incidente en el que un grupo de inteligencia militar fue secuestrado en Cancún y uno de sus oficiales fue muerto, torturado, cuando realizaba labores de investigación sobre la penetración del narcotráfico en Quintana Roo. Recordemos que ese secuestro lo realizó un hombre que había llegado al estado enviado por el propio fiscal antidrogas y colaborador del cártel de Juárez, Jesús Gutiérrez Rebollo: Óscar García Dávila, a quien Villanueva había puesto al frente de un grupo policial para garantizar su propia seguridad. Este hombre trabajaba tanto para Villanueva como para Alcides Magaña.

A partir de ese secuestro, comenzó la verdadera persecución, con un creciente involucramiento del Ejército. Con ello, vino de la mano la Operación de Sellamiento en la península de Yucatán (una de las acciones militares-policiales de gran escala más exitosas que se han realizado en México en la lucha antinarcóticos) y, posteriormente, la fuga de Villanueva Madrid. La información disponible insistía en que la huida de éste no había implicado la salida del juego de Magaña, sino que *El Metro* había movido su centro de operaciones hacia el golfo de México, eludiendo la Operación de Sellamiento de la península, y que a partir de ese momento las zonas de Campeche y Tabasco habían adquirido nueva importancia para su comercio.

En este contexto, se dio la Operación Marquis. El jueves 20 de junio de 2001, comenzó este operativo realizado conjuntamente en Estados Unidos, México y Colombia, con un saldo de 14 detenidos, acusados de narcotráfico y lavado de dinero. Ocho fueron capturados en el Distrito Federal y cuatro más en la ciudad de Monterrey, Nuevo León. El objetivo era desarticular y detectar a las principales cabezas del cártel de Juárez que siguen prófugas, entre ellas, Vicente Carrillo Fuentes —uno de los siete fugitivos más buscados por la DEA—, Juan José Esparragoza, *El Azul*, y Eduardo González Quirarte.

De acuerdo con la PGR, las células de distribución y transportes, de estuperfacientes se establecieron en ciudades estadounidenses como Laredo, San Antonio, Austin, Houston y Chicago, mientras que los lugares cateados como parte de esta acción operativa en México (comandada por la UEDO) fueron principalmente la empresa papelera Laksmi, así como una casa particular en San Pedro Garza García, Nuevo León, y un centro cambiario de la Zona Rosa, el "Money World Center", en el DF.

En Nuevo León, fueron capturados Francisco Javier Romo, Manuel Motato y Manuel Martínez, así como Bertha Fernández, quien es esposa de Eduardo Reséndiz, uno de los principales objetivos de las autoridades y quien al final de la jornada no fue ubicado. En la capital del país fueron detenidos Alejandro Martínez y varios empleados del centro cambiario, quienes quedaron a disposición de las autoridades ministeriales.

Según información de la DEA y el FBI, la organización Marquis presuntamente trasladó, durante los últimos años, grandes cantidades de cocaína y marihuana por un corredor que desemboca en Nuevo Laredo, Tamaulipas, en donde eran almacenadas las drogas en bodegas, desde donde se distribuían a las principales células del narcotráfico. Por cierto, esas bodegas nunca fueron encontradas.

El hilo que permitió realizar esa operación, cuyo logro más importante fue desarticular las redes de lavado de dinero del cártel de Juárez en Monterrey, surgió de la información recabada con la detención de *El Metro*. Algunos hombres y mujeres de la llamada célula del sureste aún siguen en libertad, pero la pregunta no es cuánto tardarán en ser detenidos, sino, nuevamente, quién los reemplazó en la operación de esa fundamental puerta de entrada del narcotráfico en nuestro país que es el Caribe mexicano. Y allí, como en todo el golfo de México, hay un nombre apuntado, que está manejando los hilos de toda esa operación, Juan José Esparragoza.

CAPÍTULO VI

Tráfico de drogas y de gente: el asesinato anunciado de José Ángel Martínez

Territorio comanche es el lugar donde el instinto dice que pares el coche y des media vuelta, donde siempre parece a punto de anochecer y caminas pegado a las paredes, hacia los tiros que suenan a lo lejos.

ARTURO PÉREZ-REVERTE

El viernes 26 de noviembre de 1999, salía de mi oficina para una comida con Fernando Lerdo de Tejada, entonces vocero del presidente Ernesto Zedillo, cuando recibí la llamada de una "fuente" que, con el paso de los años, se había convertido en un querido amigo, José Ángel Martínez, quien era entonces el jefe del Grupo Beta, destinado a la protección de migrantes ilegales, en Tenosique, en ese rincón de la República donde se unen Tabasco, Chiapas y Guatemala.

José Ángel estaba en el aeropuerto capitalino, venía de Tijuana donde, por el notable trabajo que estaba realizando desde hacía años en defensa de los migrantes (y que era reconocido por ONGs como el Centro de Derechos Humanos Agustín Pro y Sin Fronteras), había sido el orador designado para abordar la labor de los grupos Beta ante la comisionada para los Derechos Humanos de la Organización de las Naciones Unidas, la señora Mary Robinson, de visita entonces en México. Le había ido muy bien, pero no me llamaba por eso: temía por su vida; estaba seguro, me dijo, que algo iba a pasar, que la situación dentro del propio Instituto Nacional de Migración (INM) y de los grupos Beta se estaba deteriorando rápidamente; aseguraba que lo iban a matar y me enviaba, luego comprendí que como una suerte de reaseguro, un documento con su más reciente investigación sobre el tráfico de indocumentados en la zona de Tenosique, además de la relación de eso con los narcotraficantes de la región. Se trataba de un documento detallado, que recibí la tarde de ese viernes, con nombres, cargos y mapas.

No era la primera vez que José Ángel sufría amenazas, que pensaba que lo iban a matar ni que me platicaba de esa posibilidad; tampoco la primera investigación de ese tipo que presentaba a las autoridades; lo venía haciendo en forma sistemática desde 1993. Ese día, quedamos en vernos el martes siguiente, cuando debía regresar al DF porque tenía una cita con Luis Nava, un funcionario del INM. Él regresó a Tabasco y yo me fui a mi comida. No nos vimos ese martes ni nunca más. El lunes 29 de noviembre, en un paraje recóndito de Tenosique, José Ángel fue asesinado de un disparo en el pecho por un miembro del Grupo Beta, Anacarsis Peralta Moo, que ya herido lo dejó desangrarse hasta la muerte.

A Ensenada llegan barcos con inmigrantes ilegales de origen chino que buscan entrar a Estados Unidos vía Tijuana, tantos, que 8 por ciento de los trabajadores de las maquiladoras establecidas en esa zona de la frontera, según autoridades locales, son orientales que llegaron ilegales a México o a Estados Unidos, y que viven en cualquiera de los lados de esa frontera, pero que vienen a trabajar por salarios incluso inferiores a los de los trabajadores mexicanos en esas industrias. En el sur del país, al menos desde 1994, se ha comprobado que se están utilizando a los miles y miles de migrantes indocumentados para pasar, junto con ellos, en una suerte de contrabando hormiga, drogas y en ocasiones armas. Ese mismo contrabando hormiga se utiliza en las garitas aduanales de Tijuana, Juárez o Laredo, para pasar enormes cantidades de drogas.

Desde hace muchos años, se ha comprobado que las rutas de la migración ilegal se superponen con las del narcotráfico, y que ambos negocios se han ido entrelazando hasta convertirse, en varias regiones y para distintos grupos del crimen organizado, en uno solo. Pero además, esos corredores de la droga suelen coincidir con las regiones de extrema pobreza, particularmente en el sur-sureste del país.

Ningún investigador gubernamental había logrado descifrar tan bien como José Ángel Martínez, con tanta precisión, la combinación que se daba en la frontera sur entre el narcotráfico, el tráfico de gente, la penetración de estos grupos en sectores de poder y la impunidad de la que gozan quienes se dedican a este negocio.

José Ángel no era un policía: se trataba de un ingeniero agrónomo nacido en Celaya, con amplia experiencia administrativa y en el servicio público, con un fuerte compromiso social, que había trabajado durante años tanto en la problemática rural y de la pobreza como, en los últimos tiempos y en forma creciente, en investigaciones sobre seguridad. Lo conocí en 1993, antes del levantamiento chiapaneco, y mucho mejor después, cuando me brindó la mejor explicación sobre cómo y por qué se había dado ese levantamiento, los grupos involucrados, las relaciones entre la Iglesia y los zapatistas. En julio de ese año, había diseñado con otros miembros de la delegación de la Secretaría de Desarrollo Social chiapaneca, un documento que le entregaron a Luis Donaldo Colosio y que éste hizo llegar al entonces presidente Salinas, sobre la situación en la región, donde se identificaban con precisión las zonas de influencia de lo que se llamaba entonces la guerrilla de Ocosingo, la ruta de los traficantes de gente y droga, y la zonas de extrema pobreza en la región. Se comprobaba cómo coincidían geográficamente las tres y de ello se desprendía la necesidad de enfrentar lo que venía en Chiapas en varias vertientes, que iban desde la seguridad y la lucha contra el crimen organizado, hasta el despliegue de una intensa política social. Quienes elaboraron el documento y el propio Colosio, con quien tuve oportunidad de platicarlo entonces, en agosto de 1993, fueron desoídos. Pero a partir del 1 de enero de 1994, ya todo sería diferente.

La frontera porosa

La historia de cómo se llegó a esa situación en la frontera sur no es nueva. Comienza hace casi 27 años, en los límites entre México y Guatemala, cuando Antonio Sánchez, de origen puertorriqueño, que entonces actuaba en estrecha relación con las primeras organizaciones de la guerrilla guatemalteca del Quiché y El Petén, instaló un amplio rancho entre los ríos Ixcan y Lacantum, a la entrada de una de las zonas más olvidadas de México: Marqués de Comillas.

Sánchez provenía de Michoacán y de ahí trajo su personal, especialmente de Aguililla (una localidad que años después sería célebre por sus relaciones con el narcotráfico) y de Guerrero, del área de Zihuatanejo, en donde desembocan también los cultivos y productos provenientes de la zona de Tierra Caliente. Además de esos trabajadores michoacanos y guerrerenses, la zona recibió a muchos reubicados por la construcción de la presa Cerro de Oro.

México es también, para efectos de las rutas del narcotráfico, un cono invertido: los 2 mil 300 kilómetros de la frontera norte que constituyen la entrada al mercado estadounidense, se estrechan hasta los poco más de mil kilómetros de la frontera sur.

Durante muchos años, los principales vehículos del tráfico han sido los aviones pequeños que, volando desde Colombia o Panamá, han depositado su carga en regiones del amplio litoral norte, en especial de Sinaloa, Sonora, Baja California o de la península de Yucatán, para tratar de dar el salto hacia los dos principales polos de la costa este y oeste: Miami y Los Ángeles. Eran los principios y mediados de los años setenta, cuando Gonzalo Rodríguez Gacha, Juan Ramón Matta Ballesteros y Félix Gallardo crearon la conexión mexicana que casi había abandonado el gran comercio de marihuana, y estructuraron la más poderosa red de introducción de cocaína desde Colombia, vía México, a Estados Unidos. Pero ésa es otra historia, aunque sus repercusiones aún se manifiestan.

La caída de los tres capos de la droga, *El Mexicano*, Matta Ballesteros y Miguel Ángel Félix Gallardo, provocó un profundo reacomodo y la búsqueda de nuevas alianzas y rutas de introducción. Motivó también una creciente capacidad de los cárteles mexicanos para producir sus propias drogas fuertes y, por consiguiente, su menor dependencia respecto al cártel de Medellín o al de Bogotá, al tiempo que se intentaba lograr un mayor acuerdo con el de Cali, que comandaba Rodríguez Orejuela. Con los años, las estrategias se han ido modificando. Este cambio se relacionó, además, con otro proceso: la creciente sustitución de la cocaína por la heroína como principal producto de importación y consumo en Estados Unidos. La causa es sencilla: un kilo de cocaína cuesta en el mercado estadounidense de 10 a 50 mil dólares, aproximadamente, y uno de heroína pura puede llegar a costar entre 80 y 200 mil, o sea, que realizando cargas menores se pueden sacar beneficios más altos.

No cabe duda que ello se relaciona también con la creciente asociación e influencia de los nuevos cárteles mexicanos con los grupos de narcotraficantes centroamericanos, en particular con los guatemaltecos. Paradójicamente, los procesos de paz en Centroamérica han contribuido (ante la existencia de fuerzas guerrilleras y paramilitares bien organizadas y pertrechadas, y que se reconvierten al crimen organizado) a la proliferación de bandas de narcotraficantes en la zona, que, asociadas con cárteles colombianos y mexicanos, han comenzado a ser un excelente trampolín para el tráfico de drogas hacia el norte del país.

Estructuras móviles para el tráfico

El caso de Guatemala es casi paradigmático. Para contextualizarlo, es necesario tener en cuenta algunos antecedentes: actualmente, México es el mayor productor latinoamericano de amapola, según datos del Departamento de Justicia estadounidense, sólo por detrás de las naciones del llamado Triángulo Dorado, ubicadas en la frontera entre Birmania, Laos y Tailandia. Esta región es prácticamente autónoma y está controlada por el ex líder guerrillero Khun Sa, quien opera con unos 30 mil hombres armados y, pese a tener una orden de arresto por parte del gobierno estadounidense, fue ampliamente requerido en la época de la guerra de Vietnam por el Ejército y los servicios de inteligencia estadounidenses a fin de participar en operaciones militares a cambio de una aprobación tácita para traficar con droga hacia la propia Unión Americana.

Después del Triángulo Dorado, la producción de la heroína que se consume en Estados Unidos se divide, en ese orden, entre Pakistán, Afganistán, Líbano y México, aunque existe una creciente presencia colombiana. Según datos oficiales, hasta 1990, México proporcionaba 30 por ciento de la heroína que se consume en Estados Unidos y se calcula que unas 10 mil hectáreas se dedican al cultivo de amapola; desde entonces, esas cifras han crecido sistemáticamente. En aquel tiempo, la producción de heroína mexicana era de 89 toneladas anuales y se considera que ha aumentado geométricamente, mejorando la calidad e incrementando el precio, que en 1989 era de unos 30 mil y que actualmente puede alcanzar los cien mil dólares.

Después de México, el principal productor latinoamericano es Guatemala y esa producción y tráfico se establece en su enorme mayoría en la frontera con México, particularmente en la zona que domina el llamado cártel de Sayaxché. En ese lugar se considera que existe, según datos oficiales de Guatemala, el cultivo de unas mil 500 hectáreas de amapola, y se han descubierto numerosos laboratorios para transformar la goma de opio en heroína.

Por eso, con el tiempo, la estructura organizada a través del rancho de Antonio Sánchez para apoyar a las guerrillas adoptó otras formas. Desde el rancho se habían organizado muchos de los paupérrimos ejidos colindantes con una estructura piramidal conformada por células de cinco personas. Lo que en un momento dado sirvió para apoyar logísticamente a la guerrilla guatemalteca, se fue transformando en una configuración destinada a cubrir todas las etapas del tráfico de drogas, en un principio de marihuana. Durante esos primeros años y hasta hace relativamente poco, el tráfico se realizaba por los ríos Lacantum y Usumacinta. El esquema era sencillo y conocido; se plantaba y cosechaba del lado guatemalteco (entonces con protección de algunos grupos guerrilleros, ahora también con el amparo de ciertos sectores del Ejército de ese país), se empacaba ahí y se despachaba el cargamento por río hasta las cercanías de Palenque. Años después, las balsas y barcos pequeños comenzaron a ser reemplazados por avionetas chicas que tenían el mismo destino. Su peso en el esquema nacional era aún marginal. Pero a principios de los noventa, con las nuevas carreteras y los vacíos de vigilancia que dejaron los acuerdos con el EZLN negociados en el primer trimestre de 1994 en San Cristóbal, comenzó un tráfico intensivo, utilizando, sobre todo, camiones para la introducción de drogas.

Eso coincidió con otro proceso: luego de la caída de Félix Gallardo en 1989, un grupo originalmente cercano al de Sánchez organizó su propio centro de operaciones río Usumacinta arriba, en la otra punta del triángulo que forma Marqués de Comillas, en el ejido de Benemérito de las Américas. Lo encabezaba un, hasta entonces, dependiente de Sánchez: Heladio Noyola, originario de Pinotepa Nacional, y se apoyaba en la labor de otro grupo ubicado también en la frontera de Chiapas y Guatemala, pero en la costa, cerca del pequeño puerto guatemalteco de Ocos.

La historia cuenta que surgieron originalmente como polleros en el tráfico de inmigrantes centroamericanos, aunque rápidamente quedó al descubierto que su verdadera actividad era el tráfico de drogas, si bien la marihuana ya había comenzado a ser reemplazada por la cocaína y luego por la heroína. Si el grupo de Sánchez estaba relacionado originalmente con el cártel de Guadalajara que comandaba Félix Gallardo y con el de Bogotá, asociado al de Medellín, que dirigía Matta Ballesteros, el nuevo grupo estaba vinculado con uno de sus desprendimientos, posteriores a la caída de Gallardo: el de Arellano Félix. Rápidamente, se presentaría en la zona un tercer grupo, el del *Chapo* Guzmán, en competencia con los anteriores que habían establecido sus propias redes contra los herederos de Gallardo, y relacionado con el triunfante, en Colombia, cártel de Cali, decididamente involucrado en la producción de cocaína y heroína.

Por esa razón, en 1992 llegó a la zona Víctor Mena Solís, posteriormente detenido junto con *El Chapo,* en mayo de 1993. El centro de operaciones es el ejido Roberto Barrios, en la frontera, que se continúa del lado guatemalteco con una amplia extensión de más de 900 hectáreas, que tiene varias pistas de aterrizaje clandestinas. La zona, de las más aisladas de México, se convierte en uno de los puntos más activos en un mercado en el cual se combinan el tráfico de drogas duras, de armas y de humanos, en una red difícil de permear y con intereses cada vez más complejos.

No se trata sólo de grupos nacionales: allí operan colombianos, también grupos guatemaltecos, algunos de ellos de antaño ligados a la guerrilla y otros del propio Ejército de ese país. Es más, esa zona ha sido utilizada por cuerpos de élite del Ejército guatemalteco para probar nuevas armas contrainsurgentes, según han denunciado reiteradamente distintos grupos de ONGs. Poco a poco, el mando que ejercía Sánchez sobre el territorio, que era controlado por los sucesores de Félix Gallardo, fue reemplazado por el de Noyola y disputado por Mena Solís; así comenzó a quedar bajo el dominio del nuevo cártel del *Chapo* Guzmán y Héctor Luis *El Güero* Palma —aunque el propio Noyola después de varios reacomodos habría respaldado a las fuerzas de los Arellano Félix—; ese reacomodo sería fundamental para comprender lo que sucedió después en la frontera sur.

Mena Solís estableció una sólida relación con grupos del G-2 (Cuerpo de Inteligencia Militar) del Ejército guatemalteco, con la clara intención de ampliar su influencia en Centroamérica y extenderla a Bolivia, el Perú y Ecuador, de la mano de Matta Ballesteros y *El Mexicano*.

En este sentido, no es casual que *El Chapo* Guzmán, luego de la muerte del cardenal Juan José Posadas Ocampo, buscara refugio en el sur del país. Pero la demostración de que su base de operaciones era ya mucho más grande lo pone de manifiesto la forma y el lugar en el que fue detenido. Según información oficial, *El Chapo* fue capturado en Guatemala, cerca de la frontera, a unos pocos kilómetros de Tapachula, Chiapas, en las proximidades del pequeño puerto de Ocos, una de las nuevas bases para el tráfico por mar. Se dijo entonces que la captura de *El Chapo* se produjo por intercambio de información entre el Ejército mexicano, el guatemalteco y el Departamento del Control de Drogas de Estados Unidos (DEA); lo que no se ha dicho es en qué consistió el intercambio y si, en un hecho entonces poco común de las guerras entre los cárteles, no se produjo esa detención por delaciones de grupos competidores. Todo indica que algo de eso existió, e incluso se presume que la detención en sí no se efectuó en territorio guatemalteco, sino en un rancho cercano a Tapachula que, muchas veces se dijo, pero nunca se comprobó, pertenecía al ex subprocurador de la PGR, Javier Coello Trejo.

Será muy difícil conocer realmente qué sucedió en esos días, pero no lo es establecer otras coordenadas: el cártel de Cali y aparentemente también el del *Chapo* Guzmán y *El Güero* Palma comenzaron en aquellas épocas a centrar sus esfuerzos y su competencia ya no sólo en la cocaína, sino también en el cultivo de amapola y el tráfico de heroína. Muy cerca de la región donde se detuvo al *Chapo,* están los mayores cultivos de la zona, en las laderas de la sierra Madre de Chiapas, lo que desde entonces confirmaba que los cárteles mexicanos estaban dejando de ser sólo un trampolín entre la mercancía que entraba de Centro y Sudamérica para entregarla en Estados Unidos, y se convertían en cárteles comercializadores y también productores.

Allí, escondidos debajo del follaje, crecen los capullos de la bella flor cuyo bulbo sirve para producir la goma de opio que se utiliza para la producción de distintas drogas, entre ellas la heroína. Esas laderas de la sierra Madre cumplen las mismas condiciones que las del sur de China (donde se producen lo opiaceos de mayor pureza) y las de los Andes colombianos: unos dos mil metros sobre el nivel del mar y ángulos de inclinación de 35 grados. No se trata, por supuesto, sólo de Chiapas. A lo largo de toda la sierra Madre se pueden encontrar esas condiciones, sobre todo en Guerrero y Sinaloa, pero no cabe duda que esa región del país y las laderas guatemaltecas en las que se continúa la sierra Madre, cumplen a la perfección con las condiciones básicas del cultivo.

Muy cerca, en el área boscosa, ubicada entre Siltepec y Comalapa, se encuentran los laboratorios que procesan la goma de opio; se considera que también existen a todo lo largo de esta peculiar ruta de la droga, sobre todo, en los últimos años, en Michoacán. Así se sabe que existen laboratorios de procesamiento de cocaína y heroína en la sierra Madre, en la frontera con Michoacán, y se adentran en este estado. Desde allí se pega el salto a Guadalajara, donde suele distribuirse hacia las entidades del norte.

El control global de la zona estaba en disputa, pero ello se relacionó con una modificación de la estrategia: desde la caída de Félix Gallardo, Matta Ballesteros y *El Mexicano,* se comenzó a sellar el tránsito aéreo en esa zona de la frontera sur, mediante una compleja red de radares que desde Argentina y con estaciones en diversos puntos de Centroamérica y el Caribe –originalmente las principales bases de los aviones AWACS estaban en la zona del canal de Panamá; luego del reintegro de la zona a Panamá, esos aviones trasladaron su base a la isla de Aruba y son operados por la Dirección de Aduanas del gobierno estadounidense–, rastrean los vuelos que se efectúan en la región para realizar, en aquellos que no se identifican o que son sospechosos, la llamada persecución en caliente. Desde entonces, se tuvieron que modificar los mecanismos de introducción de drogas; sin embargo, ello no evitó la llegada de numerosos aviones a pistas clandestinas a los países limítrofes, como Guatemala y Belice, además de la zona caribeña de Honduras.

Desde hace nueve años, y respondiendo a este esquema, en San Cristóbal de las Casas funciona un centro de radar operado por la PGR, y los narcotraficantes decidieron entonces reducir los vuelos e incrementar la entrada de trailers y de lanchas. No es casual que en la zona de operación de Mena Solís, detenido al mismo tiempo que El Chapo Guzmán, se estuviera construyendo una empacadora de chile, en Pico de Oro.

Por lo pronto, desde entonces y hasta últimas fechas, entran por Marqués de Comillas, en la frontera con Guatemala, unos 5 trailers y un promedio de 5 a 8 camiones diarios de los conocidos como tórtones. Cada trailer transporta hasta 40 toneladas de carga, y cada torton, unas 18. En promedio, esos camiones que ingresan a México, según esas mismas guías de importación, transportan chiles, frijol o maíz importados de una región de Guatemala, donde, dicen los enterados, ni unos ni otros se dan con facilidad. En esa zona de la frontera, los camiones prácticamente no son revisados ni existen los llamados scanners que permiten observar con rayos X la carga.

Esos camiones se dirigen generalmente a tres puntos: Catemaco, San Andrés Tuxtla y Tierra Blanca, en Veracruz. Según información de los habitantes, los traileros cuentan con un circuito de comunicación muy sofisticado, con torres de transmisión en Benemérito de las Américas, en la frontera, y dos más en territorio guatemalteco: una en Santa Elena (en la región del Petén) y otra en Zayaché, en las márgenes del río Pasión.

Las anécdotas se entremezclan con los datos reales y comprobables: en mayo de 1993, dos días después del asesinato del cardenal Posadas, los miembros del grupo de Mena Solís llegaron al puesto de aduanas de Benemérito (donde la violencia se ha agudizado tanto que sus habitantes hablan ya de *Matamérito*) solicitando, con amenazas a los empleados, una guía para la introducción de un camión con 20 toneladas de "chile" de Guatemala. Dos días después, esa misma unidad fue detenida en Reynosa, Tamaulipas, cargada con 20 toneladas de cocaína pura.

Narcóticos, pobreza y guerrilla

Pero muchas de las veces, como decíamos, el tráfico de drogas se combina con otros. A medidados de 2001, el tráfico de humanos, de migrantes, tomó proporciones alarmantes en la misma zona. Y también existen ejemplos del inicio de ello: el 20 de julio de 1993, fue detenido un camión con placas 531 AN8, conducido por Sergio Vivanco Manjarrez, en La Ventosa, al sur de Oaxaca, en la región del istmo. Transportaba 120 personas indocumentadas. Menos de tres semanas después, el 10 de agosto, el mismo camión, con las mismas placas y el mismo conductor, que debió de estar uno incautado y el otro encarcelado, fue detenido en Villa Alta, Tlaxcala, cuando transportaba a otros 170 indocumentados. El decomiso de drogas en la zona se combina cada vez más con el de trabajadores indocumentados, de origen no sólo centroamericano sino también chino, hindú y de naciones pertenecientes a la ex Yugoslavia.

Aunque también el tráfico de drogas, armas y humanos se realiza por mar. Con la colocación de los sofisticados radares, los métodos de los narcotraficantes también han variado. Y el mar parece ser el nuevo medio para hacer llegar la cocaína a territorio mexicano y desde aquí lanzarla hacia el mercado estadounidense. En los meses posteriores a la caída de Félix Gallardo, se privilegió el envío de grandes barcos desde Colombia a México. Uno de los primeros casos descubiertos fue el del buque Sea Point, enviado por el cártel de Medellín a Baja California Sur y detenido por la Armada de México el 8 de agosto de 1989, cerca de la costa de la península. El Sea Point llevaba (según la detallada crónica que del caso hace el periodista colombiano Miguel García en su libro *Los barones de la cocaína*) 2 496 kilos de cocaína. Había partido de la costa norte de Colombia, repostado en Panamá y tenía como punto final el puerto de Mazatlán. Allí la cocaína sería cambiada a otro barco e introducida por vía marítima a Estados Unidos. El Sea Point fue incautado por la PGR y otorgado a la Armada de México; nunca más se volvió a saber de él.

Pero la historia del barco era mucho más antigua y ejemplificadora de los numerosos y convergentes intereses que se mueven en las redes del tráfico de drogas, armas y personas. Poco antes de ser detenido en México, el Sea Point había sido el barco que transportó 500 ametralladoras Uzi de Israel a la isla de Antigua, vendidas oficialmente de un gobierno a otro. Las armas habían sido descargadas en Antigua, el 24 de abril de 1989, fueron transbordadas al Sea Point de inmediato y éste las desembarcó en Santa Marta, Colombia. Meses después, cuando fue asesinado Rodríguez Gacha, *El Mexicano*, esas armas se encontraron en la hacienda Fredy II de su propiedad, cerca de Bogotá. Asimismo, en Santa Marta, el Sea Point cargó la cocaína que fue decomisada cerca de la costa de Baja California Sur. El caso muestra hasta dónde llegó la influencia de estos grupos, porque las armas encontradas en el rancho de *El Mexicano* habían sido compradas con autorización del teniente coronel retirado Yair Klein de las fuerzas armadas israelitas, y otros dos altos mandos de ese Ejército, el general brigadier retirado Pinchas Sachar y Maurice Safarti. Además, participaron en la transacción el hijo del primer ministro de Antigua, Vere Bird, y el coronel Clide Walker, comandante en jefe de las fuerzas militares de esa isla del Caribe. Klein fue expulsado de Colombia semanas después, acusado de ser el entrenador de los grupos de sicarios que asesinaron a cientos de militantes y dirigentes de la izquierdista Unión Patriótica. De esos grupos entrenados por ex militares israelitas, surgieron, años después, las llamadas fuerzas de autodefensa de Colombia, más conocidas como paramilitares.

Pero los tiempos han cambiado; luego del caso Sea Point, el mar se había surcado por innumerables lanchas rápidas. En este caso, el punto de partida son dos pequeños puertos guatemaltecos: Ocos y Champerico, ubicados a unos pocos kilómetros de Tapachula, Chiapas. De allí parten en lanchas rápidas hacia Salina Cruz o la zona de lagunas ubicadas entre Juchitán y Zanatepec. En esos territorios, se hacen los cambios a camiones u otros barcos pequeños, que continúan el viaje hacia el norte. Esas lanchas suelen transportar cargamentos de drogas, pero también a hombres y mujeres indocumentados y, en algunas ocasiones, armas.

La Armada de México asegura no tener capacidad de control para ese paso de lanchas rápidas: está equipada para controlar grandes embarcaciones pero no las pequeñas. Fuentes confiables consideran que, actualmente, 60 por ciento del tráfico de personas y drogas en la región se está llevando a cabo por vía marítima, sin que prácticamente se realice decomiso alguno de personas ni drogas.

Al respecto, existen algunas coincidencias notables: el llamado rey de la heroína en Nueva York es un chino de nombre Ah Kay, actualmente detenido en Hong Kong, sobre quien pesa un pedido de extradición de parte de las autoridades estadounidenses. Ah Kay introduce toneladas de heroína en Nueva York, sólo en 1992, en el puerto de esa ciudad, se decomisaron casi 400 kilos de heroína pura introducida por ese cártel. Pues bien, el líder de los llamados *Fuk Ching* combina esa redituable actividad con el tráfico de gente: el año pasado, según las autoridades estadounidenses, se introdujeron unas cien mil personas de origen chino en forma ilegal. Estas bandas, con fuertes ramificaciones en Hong Kong y Taiwán (pero que suelen operar desde la propia China continental), controlan el tráfico mundial de chinos, que tiene fuertes ramificaciones en Centroamérica, en particular en El Salvador y Guatemala, y desde donde se dirigen hacia México. En muchas ocasiones, esos migrantes ilegales son enviados en forma directa a Ensenada, para que ingresen a California. En este sentido, el tráfico de heroína (que no requiere movilizar grandes volúmenes, como la cocaína y como la marihuana) se combina con el de personas. Y eso está sucediendo ya en nuestra frontera sur.

Una muerte anunciada

En 1994, José Ángel Martínez Rodríguez era una de las pocas personas que conocía perfectamente qué estaba sucediendo en esa zona, pero que, además, estaba dispuesto a trabajar, sin corromperse, en la frontera sur. Por eso continuó con sus labores e investigaciones, volcado sobre todo al tema de la protección a los migrantes y a la denuncia del crimen organizado. Tuvo responsabilidades en Tapachula, Chiapas, de donde tuvo que salir al denunciar una red de tráfico de gente muy similar, por cierto, a la que en noviembre del año 2000 se descubrió: con traslados en avión y la colocación de esos migrantes de mayores recursos en algún punto de Tijuana. Por cierto, uno de los responsables de aquella red era el entonces subprocurador Mario Ruiz Massieu, y uno de los operadores, el asesinado ex delegado de la Procuraduría General de la República en Tijuana, Jorge Ochoa Palacios. También, en los documentos que presentó en aquella época Martínez, se involucraba a Pedro Ochoa Palacios, entonces coordinador de Delegaciones del área de Migración en la Secretaría de Gobernación.

Como casi siempre ocurre en estas cosas, nadie se atrevió a hacer algo y, ante las amenazas de muerte que recibió José Ángel, lo que se decidió fue trasladarlo de Tapachula a Oaxaca, donde trabajó sobre los mismos temas en la zona del istmo conocida como La Ventosa; de allí regresó a San Cristóbal, donde vivía su familia y cuando se formaron los grupos Beta, se le designó como jefe de grupo en la frontera Tenosique-Balancán. Estableció una buena relación en la Secretaría de Gobernación con la gente del entonces subsecretario José Ángel Pescador y, sobre todo y desde tiempo atrás, tanto con el personal militar en todas las regiones donde trabajó como con las organizaciones no gubernamentales dedicadas a estos temas; pero sus relaciones con el Instituto Nacional de Migración, entonces dirigido por Alejandro Carrillo Castro y carcomido hasta los huesos por la corrupción (como sigue estando aún hoy), se deterioraban día con día, sobre todo por las denuncias que con regularidad presentaba José Ángel sobre las redes de corrupción en el tráfico de indocumentados en toda la frontera sur y que sistemáticamente no eran atendidas porque involucraban a distintos cuerpos de seguridad y a funcionarios del propio Instituto.

Después de su muerte, su esposa Beatriz encontró entre sus papeles personales una lista manuscrita, que José Ángel pensaba enviarme (por lo menos estaba dirigida a mí), de las personas que habían sido procesadas por sus investigaciones desde su llegada a Tenosique. Tenemos una copia en nuestro poder y allí se puede leer, por ejemplo, que fueron detenidos y procesados por extorsión a migrantes, un subcomandante y un oficial de la PGR, seis elementos de seguridad pública de Balancán, cuatro elementos de Agua Dulce; de otra localidad de Tabasco (no se puede leer con claridad el nombre) dos elementos por extorsión y violación; entre el personal militar de la zona, sus investigaciones llevaron a la degradación y proceso de un subteniente y dos elementos, de ocho elementos y oficiales de seguridad pública de Tenosique y 14 elementos y funcionarios del Instituto Nacional de Migración. Todo ello en menos de tres años: de ese grado eran los adversarios, en esa zona, de José Ángel.

Desde aquel 29 de noviembre de 1999, no se ha hecho nada para esclarecer el asesinato, en un proceso que ha deambulado por los juzgados federales y estatales. La procuraduría tabasqueña no investigó y se limitó a consignar al supuesto asesino material, otro integrante del mismo Grupo Beta. El caso fue atraído por la PGR, pero las investigaciones, hasta ahora, han girado, de acuerdo con el expediente que ha podido revisar su familia y del que tenemos una copia, sobre hipótesis absurdas: un problema de dinero, un supuesto rancho inexistente donde José Ángel participaría en el tráfico de indocumentados, un crimen pasional; también se presionó a trabajadores del propio Instituto para que denunciaran malos manejos de José Ángel a fin de tratar de construir una acusación de corrupción en su contra. El caso se cayó cuando el declarante públicamente reconoció que esa denuncia la había levantado a cambio de una compensación económica y un mejoramiento de su situación laboral en el INM.

Lo que nadie ha investigado es lo obvio: las denuncias sobre las redes de tráfico de indocumentados y drogas que presentó por escrito y en varias oportunidades José Ángel Martínez, y que terminaron costándole la vida.

Cuando se enteró la comisionada de la ONU para los Derechos Humanos, Mary Robinson, de su muerte, escribió una carta a sus familiares donde, entre otras cosas, les decía que "sus contribuciones a la causa de los derechos humanos han sido un largo camino que permitirá que su memoria viva entre nosotros conforme nosotros mismos saldemos su pérdida". Esa pérdida está lejos de estar saldada. El crimen continúa impune.

El informe Martínez

Si se lee el último informe que elaboró José Ángel Martínez, se comprende el porqué del asesinato, la importancia del crimen organizado en la región y la profundidad de la corrupción. Allí están las claves reales de su muerte.

El documento comienza con un marco de referencia en donde se señalan las muchas relaciones que se han establecido entre la zona fronteriza de Tabasco con la selva de Chiapas y el Petén guatemalteco. "La nueva dinámica social que ha adquirido la zona fronteriza de Tabasco y la región selvática de Chiapas, con la construcción de la carretera Tenosique-El Ceibo y la explotación petrolera en el Petén guatemalteco, así como la pavimentación de la denominada zona fronteriza, paralela al río Usumacinta en el estado de Chiapas, ha provocado un movimiento humano inusitado; el fenómeno migratorio que hasta 1996 se daba a cuentagotas se ha transformado en la actualidad en un torrente, asociado con el tráfico de otros ilícitos, principalmente estupefacientes."

El informe localiza dos grandes corredores para el tráfico de humanos y drogas. Uno de ellos comienza en Sayaxché, sigue por Benemérito de las Américas, pasa por Frontera Corozal, Chacala y culmina en Palenque, desde donde se interna hacia el centro y norte del país. En ese corredor, continúa el texto, se utiliza la vía terrestre y la fluvial, particularmente los ríos Lacantum y Salinas, que luego forman el Usumacinta y la carretera fronteriza del sur,

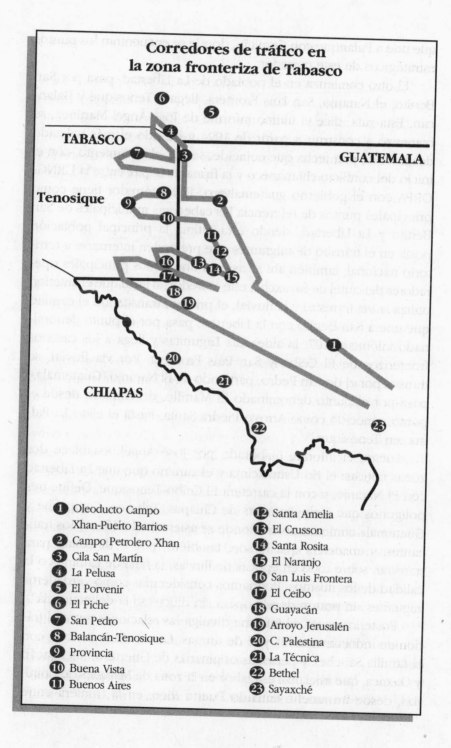

Corredores de tráfico en la zona fronteriza de Tabasco

1. Oleoducto Campo Xhan-Puerto Barrios
2. Campo Petrolero Xhan
3. Cila San Martín
4. La Pelusa
5. El Porvenir
6. El Piche
7. San Pedro
8. Balancán-Tenosique
9. Provincia
10. Buena Vista
11. Buenos Aires
12. Santa Amelia
13. El Crusson
14. Santa Rosita
15. El Naranjo
16. San Luis Frontera
17. El Ceibo
18. Guayacán
19. Arroyo Jerusalén
20. C. Palestina
21. La Técnica
22. Bethel
23. Sayaxché

que une a Palanque con Comitán, donde se encuentran los puntos estratégicos de este corredor.

El otro comienza en el poblado de La Libertad, pasa por San Benito, el Naranjo, San Luis Frontera, llega a Tenosique y Balancán. Esta ruta, dice el último informe de José Ángel Martínez, se comenzó a construir a partir de 1994 y ha sido el más utilizado desde 1996, una fecha que coincide, señala el documento, con el inicio del conflicto chiapaneco y la firma de la paz entre la URNG-ORPA con el gobierno guatemalteco. "Este corredor tiene como principales puntos de referencia las cabeceras municipales de San Benito y La Libertad, siendo esta última la principal población posta en el tránsito de migrantes que pretenden internarse a territorio nacional; también ahí se asienta uno de los principales operadores del cártel de Sayaxché; este corredor, al igual que el anterior, utiliza la vía terrestre y la fluvial, el primero transitando el camino que une a San Benito con la Libertad, pasa por el punto denominado kilómetro 107, la aldea Las Lagunitas y llega a los caseríos fronterizos de El Ceibo y San Luis Frontera. Por vía fluvial, se transita por el río San Pedro, partiendo de El Naranjo (Guatemala), pasa por el punto denominado El Martillo, desembarca desde el punto conocido como Arroyo Piedra Santa, hasta el ejido La Palma, en Tenosique."

Luego, el informe elaborado por José Ángel, establece dos zonas críticas: el río Usumacinta y el camino que une La Libertad con El Naranjo, y con la carretera El Ceibo-Tenosique. Define tres polígonos que incluyen áreas de Chiapas, Tabasco, Campeche y Guatemala como las zonas donde se asientan el tráfico y los traficantes, y considera que lo son, también, "por la dificultad para transitar, sobre todo en épocas de lluvias, la falta de caminos o la calidad de los mismos. Podríamos considerarlas como verdaderos zaguanes sin portón donde opera sin dificultad la delincuencia".

Posteriormente, el informe divulga las relaciones entre el tráfico de indocumentados y el de drogas. Comienza la historia con la familia Sánchez y personas originarias de Guerrero, Michoacán y Oaxaca, que iniciaron esa labor en la zona de Marqués de Comillas, desde un rancho llamado Puerto Rico, en la frontera entre

México y Guatemala. La familia Sánchez, cuenta el informe, extendió su influencia a los ejidos ubicados en la ribera del río Lacantum e identifica a sus lugartenientes: en el ejido Chajul, los representantes de los Sánchez eran las familias Baldovinos y Valencia; en el ejido Reforma Agraria, los Dávila Hernández; en el ejido Zamora Pico de Oro, las familias Mendoza Valencia y Camposeco; en el ejido Quiringuncharo, los Peñaloza, Sánchez y Corro Bautista; en el ejido Benemérito de las Américas, las familias Loyola y Jaramillo. El jefe de este cártel llegó a tener un absoluto control en toda la región mediante la Unión de Ejidos Julio Sabines Pérez. A partir de allí comienza la historia del tráfico y de quienes lo manejaban entonces y ahora.

A mediados de los ochenta, continúa el texto, Benemérito de las Américas, por su mejor comunicación, desplazó al rancho Puerto Rico como el centro del tráfico en la frontera México-Guatemala, en la zona de la selva. Se apoderaron del tráfico los miembros del clan López Rosas, de origen guatemalteco, con la colaboración, de ese lado de la frontera, de los hermanos Carlos y Jorge Cifuentes y del agente del G-2 del Ejército guatemalteco Carlos Segura. Del lado mexicano, en Benemérito, sus contactos eran Beto y Eladio Loyola, Abelardo Rojas e Inés Jaramillo. En otro punto de la frontera, en la ruta Las Cruces-Frontera Corozal, el principal colaborador de este cártel, en Guatemala, era René Reynoso Alegría, y del lado mexicano, Pedro Sánchez, José Martínez (residente en la colonia Pakal-ná de Palenque), Gonzalo Vega Feregrino (con residencia en Pueblito, Querétaro) e importante introductor de ganado al centro y oriente del país, así como integrantes de la familia Neme Carrasco, relacionada con el entonces gobernador de Tabasco, Salvador Neme Castillo.

El tráfico de gente y de drogas se unen a partir de 1994, dice el documento. Para esa fecha, se forma el cártel de Sayaxché, encabezado entre otros por Carlos Cifuentes, entonces alcalde de ese lugar, por unos traficantes de origen poblano, los Aguilar, así como por Pedro Clavel y otros individuos.

¿Quiénes son los contactos del llamado cártel de Sayaxche en Palenque? El informe identifica a Juan Arellano Jaime (quien casi dos años después de escrito este informe y asesinado José Ángel, fue detenido en el aeropuerto de Villahermosa, Tabasco, portando 75 kilogramos de cocaína pura), Luis Cervera (dueño del hotel Maya Tukan), Martín Torruco, Ruben N (da una serie de datos para ubicarlo) y Pedro de la Peña, dueño del hotel Plaza Palenque, donde, dice, se llevan a cabo las reuniones del grupo. Del lado guatemalteco el principal contacto de ese cártel es el presidente municipal de La Libertad, René Reynoso Alegría. En Tenosique, continúa este informe que le costo la vida al jefe de los grupos Beta en esa ciudad, los contactos del cártel son Julio Muñoz, Marco Antonio Virgen Salomón y Darisnel Montilla Zurita. Todos ellos participan en las reuniones del hotel Plaza Palenque.

El área de tráfico de indocumentados la dirige Rubén Hernández, desde Palenque. Es un hombre originario de Guerrero, que desplazó al hondureño Óscar Mora Portillo, quien tenía hasta hace unos años el monopolio en la región. Las rutas que maneja Rubén Hernández, según este informe hasta ahora confidencial, llegan hasta Reynosa, Tamaulipas, y tiene, dice, fuertes relaciones en Chiapas y Tabasco.

Finalmente, luego de una descripción de cómo está la situación operativa de las autoridades en la región, este documento llega al punto más delicado: la complicidad de autoridades locales. Cinco agentes de alto nivel del área de Migración: Jorge Antonio Contreras Barriga, entonces coordinador de delegaciones del INM; el coordinador del área sureste del país, José Luis RÁngel Galván; Raúl Jiménez Gutiérrez, enlace con la delegación Villahermosa del Instituto; el subdelegado regional en San Cristóbal de las Casas, Chiapas, Herve Hurtado Ruiz; y el coordinador en Tabasco, Esteban Vega Franco, argumentando que necesitaban recursos —dice el informe que entregó días antes de su muerte José Ángel Martínez— "para las campañas de senadores y diputados federales a realizarse en el verano de 1997, nombraron 'jefes de grupo' con fama de tener fuertes nexos con traficantes de indocumentados y a la vez les dieron las facilidades a estos 'jefes de grupo' para conformar sus equipos de trabajo; la mayor parte del personal operativo quedó fuera de esa jugada y éstos comenzaron a organizarse de manera independiente, lo cual creó un conflicto de intereses entre los dos grupos".

Mientras los "jefes de grupo" se relacionaban con los traficantes de indocumentados, dice el informe, los "independientes" se involucraron en el tráfico de drogas, con relaciones con la Policía Federal de Caminos y la Judicial Federal. Más grave aún, el informe explica cómo se conformó un grupo integrado por diferentes funcionarios, que en el caso del INM lo formaban, decía ese documento, Martín Eduardo Aguilar Reyna, Edmundo Guillén Cancino y Roberto del Pino Ruiz, los tres miembros de la delegación regional de Tapachula, Chiapas. Este grupo tenía como función "coordinar las acciones del personal involucrado en esta red del INM, las distintas corporaciones policiales involucradas y los propios grupos de traficantes de drogas de toda la región".

Uno de estos personajes, Herve Hurtado Ruiz, fue designado en 1996 delegado del Cisen en Campeche, luego fue subdirector de protección en el propio Cisen, y al momento de elaborarse el informe, ocupaba una posición en la Dirección de Combate al Crimen Organizado en la recién creada Policía Federal Preventiva. Junto con él trabajaba otro integrante de esa red de protección a traficantes, denuncia el documento: Raúl Jiménez Gutiérrez. El informe concluye con un amplio organigrama de esta estructura de corrupción y con un detallado mapa de las rutas utilizadas tanto para el tráfico de drogas como de humanos.

La operación encubrimiento

Después del asesinato de José Ángel Martínez Rodríguez, publiqué parte de este informe (ésta es la primera vez que se publica completo, con todos los nombres involucrados en esa investigación), lo envié al entonces secretario de Gobernación, Diódoro Carrasco, quien sorprendido con su contenido, ordenó una investigación que fue boicoteada por el Instituto Nacional de Migración; el caso llegó a la PGR, que decidió atraerlo; el procurador Jorge Madrazo organizó una reunión con los hombres que estaban a cargo de esa investigación; me preguntaron si quería hacer una declaración ministerial sobre el tema y les dije que todo lo que sabía estaba en los artículos que había escrito, que podían tomarlos como tal, como una declaración. Prometieron llegar hasta las últimas consecuencias.

Pero hasta ahora nada se ha hecho, ni para investigar a las personas mencionadas en este informe ni para esclarecer el asesinato. Personajes denunciados en el informe, como Juan Alvarado, de Palenque, acaban de ser detenidos no como consecuencia de investigación alguna, sino porque lo descubrieron con 75 kilos de cocaína pura en el aeropuerto de Villahermosa. El asesino material, Anacarsis Peralta Moo, dice que se trató de un accidente, que la pistola de José Ángel se trabó y que éste se la entregó a él para que la destrabara, pero que accidentalmente se disparó y le dio un balazo en el pecho a quien era su jefe. Pero que se "asustó" y en lugar de auxiliarlo se dirigió hacia donde estaba otro integrante del Grupo Beta, Venancio Cruz, con una camioneta, no le dijo qué había sucedido sino que José Ángel le pedía que fuera hasta el paraje donde Anacarsis le había disparado. "Ya se lo echaron", gritó haciéndose el sorprendido cuando vio el cuerpo.

Cruz comprobó que José Ángel aún estaba con vida. Lo subieron a la parte trasera de esa camioneta y estuvieron recorriendo la zona donde, dicen, tres puestos de salud cercanos estaban cerrados; entonces decidieron regresar a Tenosique, viajaron más de dos horas con el cuerpo que se iba desangrando lentamente en la parte trasera de la camioneta, mientras Peralta y Cruz iban sentados tranquilamente en la cabina. Cuando llegaron a Tenosique, Martínez ya había muerto.

Fue entonces cuando comenzaron a descubrirse las contradicciones. El examen del cuerpo demostraba que el disparo había entrado cerca de la tetilla derecha y había salido a la altura del riñón, o sea que había sido un disparo de arriba hacia abajo. Además, el análisis pericial demostraba que el arma utilizada, la propia pistola de José Ángel Martínez, había estado pegada a la ropa en el momento del disparo. La víctima era un hombre alto y fuerte, mientras que el asesino, un auxiliar bajo de estatura y débil que, sin embargo, y a pesar de ser empleado gubernamental en un cuerpo de seguridad, luego se supo que tenía orden de aprehensión en Chiapas, acusado de homicidio desde 1995. Anacarsis, cuando se comenzaron a divulgar los estudios periciales, reconoció que él había disparado, pero reiteró que todo había sido un accidente.

En realidad no pudo ser tal; el arma estaba pegada al pecho y, por la altura de ambos y la dirección que tomó el disparo, todo indica que se obligó a José Ángel a arrodillarse antes de dispararle. Se sorprendió cuando regresó al lugar y descubrió que su víctima seguía con vida. Pero él y Cruz dejaron que se desangrara durante el trayecto de regreso a Tenosique. ¿Sólo hubo un asesino o se trató de una emboscada con un número mayor de participantes? Desde su detención, Anacarsis no ha cambiado su versión, la del accidente. Considerando que la mayoría de los denunciados en las investigaciones de José Ángel Martínez eran de la delegación chiapaneca del INM, ¿podría ser que Anacarsis Peralta hubiera sido presionado para cometer el crimen por autoridades de ese estado o de delegados federales en él, que hubieran descubierto que tenía pendiente una orden de aprehensión acusado de homicidio en Chiapas? Nunca lo sabremos porque nada de eso fue investigado.

Pero no sólo eso. Se trató de desviar conscientemente la investigación. El hecho más notorio de cómo este asesinato pudo haber sido planeado desde dentro del propio Instituto fue denunciado por Augusto Alvarado Hernández, en una carta enviada el 14 de marzo de 2000, al entonces director del INM, Alejandro Carrillo Castro, con copia para el presidente de la República, Ernesto Zedillo Ponce de León. Alvarado Hernández es un joven que había sido empleado del propio Grupo Beta de Tenosique desde octubre de 1997, como asesor jurídico del mismo. Este pasante de derecho, que había trabajado en forma muy cercana a José Ángel, renunció a su cargo el 15 de noviembre de 1999, dos semanas antes del asesinato, porque tenía que presentar su examen profesional para obtener su licenciatura. Tenía derecho a una serie de compensaciones económicas que no había recibido durante el último año de labores. Fue a las oficinas centrales del INM en la ciudad de México para tratar de cobrarlas y en la dirección de personal le dijeron que, como se había dado de baja, ya no tenía derecho a las mismas. Hasta allí no sería más que otra historia de injusticias y pequeñas corrupciones burocráticas.

Pero resulta que Augusto decidió ir con el subdirector de protección a migrantes, José Alberto Coatzil, para tratar de solucionar su situación y éste le dijo que había una forma de darle salida a su problema y lo puso en contacto con José Luis Galván Rangel, entonces director de enlace regional administrativo del INM. Este hombre era una de las personas que, para esas mismas fechas, dos semanas antes del asesinato, estaba siendo investigada por José Ángel Martínez y que figura en su informe como uno de los principales protectores de los traficantes de gente en la frontera chiapaneca.

Galván Rangel le dijo a Alvarado Hernández que sí podía solucionar su situación, pero que necesitaba que firmara un texto que él mismo elaboraría. Si aceptaba, le pagarían sus compensaciones y, además, le ofrecía reincorporarse nuevamente al Instituto "en el área que mejor conviniera".

Los términos del escrito que le preparó Galván Rangel a este joven para que lo presentara el 16 de noviembre de 1999 ante Luis Nava, entonces coordinador de delegaciones del INM, decía, en pocas palabras, que había una situación de grave corrupción en el Grupo Beta, controlada por José Ángel Martínez, y que sus compensaciones económicas, como la de otros trabajadores, habían quedado en los bolsillos del coordinador del grupo, según consta en una carta entregada a Nava el 16 de diciembre de ese año. En la carta que escribe casi seis meses después, en marzo de 2000, Alvarado Hernández reconoce que el objetivo de la misma era desprestigiar a José Ángel Martínez y obligar a su renuncia. Pero entonces, el 16 de noviembre, Alvarado no sabía que esa persona sería asesinada trece días después.

En marzo denunció la situación. "A través del presente escrito (del que tenemos una copia y del que respetamos su sintaxis) es de mi voluntad propia hacer una aclaración y observación a todo lo que se haya imputado en la persona del ingeniero José Ángel Martínez Rodríguez con el objeto de desprestigiarlo ante la sociedad y ante la institución a la cual sirvió siempre con espíritu y voluntad de superación, acorde con la realidad y en todo momento por convicción, retractándome de los medios que se haya utilizado en primera para lograr la solución de mi planteamiento y en segunda el medio antiético utilizado, misma situación que se hizo porque de esa manera lo elaboró el ingeniero José Luis Galván Rangel quien a cambio de firmarlo me prometió que me conseguiría una mejor plaza dentro del instituto sin que a la fecha lo haga." Finalmente, deja constancia de que tampoco le pagaron el aguinaldo de 1999.

¿Por qué 15 días antes del asesinato, Galván Rangel, uno de los denunciados por Martínez, le estaba preparando esta trampa administrativa que no prosperó porque no cumplió con los términos del soborno que le había ofrecido a Alvarado Hernández?, ¿por qué desde entonces no se ha hecho nada, pese a esas denuncias ni contra este funcionario ni contra ninguno de los que figuraron en el informe de José Ángel Martínez?, ¿por qué se dio carpetazo a la investigación? La respuesta es sólo una: por la corrupción y la penetración de los traficantes de gente y drogas en la estructura de los cuerpos de seguridad. Y, mientras tanto, el negocio sigue prosperando en forma notable.

Un negocio de dos mil millones de dólares

Nadie, con toda claridad, ha dicho qué se hará en la frontera sur para protegerla del tráfico de drogas, migrantes, maderas, plátano, ganado, armas y cuanto producto usted pueda imaginarse. Durante la segunda semana de junio del año 2001, el secretario de Gobernación, Santiago Creel, dijo al *Washington Post* que la frontera sur se iba a militarizar, utilizando un mecanismo similar al del llamado sellamiento de la península de Yucatán, con la enorme diferencia de que la frontera de Chiapas con Guatemala es transitada por miles de personas cotidianamente, y no se trata de una península rodeada de mar, sino de un territorio densamente habitado, ubicado —en buena parte de su geografía— en medio de una densa selva, y con ríos y afluentes caudalosos. Creel, nos dijo después el gobernador chiapaneco Pablo Salazar, no quiso decir que se iba a militarizar la frontera, fue mal entendido: la idea de la Secretaría de Gobernación era establecer una serie de controles de distintos cuerpos de seguridad, incluyendo fuerzas militares, pero coordinados y dirigidos por personal civil, como ocurrió en Quintana Roo con la Operación Sellamiento. El subsecretario de población, Javier Moctezuma Barragán, desmintió a su vez al gobernador y nos dijo que eso tampoco era exacto, que no hay intención de sellar la frontera, sino de establecer mecanismos de control en ella.

Mientras deciden qué harán, la frontera sur está prácticamente desprotegida. Buena parte de ese territorio lo controlaba la Policía Federal Preventiva, pero ésta decidió retirarse, argumentando que le correspondía realizar esa labor de vigilancia a la Marina, pero la Armada de México dice que sólo está autorizada a vigilar el curso del río Suchiate y no los territorios aledaños. La Defensa ha sido retirada de la zona, y los agentes aduanales y de migración que allí están han sido permeados profundamente por la corrupción.

El diagnóstico sobre lo que está sucediendo en la frontera sur es dramático. Hemos tenido acceso a documentos oficiales actualizados hasta mediados del año 2001, sobre la situación que priva en materia de delitos federales en la frontera sur y ellos muestran una tierra prácticamente sin control. Los cuerpos policiales, reconocen las autoridades, han sido corrompidos en los niveles federal, estatal y municipal, provocando incluso un enfrentamiento entre las distintas corporaciones a fin de quedarse con los enormes recursos que el tráfico de todo tipo de productos, incluyendo personas y drogas, deja en la región. El diagnóstico de lo que sucede en los principales municipios de Chiapas es, efectivamente, dramático.

En Tapachula, se ha detectado que las corporaciones federales y estatales no sólo protegen a los polleros y a las bandas de traficantes, sino que incluso los escoltan por la costa, cobrando, en promedio, entre mil y 15 mil dólares por trailer. La protección policial a los traficantes va más allá: los policías federales, estatales y municipales le avisan a los traileros que transportan a los indocumentados las horas en las que los equipos con brazos móviles en la aduana son apagados a fin de traspasar la frontera en ese momento. Siete personas, todas ellas localizadas pero aún en libertad, pese a que los informes a los que hemos tenido acceso contienen sus nombres, son las que manejan el tráfico de gente en esa región. El cobro es de mil dólares para los centroamericanos, y a los de cualquier otra nacionalidad, que no sea latinoamericana, se les cobra, en promedio, 15 mil dólares. Estas bandas se comprometen con los ilegales a intentar llevarlos hasta Estados Unidos en por lo menos tres ocasiones, en caso de ser descubiertos.

Otras bandas menores, asentadas muchas de ellas en distintos ejidos y localidades fronterizas, como el ejido Tamaulipas y el ejido Lindavista, en frontera Comalapa y en el municipio de Chicomusuelo, se ocupan también del tráfico de gente. Son dueños de casas, hoteles, funcionarios municipales, como el presidente de Ciudad Hidalgo, Cesarmiro Reyna, y Arturo, *El Huevo*, inspector de alcoholes de ese municipio. Por lo menos dos agentes de migración de la ciudad de Tapachula están plenamente identificados como polleros y son quienes se encargan del traslado de los indocumentados al aeropuerto internacional del lugar, donde, en muchas ocasiones, son enviados en vuelos tipo *charter* a Tijuana, para ser recibidos ahí por otros participantes en esta red.

En esa zona de la frontera, también se ha construido una enorme red de tráfico de ganado. Los informes que hemos obtenido dicen que éste se introduce utilizando caminos de extravío a través del río Suchiate, para llegar al municipio de Ciudad Hidalgo, Frontera Hidalgo y Metapa de Domínguez, utilizando los ranchos que se encuentran en los márgenes del río y colocar ahí el ganado. Éste, en la mayoría de los casos, es robado en Guatemala y se vende en México a un precio menor al del mercado. Por lo menos seis personas, también plenamente identificadas, son los principales traficantes de ganado en la zona. En esta operación se tiene plenamente documentada la participación de policías federales y estatales, quienes son cómplices de las autoridades fitosanitarias de la zona.

El tráfico ilegal de plátano también es sumamente intenso. Nuevamente las autoridades federales y los inspectores de sanidad vegetal y animal están involucrados en este delito, no sólo en la protección de los delincuentes, sino activamente en el tráfico, llegando al punto de que el ingreso de estos productos a territorio nacional se efectúa a través de los puentes internacionales de Ciudad Talismán y de Ciudad Hidalgo, incluso a través del nuevo puente construido sobre el río Suchiate, el Suchiate II, aún sin inaugurar. Una vez introducidos los cargamentos de plátano al país, se les lleva a bodegas clandestinas que están ubicadas en la rivera del río y allí mismo llegan los camiones a cargar el producto en donde son documentados por las propias organizaciones ejidales, que participan y validan, establece este informe oficial, ese ilícito. Los productores de plátano de la región han denunciado este delito ante las autoridades aduanales y, sin embargo, nada se ha hecho para impedirlo.

En el municipio de Ángel Albino Corzo, se ha identificado a 24 bandas diferentes de traficantes de indocumentados, todos ellos con camiones, hoteles y casas, protegidos por fuerzas de seguridad federales y locales. En la Concordia, operan, por lo menos, siete bandas de traficantes, que combinan la introducción de indocumentados con la de droga, y que están íntimamente relacionados con los violentos enfrentamientos que se han dado en la zona en el pasado. En este caso, esas bandas trasladan a los indocumentados en lanchas a través de la presa de La Angostura hasta salir a la colonia Jericó, en el municipio de Villa de Corzo. Otros son trasladados por las colonias Agua Prieta y el Ámbar de Echeverría, y desde allí a un embarcadero denominado La Casona y otro de nombre San Nicolás.

En el municipio de Copainala, se ha detectado a 15 bandas de traficantes de gente. En este caso, participan también del tráfico de madera, protegidas por las autoridades ejidales de la zona, entre ellas, del ejido Cárdenas, del Ángel Albino Corzo y del Ignacio Zaragoza. En el municipio de Raudales Malpaso, operan cinco grupos que trasladan a los indocumentados a la zona de Cárdenas, en Tabasco, antes de llevarlos a otras regiones del país. En

Ocozoconautla, hay tres bandas que transportan a los indocumentados en camiones. En Villa de Corzo, la situación también es grave: estamos hablando de por lo menos 15 bandas organizadas. En el municipio de Juárez, hay una gran banda que baja a los indocumentados en la estación de ferrocarril y de allí son trasladados en vehículos de tres toneladas a San Miguel, Tabasco. Los indocumentados son hospedados en los ranchos vecinos a la vía del ferrocarril. Otro punto clave para el tráfico de indocumentados es Plaza de Catazaja: la ruta principal es la carretera federal desde Tenosique, Tabasco; allí embarcan a los indocumentados en trailers hasta llegar al puesto de revisión federal, el llamado Precos, de playas de Catazaja, a cargo de la PGR y Migración, a quienes les pagan, según información oficial, mil pesos por cada indocumentado para que puedan pasar a Villahermosa, Tabasco. Palenque, como lo había descubierto mucho tiempo atrás José Ángel Martínez, es el centro del tráfico de gente en toda esta zona, gracias a su infraestructura, especialmente hoteles y restaurantes, y al movimiento de turistas. Allí se le paga a las autoridades locales 3 mil pesos por cada trailer o autobús con indocumentados. En casi todos estos municipios y en otros, al tráfico de gente se une, sobre todo, al de drogas y madera.

Por ello, es necesario romper con la cadena de corrupción que es el verdadero poder que opera en toda la frontera sur; de otra manera, no habrá solución posible. Es mucho dinero (instituciones estadounidenses consideran ya al tráfico de gente la segunda actividad más lucrativa del crimen organizado en México, considerando que es ya un negocio global de unos dos mil millones de dólares). La propuesta del gobierno chiapaneco es que se debe dar el mismo trato a la frontera sur que el que se otorga a la frontera norte: ello implica apoyos especiales y el desarrollo de programas espejo respecto a los que se aplican en el norte del país. Hay muchas otras propuestas, pero lo urgente es que las instituciones de seguridad pública decidan una estrategia y la apliquen, rompiendo, sobre todo, con la red, enorme, brutal, de corrupción que las atrapa y controla. Y que sacrificó, como a muchos otros, a José Ángel Martínez.

CAPÍTULO VII

La guerrilla mala o el eslabón perdido del otro poder

> *La guerra no se evita, sino que*
> *se demora para ventaja de otros.*
> NICOLÁS MAQUIAVELO

Sobrevolar en helicóptero la sierra de Guerrero, la zona llamada El Filo Mayor, es una experiencia única. No sólo por la belleza de los paisajes, por el verde de unos cerros que no han sido alcanzados aún por la erosión masiva que sufren, por ejemplo, sus vecinos de Michoacán. Todo el escenario se magnifica por una multitud de plantíos perfectamente delimitados que lucen un verde mucho más brillante, diferente, tornasolado, un verde, diría Joaquín Sabina, color marihuana.

Y en efecto, se trata de innumerables plantíos de marihuana, que se van alternando por otros donde crecen plantas coronadas por unas hermosas flores rojas: se trata de los sembradíos de amapola, casi tan numerosos como los de marihuana, de donde se saca la goma de opio para la producción de distintas drogas, la más importante de ellas la heroína.

Esos plantíos son atendidos por campesinos que no viven lejos de ellos y en los más importantes se instala una suerte de tiendas de campaña, donde dos o tres hombres se ocupan de cuidarlos, organizar la cosecha y llevar el producto hacia las empacadoras, ubicadas generalmente en la llamada zona de Tierra Caliente, en la frontera con Michoacán, y enviarlo, casi siempre, hacia el norte, aunque buena parte de este producto se dirige también hacia la ciudad de México o hacia Acapulco. Tienen lo que ningún otro sembradío en Guerrero: fertilizantes, algunos cuentan con riego por aspersión, por goteo. Me tocó ver un plantío que era regado con agua que llegaba hasta él por un complejo sistema de mangueras que recorría más de un kilómetro hasta llegar a la empinada ladera donde crecían la amapola y la marihuana. Por supuesto que en esa zona no se observa ningún otro tipo de cultivo: la gente en el Filo Mayor vive, en muchos de los casos, literalmente de la droga. Otros son parte de la guerrilla.

En esa zona se libra una batalla plagada de triunfos pírricos: allí trabajan en condiciones muy difíciles miles de soldados dedicados a tareas de erradicación de plantíos. Llegan generalmente en helicópteros, caminan en ocasiones algunas horas hasta llegar a los plantíos, se instalan en campamentos provisionales y se quedan un par de días en cada uno de ellos, destruyendo manualmente los cultivos. Y pasan al siguiente; el problema es que son tantos y el periodo de crecimiento de la marihuana y la amapola en esa región es tan rápido, que cuando se van de un terreno, la mayoría de ellos casi inaccesibles a pie y en muchas ocasiones también en helicóptero, ya regresaron los campesinos que trabajan para los narcotraficantes, ya prepararon nuevamente las tierras y las volvieron a sembrar.

En esa nueva versión de la teoría del caos, o si se quiere del viejo juego del gato y el ratón, los plantíos sembrados y en producción siempre son más que los destruidos y éstos vuelven a ser productivos horas después de que los militares supuestamente los inutilizaron. Mientras tanto, las redes que operan todo ese territorio no pueden ser desarticuladas.

En otros lugares del país se dan situaciones similares. Particularmente en el triángulo de oro, así le llaman, donde confluyen Sinaloa, Durango y Chihuahua. Allí, en los hechos, no se atreven a penetrar ni siquiera los helicópteros de las fuerzas armadas o de la PGR, porque suelen ser recibidos a balazos, y una incursión por tierra resulta casi imposible. La diferencia con lo que sucede en Filo Mayor es que aquí, en Guerrero, además de narcotraficantes también operan grupos armados, organizaciones guerrilleras que no se sabe hasta qué punto tienen relación con estos mismos grupos del crimen organizado o en qué medida son parte del mismo. Son añejas organizaciones armadas, aunque con nombres nuevos, que tienen pocas bases pero mucho dinero, que operan militarmente poco pero que cuentan con armamento moderno y comprado a traficantes de armas (¿los mismos narcotraficantes?) y cuyo grado de alianza con el narcotráfico es una de las interrogantes que deben responder, un día sí y el otro también, las autoridades.

Se han dado ya casos localizados de relaciones de grupos armados con narcotraficantes. Se han presentado esporádicamente en Chiapas con algunas organizaciones de base del Ejército Zapatista de Liberación Nacional (EZLN) o con desprendimientos del zapatismo, pero no hay prueba alguna de que el EZLN como tal esté involucrado en estas actividades. Sin duda, hay sospechas de una relación mucho mayor con el narcotráfico en el caso de los grupos que surgieron en torno al Ejército Popular Revolucionario (EPR) en Guerrero, Oaxaca y Michoacán. No tenemos, aún, una guerrilla narcotraficante, y evitarlo es una de las mayores preocupaciones de la seguridad nacional mexicana. Porque el embrión de ese fenómeno, el huevo de esa serpiente, ya está ahí, lo mismo que la infiltración de estos grupos en los partidos políticos legales.

Infiltración y asesinato en el PRD

El domingo 4 de octubre de 1999, se anunció que, por primera vez, la izquierda gobernaría el puerto de Acapulco, en Guerrero: el ganador era el candidato perredista, el empresario Zeferino Torreblenca. Horas después de anunciado ese triunfo sufrió un grave atentado uno de sus coordinadores de campaña, Marco Antonio López García. Se pensó en una venganza política de grupos priistas, de caciques cercanos al ex gobernador Rubén Figueroa, en una advertencia de la derecha de que no permitiría cambios de fondo en ese municipio, con mucho, el más rico del estado. Todos estaban equivocados: se trataba de un atentado organizado y ejecutado desde los grupos ultraizquierdistas infiltrados dentro del propio PRD, buscando la desestabilización de ese partido y, en ese caso, algunos beneficios personales.

El 11 de octubre de ese mismo año, fue detenido en Acapulco el diputado electo por el PRD, Juan García Costilla, acusado de ser el autor intelectual del atentado contra su compañero de partido

Marco Antonio López García. Antes había sido detenido Ángel Guillermo Martínez González, también militante del PRD, quien aceptó haber sido el autor material del atentado, en el que López García resultó herido y murió su hijo. Pero lo importante no era su militancia en el PRD sino que todos los acusados eran militantes del Ejército Revolucionario del Pueblo Insurgente (ERPI) una escisión del EPR que se infiltró en el PRD para utilizarlo como plataforma "legal" para su accionar.

La investigación sobre el caso se inició en julio de ese año, cuando se tuvieron indicios de la existencia de un "buzón de armas", en la colonia Buenavista de Acapulco. Las averiguaciones llevaron a la casa que habitaban Virginia Montes González y Ángel Guillermo, identificados como dirigentes de la célula en Acapulco del ERPI, pero también como activos afiliados al PRD local. Se ubicó, además, un campo de entrenamiento que mantenía esta célula en las comunidades de El Campanario y El Progreso, en el municipio de Ayutla de los Libres. En el curso de estas investigaciones, se confirmó que esa célula era la que había irrumpido en un acto de campaña del entonces candidato a la presidencia municipal de Acapulco, Zeferino Torreblanca, y antes había realizado acciones de propaganda armada en las colonias populares de la localidad, sobre todo en Ampliación Emiliano Zapata, Ricardo Flores Magón y Tierra y Libertad.

En la vivienda que habitaban Virginia y Ángel, se encontraron mil 700 cartuchos para AK-47, un centenar de cartuchos más para escopetas y otras armas, ocho cargadores para AK-47, 13 uniformes de color verde y café del ERPI, 18 cachuchas con las siglas de esa organización, 15 capuchas verdes, un radio tipo *scanner* (para interceptar llamadas telefónicas), ocho bombas molotov y una manta del PRD, junto con diversos documentos del ERPI y los documentos básicos de la ACNR guatemalteca.

El 8 de octubre, los dirigentes perredistas del estado, Pablo Sandoval Ramírez y Felipe Kuri Sánchez, ofrecieron una conferencia de prensa anunciando que Ángel Martínez González había sido secuestrado y que ello era parte, junto con el atentado contra López García, la noche del triunfo de Torreblanca, de una escalada contra su partido. Lo cierto es que Martínez González había sido detenido por sus participación en el ERPI. Pero luego confesó haber sido el autor material del atentado contra el perredista Marco Antonio López García, junto con otras dos personas que no conocía. Todos habían sido contactados por el diputado electo por el PRD, Juan García Costilla, y por el hijo de éste, Amilcar García.

Según el testimonio de Martínez González, 15 días antes de las elecciones fue invitado a una reunión que se llevó a cabo en un restaurante ubicado en el Hospital Vicente Guerrero del IMSS, en la cual García Costilla, acompañado por otras cuatro personas, les indicó que "había la necesidad de eliminar a López García" porque éste —que era nieto de aquel famoso *Rey Lopitos*, un folclórico dirigente que encabezó durante años las colonias populares de Acapulco— se estaba "quedando con la mayoría de los puestos del Ayuntamiento" en el caso de que ganara, como ocurrió, Zeferino Torreblanca. Entre el grupo de García Costilla y la célula del ERPI existían acuerdos para participar juntos en el PRD local (García Costilla había sido miembro de la guerrilla de Lucio Cabañas, uno de los antecedentes del ERPI) y, además, según el testimonio de Martínez González, se les ofreció, si participaban en la acción, "un terreno" en la ciudad de Acapulco.

Las diferencias entre Marco Antonio López García y García Costilla habían crecido, no sólo por su distinta filiación política, a pesar de que ambos eran afiliados al PRD, sino también porque el segundo operó en la Comisión Electoral Estatal del PRD para que se le quitara la candidatura a la diputación local por Acapulco a López García, reemplazándolo por el propio García Costilla. Según el testimonio del detenido, a pesar de ese desplazamiento, López García había sido electo edil del municipio y se le abrió allí un espacio para su gente. García Costilla, aliado con la célula del ERPI, quería tener el control sobre esa poderosa estructura institucional, con el fin de reposicionarse en el puerto de cara al proceso electoral del 2000.

El desafío del ERPI

Pero al revelarse esta estructura en Acapulco quedó al descubierto mucho más. Las detenciones en el puerto terminaron llevando, semanas después, a una casa en Chilpancingo, la capital del estado, donde fue detenido el principal dirigente del ERPI, Jacobo Silva Nogales, conocido como el comandante Antonio. Con la información recogida en esos cateos, se puso de manifiesto el grado de división y enfrentamiento interno que existen entre las diferentes fracciones que nacieron del EPR, sus fortalezas y también sus debilidades.

Los orígenes del ERPI (Ejército Revolucionario del Pueblo Insurgente), como los del EPR (Ejército Popular Revolucionario), están en dos organizaciones de los setenta: el Partido de los Pobres (PDLP), aquella guerrilla guerrerense de Lucio Cabañas, y el PROCUP (Partido Revolucionario Obrero Clandestino Unión del Pueblo), que se hizo conocido en el sexenio de Carlos Salinas de Gortari, cuando en un reparto de propaganda asesinó a dos vigilantes del periódico *La Jornada*. En 1996, se unificaron estos grupos como Ejército Popular Revolucionario, pero el 8 de enero de 1998, los dirigentes en Guerrero del EPR decidieron romper con esa fuerza y crear su propia organización, a la que llamaron ERPI. Para entonces, la dirección del EPR a nivel nacional estaba formada por cuatro personas, los "comandantes" José Arturo, Victoria, Francisco y Antonio. Éste era el encargado de Guerrero, junto con Hermenegildo, Santiago, Aurora, Cuauhtémoc y Emiliano. La principal causa de la ruptura fue política y material.

En lo político, mientras el EPR planteaba una estrategia de Guerra Popular Prolongada, que se basa en la penetración social hasta obtener un grado determinado de influencia y en la utilización —en toda una primera etapa de lucha— de las acciones llamadas de propaganda armada (como aquel desfile en Aguas Blancas en un acto de Cuauhtémoc Cárdenas, que, por cierto, tanto éste como el entonces secretario de Gobernación, Emilio Chuayffet calificaron como una "pantomima"). Por tanto, es una estrategia no presentar combate y acumular fuerzas. La fracción del ERPI decidió lanzar una estrategia de "guerra insurreccional", buscando participar mucho más activamente en los procesos políticos, tomando, de alguna forma, el ejemplo del EZLN.

Como no podía ser de otra manera, esa división estuvo condimentada con otra diferencia: el dinero. Los grupos de Guerrero, que tenían 60 por ciento de los militantes de la organización nacionalmente, querían más dinero del que recibían de la dirección central. En febrero de 1998, se reunieron con su estructura estatal y decidieron romper: se quedaron con esos militantes, con 200 ametralladoras AK-47 y con un millón de dólares.

A partir de allí, se dieron varias acciones que aumentaron las divergencias entre los dos grupos, como la emboscada que realizaron los miembros del naciente ERPI en Chilapa, contra miembros del Ejército. Y el enfrentamiento producido en junio de 1998 en El Charco, en el que resultaron muertos 11 miembros de esa organización, entre ellos Ricardo Zavala Tapia (un joven que, ahora sabemos, era dirigente de uno de los llamados grupos ultras de la UNAM), en una finca que servía como escuela política. Los hechos de El Charco precipitaron la aparición pública del grupo, porque esperaban darlo a conocer mediante una serie de acciones armadas en el 2000, en el contexto del proceso electoral federal.

La ruptura llevó a que la dirección del EPR declarara traidor al comandante Antonio Jacobo Silva Nogales, nacido en Miahuatlán de Porfirio Díaz, en Oaxaca, hace 42 años, y lo condenaron a muerte, exigiendo que regresara el millón de dólares y las armas. Finalmente, Antonio regresó la mitad de esos recursos, medio millón de dólares, pero la condena se mantuvo. Por alguna razón, a fines de 1998, esos recursos ya se le habían agotado al ERPI y comenzaron entonces a realizar secuestros en Guerrero y Morelos. De todas formas, compraron una casa en Chilpancingo (la que fue cateada el 22 de agosto, cuando se detuvo a Antonio, Aurora y otros dos militantes), la casa de Acapulco, donde fueron detenidos Ángel Guillermo Martínez y Virginia Montes (los que habían participado en el atentado contra el regidor perredista López García), y otras dos, ubicadas en la unidad López Mateos y en la colonia Morelos del puerto. En términos de armamento, se considera que el ERPI aún cuenta con unas 250 metralletas AK-47.

Jacobo Silva Nogales lleva años en el movimiento guerrillero: se inició en el Partido de los Pobres, participó incluso en 1989 en los secuestros de Arnoldo Martínez Verdugo y Félix Bautista, se vinculó con el PROCUP y, en 1989, inició la construcción de columnas armadas en la Costa Grande de Guerrero. Quedan columnas de la organización en las costas Chica y Grande, en Tierra Caliente, la Montaña y el Centro. En 1994, coordinó, aunque no participó directamente, los secuestros de Alfredo Harp Helú y Ángel Losada. Según su propia declaración, estima en 14 los militares que fueron muertos en los últimos dos años por emboscadas de su columna en Guerrero, aunque en los últimos meses se había centrado en el desarrollo estratégico de la organización y en la búsqueda de inserción en el Valle de México, Tamaulipas y Coahuila.

Los golpes que desde entonces le asentó la inteligencia policial al ERPI fueron durísimos, pero no deberíamos subestimarlos: es verdad que es una organización ultra, que se quedó sin fuertes recursos económicos (en la división, el EPR se quedó con el dinero y la infraestructura, y el ERPI con buena parte de los militantes y las armas), con cuadros políticamente endebles (por ejemplo, es una organización que no cuenta con un periódico o un verdadero órgano ideológico, en varios años de existencia sólo ha publicado tres boletines internos), pero también que es una organización que existe y varios de sus dirigentes están en libertad. La situación se ha agudizado porque en el contexto de la campaña electoral y el cambio de gobierno, se ha dado una suerte de amnistía disfrazada que ha terminado dejando en libertad a buena parte de los dirigentes del EPR y del ERPI.

El fantasma de la guerrilla

El 22 de agosto de 1999, cuando se allanó la casa de seguridad del Ejército Revolucionario del Pueblo Insurgente (ERPI) en Chilpancingo, donde fue detenido el principal dirigente de esa organización, el llamado comandante Antonio, se encontraron varios documentos sobre ese grupo y también sobre las diferentes escisiones que se estaban produciendo en torno al EPR, de las que el ERPI era una de ellas.

Uno de los documentos era un comunicado interno enviado por las Fuerzas Armadas Revolucionarias del Pueblo a los miembros del ERPI. En el mismo, fechado en agosto de 1999, se dice que "como proyecto revolucionario nos encontramos en un proceso de transición que se caracteriza por: 1) estamos por culminar la separación del PDPR-EPR; 2) nuestros esfuerzos en este momento están concentrados en la construcción de nuestro proyecto revolucionario; 3) la situación interna que actualmente vive el PDPR-EPR, a pesar de que ya estamos fuera, nos concierne de manera directa por la actitud y medidas que han adoptado hacia nosotros. No somos los únicos que nos estamos separando —se agrega en este documento del FRAP dirigido al ERPI en agosto del año pasado—, otros compañeros, además de nosotros, están también definiendo su posición política y con estos compañeros esperamos tener una determinada relación o coordinación política; 4) estamos saliendo de una experiencia dura y difícil que nos está dejando buenas y amargas experiencias, por lo que en adelante, todo lo que hagamos debe estar detenida y serenamente reflexionado, para no equivocarnos y tampoco repetir las viejas y desagradables experiencias".

Este mismo documento dice en relación con el ERPI, que mantiene "el desacuerdo con el momento y la forma en que se separaron (del EPR)" y que la información que ha manejado el ERPI en algún momento la "tipificamos como delaciones". Aceptan que miembros de la naciente organización, las Fuerzas Armadas Revolucionarias del Pueblo (FARP), avalaron entonces las decisiones tomadas contra René (el comandante Antonio que había sido condenado a muerte por el CC del EPR por haberse quedado, en la ruptura, con dinero y armas de la organización), pero el comunicado aclara que "desde el momento en que nos separamos del EPR, desconocemos los compromisos, determinaciones y juicios que se establecieron en su interior, por lo tanto el juicio y sanción que se dictó contra René ya no tiene efecto".

El siguiente párrafo es paradigmático para tratar de entender el razonamiento político que está detrás de este tipo de organizaciones. Dice que "actualmente consideramos que existe en ustedes un cambio de actitud y que aunque tenemos algunas diferencias estratégicas y tácticas de carácter político, de ninguna manera los enfrentaremos por la vía de las armas (sic) sino con la lucha ideológica honesta y fraterna. Categóricamente nos pronunciamos en contra de dirimir las diferencias políticas a balazos".

El documento continúa con ciertas consideraciones internas, como las relaciones que ha mantenido con el ERPI la llamada compañera Lupe y el interés de reanudar relaciones con distintas organizaciones revolucionarias, "cuando las propias FARP terminen su diseño interno".

Ese documento fue la primera señal de que existía algo llamado FARP, pero además de que se estaban dando en el EPR diversos desprendimientos, más allá del propio ERPI. Luego, las FARP hicieron su aparición pública en un poblado de Xochimilco, lo mismo que un denominado Ejército Villista Revolucionario del Pueblo, que se ha adjudicado algunos atentados menores, uno de ellos contra la base aérea militar de Santa Lucía, y la colocación de morteros contra las instalaciones de la Policía Federal Preventiva.

Hasta ahora, a partir de los distintos documentos localizados en allanamientos de casas de seguridad de estos grupos, se ha podido establecer que se han dado en los últimos meses por lo menos cuatro escisiones del EPR. La primera de ellas, el ERPI, se realizó el 8 de enero de 1998, y se formalizó, según sus propios documentos, el 10 de febrero de 1998. Unos meses después se registró otra ruptura: se formó el Comando Justiciero 28 de Junio, ese día, de 1998, se dio la ruptura con el EPR y el comando justiciero hizo su primera y única aparición pública en Ahuacatitlán, en el municipio de Teloloapan, en Guerrero, el 19 de julio del año pasado. Por su parte, las FARP rompieron poco después y su primera acción fue colocar un petardo ante la sede del Cisen, en Puebla, en febrero de 1999.

Los orígenes de los Villistas (Ejército Villista Revolucionario del Pueblo) están en un documento que firmó uno de los cuatro comandantes del EPR, Roldán, argumentando que rompía con la organización por diferencias políticas e ideológicas, y que crearía un

LA GUERRILLA MALA O EL ESLABÓN PERDIDO DEL OTRO PODER

nuevo grupo. ¿Quién es Roldán? Para ese momento, el EPR tenía sólo cuatro comandantes: Antonio (Jacobo Silva Nogales, del que ya hablamos), el comandante José Arturo, la comandante Victoria y el comandante Francisco. Se supone que Roldán en realidad era el comandante Francisco, un hombre que fue militante de la Liga 23 de Septiembre, que de 1979 a 1986 fue miembro de la llamada Organización Revolucionaria Armada del Pueblo (ORAP, un grupo que tuvo presencia a fines de los setenta en el valle de México, Puebla y Guanajuato) y desde 1986 fue dirigente del PROCUP.

Se supone también que los Villistas en realidad constituyen la reestructuración, en buena medida, de ese grupo que confluyó con otras organizaciones en 1994 en la fundación del EPR y en 1996, del brazo político de ese grupo, el Partido Democrático Popular Revolucionario (PDRP). Hasta el año 2000, el villismo hizo su primera aparición pública.

Gracias a estos documentos sabemos que, a su vez, las FARP comenzaron a organizarse a partir de febrero de 1998. Cuando el 8 de abril de ese año incursionaron en San Francisco Tlalnepantla, en Xochimilco, realizaron algunas acciones significativas para mostrar su perfil. Por una parte, mostraron mayor simpatía por el zapatismo: leyeron una proclama por el aniversario de la muerte de Emiliano Zapata, pero, sobre todo, una vez que concluyeron la lectura fueron al panteón de la localidad, donde realizaron una guardia de honor en la tumba de Manuel Martínez Covarrubias, un fallecido dirigente zapatista. En esa misma localidad, pararon durante el llamado *zapatour* los dirigentes del EZLN en marzo de 2001. En esta tumba, la lápida dice: "Manuel Martínez Covarrubias, 24 de diciembre del 66 al 7 de agosto del 99. A Manuel, que supo estar de lado de los que no tienen nada, como no sea el mañana." Sigue la rúbrica del subcomandante Marcos y se especifica: Comité Clandestino Revolucionario Indígena de la Comandancia General del Ejército Zapatista de Liberación Nacional, subcomandante insurgente Marcos.

Recordemos que uno de los grandes debates que llevaron a la ruptura del EPR era, por una parte, la actitud hacia el EZLN y, por la otra, el tipo de acción armada que debía realizarse, con diferentes visiones: las acciones militares propiamente dichas, como las intentadas finalmente por el ERPI, y las de propaganda armada, como parecen haber adoptado las Fuerzas Armadas Revolucionarias del Pueblo.

Todo esto viene a cuento para confirmar que estos grupos existen, aunque en muchas oportunidades en la maraña de rupturas, escisiones, alianzas y confrontaciones que pueden llegar hasta la violencia interna, muchas veces las siglas y los personajes, siendo los mismos, cambien con demasiada velocidad como para seguirles la pista. Lo cierto es que el EPR, que era la organización guerrillera madre que había logrado nuclear las distintas agrupaciones que no se integraron al EZLN, se ha roto, por lo menos en cuatro parte: el propio EPR, que continúa manejando la mayor parte de los recursos y logística de esa corriente; el Ejército Villista Revolucionario del Pueblo (EVRP), encabezado por quien fuera uno de sus primeros dirigentes en mostrarse públicamente, el comandante Francisco; el ERPI, integrado detrás del ahora detenido comandante Antonio; las FARP que aparentemente está basado sobre todo en el valle de México y podría tener algunas ligas, lo mismo que el EVRP, con movimientos estudiantiles de la capital y de Puebla, particularmente con el CGH en la UNAM y con el Frente Popular Francisco Villa en la capital; y finalmente el llamado Comando Justiciero del que, después de su primera aparición en Guerrero, hace más de un año, no se ha vuelto a saber.

Ni el origen real de estos grupos ni su destino final son, en la mayoría de las veces, claros. Tampoco se puede suponer que su nivel de conformación ideológica o de influencia de masas sea demasiado sólido. Pero se debe tomar en cuenta que, proviniendo todos ellos del EPR, deben tener recursos materiales y armamento (el EPR se distinguió por invertir muchos recursos en el mercado clandestino de armas) y tienen una actitud protagónica, sobre todo porque están buscando posicionarse, tener un lugar bajo el sol y justificar su existencia después del cambio político que implicó el 2 de julio, un cambio que no pueden reconocer sin abjurar de su propia lógica política. Quizá esos datos: el fraccionamiento, la débil formación ideológica, la existencia de recursos, una situación política inédita para la que no están preparados, es lo que los hace más peligrosos para la estabilidad. Puede ser que sean utilizados para fomentar, como se ha dicho, el voto del miedo, puede ser que no sean significativos. Pero sería un error suponer que no existen. Para comprender la profundidad que tienen estos movimientos hay que ir a su historia.

En el origen estaba el EPR

¿Qué son y qué no estas organizaciones?. Para analizar cómo pueden actuar en el futuro, tenemos que analizar su pasado, tenemos que encontrar la lógica que, a pesar de sus enormes debilidades, les ha permitido subsistir a lo largo de 30 años, sumergidos en la vida política del país, en muchas ocasiones utilizados por grupos mucho más poderosos de poder, pero en otras utilizando ellos las contradicciones del propio poder para regenerarse y nuevamente obtener un poco de oxígeno político o algo de protagonismo.

A fines de los años ochenta diversos grupos armados se unieron; tal fusión atravesó por divisiones, desprendimientos y realineamientos, que a la postre conformaron el EPR. El Partido Revolucionario Obrero Clandestino y Unión del Pueblo se amalgamó con el Partido de los Pobres (PROCUP-PDLP) para derivar en el Partido Democrático Popular Revolucionario, órgano político del grupo guerrillero en el cual se concentra la dirección del movimiento.

Los grupos que unieron fuerzas para constituir al actual EPR fueron los siguientes:

Partido Democrático Popular Revolucionario	PDPR
Comando Francisco Villa	CFV
Comando Morelos	CM
Comandos Armados Mexicanos	CAM
Brigada Vicente Guerrero	BVG
Brigada Genaro Vázquez	BGV

Brigada Obrera de Autodefensa	BOA
Brigada 18 de Mayo	B18MAYO
Brigada Campesina de Ajusticiamiento	BCA
Organización Obrera Ricardo Flores Magón	OORFM
Organización Revolucionaria del Pueblo	ORP
Partido Revolucionario Obrero Clandestino-Unión Del Pueblo	PROCUP
Partido de Los Pobres	PDLP

La estructura interna de la organización es piramidal. En la parte más alta está el Buró Político, sigue el Comité Central, más abajo los Comités de Construcción Revolucionaria, con subdivisiones local y regionales, y en la base, núcleos de militantes, que actúan en células.

Cabe mencionar que en una carta del PDPR dirigida a *La Jornada,* fechada el 11 de octubre de 1996, la nueva organización anunciaba que "el Partido Revolucionario Obrero Clandestino Unión del Pueblo (PROCUP) dejó de existir desde el 18 de mayo del presente año, al formar, junto con otras trece organizaciones revolucionarias armadas, el Partido Democrático Popular Revolucionario (PDPR). Ya antes, desde el 1 de mayo de 1995, se había realizado un primer esfuerzo unitario, con la formación del Ejército Popular Revolucionario (EPR), como la fuerza armada común, estructurada por acuerdo de las 14 organizaciones, continuando con el proceso de unidad, que cristalizaría, un año después, con la conformación del PDPR [...]".

De las 14 agrupaciones guerrilleras que alumbraron al EPR, las más antiguas y más violentas que operan en el país eran el PROCUP y el PDLP, tanto por el tipo de actividades que despliegan en la clandestinidad, como por la línea que aplican, la cual contempla el uso frecuente de explosivos.

Los autodenominados "comandos" Francisco Villa, Morelos, Armados Mexicanos; las brigadas Genaro Vázquez, Vicente Guerrero, Obrera de Autodefensa, 18 de Mayo, Campesina de Ajusticiamiento, y la Organización Revolucionaria Ricardo Flores Magón, señalados por el EPR como sus componentes, datan de los años setenta y ninguno alcanzó a desarrollarse plenamente; son grupos que nacen y se disuelven de acuerdo con los acuerdos o diferencias existentes entre los mismos dirigentes.

Por ejemplo, los Comandos Armados de Morelos (CAM) fueron dirigidos por Francisco Fierro Loza, lugarteniente de Lucio Cabañas Barrientos y militante del Partido de los Pobres (PDLP). Luego de la muerte de Cabañas, Fierro Loza prosiguió la lucha armada, a pesar de que el Partido de los Pobres estaba virtualmente desarticulado. Entre las filas de los Comandos Armados de Morelos estuvieron Jacobo Gámiz García, alias *Quirino*, hermano de Arturo Gámiz García, quien encabezó al asalto al cuartel Madera, Chihuahua, y Tomás Lizárraga Tirado. Paradójicamente, Francisco Fierro Loza fue asesinado en 1984 por un "tribunal revolucionario", perteneciente al Partido de los Pobres, ya que se le consideró "traidor y reformista". De esta manera, milicianos residuales de los Comandos Armados de Morelos se sumaron primero al PROCUP-PDLP y recientemente al EPR.

En el caso del Comando Francisco Villa (CFV), se sabe que nació en diciembre de 1976. Por su parte, la Brigada Campesina de Ajusticiamiento también se remonta a los años setenta y fue el brazo armado de Lucio Cabañas y del PDLP. La mayoría de las organizaciones que menciona el EPR han tenido como eje aglutinador la preeminencia del PROCUP y del PDLP, heredándole al eperrismo sus zonas de influencia.

¿Qué quiere el EPR?

Comencemos por el principio. La propuesta del Ejército Popular Revolucionario (EPR) dice ser revolucionaria; se propone cambiar todo el sistema político, económico y social por otro, de corte socialista, en un modelo similar al chino o al coreano, de donde provienen la mayor parte de sus influencias ideológicas. Esta sustitución de sistema, no sólo de gobierno, se realizaría cuando el viejo orden entrara en crisis, debido a la insurrección generalizada de los sectores populares, quienes habrían sido persuadidos del legítimo uso de la violencia revolucionaria. Un gobierno de transición, integrado por liderazgos de reconocida vocación democrática y pasado oposicionista, sería encargado de sentar las bases para el establecimiento de este tipo de socialismo en México.

La guía metodológica del Mando Estratégico (ME) de los revolucionarios ha sido la Guerra Popular Prolongada (GPP), de origen maoísta, que aplicó tenazmente en el Perú Sendero Luminoso, con el que han tenido amplios contactos en el pasado. Esta estrategia contempla la formación de un trípode: el partido, el frente de masas y el ejército. En esta versión mexicana de la GPP, el partido sería el Democrático Popular Revolucionario (PDPR), el frente de masas es el Amplio para la Construcción del Movimiento de Liberación Nacional (FAC-MLN) y el ejército, el Popular Revolucionario (EPR).

Tras las denominaciones del Partido Democrático Popular Revolucionario/Ejército Popular Revolucionario/Frente Amplio para la Construcción del Movimiento de Liberación Nacional (PDPR/ EPR/FAC-MLN), existe un mando estratégico único que impulsa el despliegue de la Guerra Popular Prolongada. Este Mando Estratégico está integrado básicamente por el Partido Revolucionario Obrero Clandestino Unión del Pueblo-Partido de los Pobres y segmentos del Frente Centro Oriental, porción de las Fuerzas de Liberación Nacional, de las que proviene el EZLN, que no acompañó a los insurrectos chiapanecos el 1 de enero de 1994.

El Mando Estratégico de la Guerra Popular Prolongada postula los principios paradigmáticos del viejo discurso socialista revolucionario: bipolaridad mundial, dictadura del proletariado, vanguardismo obrero, moral revolucionaria, viabilidad de la República Democrática y Popular y papel dirigente del Partido, entre otros.

En la mecánica operativa de la GPP, la acción coordinada y simultánea del Partido, el Frente de Masas y el Ejército, bajo la dirección única del Mando Estratégico, amplía el espectro de la confrontación, pasando de lo estrictamente militar a los ámbitos político y social. La estrategia político-militar que sigue el denominado mando estratégico de la GPP supone una amplia participación de las masas. Careciendo de estructura orgánica dónde incorporar militantemente la eventual simpatía que despertaran sus operaciones armadas, ésta se canaliza al FAC-MLN y grupos satélites.

La teoría de la Guerra Popular Prolongada constituye una parte sustancial del pensamiento maoísta (desarrollada luego con mayor precisión por los dirigentes vietnamitas) para la conquista del poder y en forma genérica se habla de cuatro etapas que la misma debe cumplir.

La teoría de la Guerra Popular Prolongada fue transmitida a diversas agrupaciones de izquierda afines a la línea política maoísta, que enviaron representantes a la República Popular China (RPCh) durante la segunda mitad de la década de los sesenta, entre ellas varias delegaciones latinoamericanas, México incluido. Un contacto que se da en aquellos años es fundamental para comprender esta historia: la relación que se establece entre un joven peruano, Abimael Guzmán, luego conocido como el *Presidente Gonzalo*, quien se convertiría en el máximo dirigente del Sendero Luminoso peruano, y su compañero de banca en la escuela de cuadros, Florencio *El Güero* Medrano, un joven mexicano que organizó núcleos armados en Oaxaca, Michoacán, Querétaro y Morelos. Desde entonces se establecieron las relaciones entre Sendero Luminoso (el principal referente ideológico y metodológico de este tipo de grupos nacionales) y los distintos derivados guerrilleros que confluyeron en el EPR.

¿Cuáles son las cuatro etapas de la Guerra Popular Prolongada y cómo piensan estos grupos aplicarlas en nuestro país? La primera es de preparación, dominada por la formación de los destacamentos iniciales del futuro Ejército Popular y el inicio en la utilización de tácticas de autodefensa.

Una segunda etapa sería el inicio formal de la Guerra Popular Prolongada en una situación general desfavorable aún para ese grupo, lo que determina una estrategia defensiva en la que se utilizan ofensivas tácticas de desplazamiento rápido, del tipo guerra de guerrillas. Luego tendría que venir una nivelación de fuerzas militares, caracterizada por la formación de un ejército regular, dando paso a una guerra de movimientos y finalmente, la llamada ofensiva estratégica, determinada por una correlación de fuerzas militares favorable al ejército insurrecto y por el tránsito a una guerra de posiciones.

Muy esquemáticamente y desde un punto de vista exclusivamente militar, esas cuatro etapas se resumen así: el Mando Estratégico debería conducir el desarrollo inicial de la Guerra Popular Prolongada desde varios puntos geográficos, donde surgirán los primeros estallidos, mismos que crecerán hasta extenderse en todo el territorio nacional. Los brotes, inicialmente dispersos y aislados, crecerían desde la periferia hasta cercar a las grandes ciudades y preparar su asalto.

Durante la primera etapa, el mando estratégico selecciona y prepara el territorio, en la medida que avanza en la formación de los comandos y escuadras iniciales, así como en la elección del momento para el estallido de las hostilidades. Esta etapa presenta ciertas regularidades en el tiempo. Por ejemplo, en los casos de Sendero Luminoso en el Perú o del Ejército Zapatista de Liberación Nacional (EZLN), en Chiapas, existen ciclos de preparación que oscilan entre diez y 12 años.

Abimael Guzmán viajó a la República Popular de China en 1965 y 1969. Entre ambos viajes fundó un comité militar en Ayacucho. El estallido de la Guerra Popular Prolongada en el Perú ocurrió el 18 de mayo de 1980, cuando Sendero Luminoso emprendió su primera acción armada, aprovechando como marco el proceso electoral que se efectuaba en esa fecha. Entre la formación del comité militar de Ayacucho y el estallido de la Guerra Popular Prolongada, transcurrieron poco más de diez años. El nacimiento del EZLN tuvo lugar en noviembre de 1983; durante mayo de 1992, casi diez años después, los comandantes de los frentes Centro-Oriental y del Sureste discutieron dos propuestas para iniciar el estallido insurreccional. Una sugería el 1 de enero de 1994, fecha de entrada en vigor del Tratado de Libre Comercio (TLC) para iniciar la guerra. Otra proponía el 21 de agosto de 1994; día de las elecciones presidenciales. Ambos periodos de incubación, el de Sendero Luminoso y el del EZLN, abarcaron aproximadamente diez años y también se eligieron fechas en que ocurrirían sucesos políticos importantes para el estallido de la guerra.

En el transcurso de esos diez años, los dos grupos armados desplegaron acciones de ideologización, reclutamiento, formación de cuadros y destacamentos militares y tácticas de autodefensa, en un amplio territorio de difícil acceso: Sendero en la zona montañosa de Ayacucho y el EZLN en la zona de Los Altos y la Selva Lacandona, en Chiapas. El paso a la segunda etapa, el inicio de la Guerra Popular Prolongada, estuvo marcado en ambos casos por estallidos insurreccionales locales como punto de partida.

Durante la celebración de las elecciones del 18 de mayo de 1980, Sendero Luminoso inició una jornada de protestas en Ayacucho. En Apurímac, expulsó a policías y autoridades civiles, declarando a ésa como una "zona liberada"; fuerzas de la guerrilla tomaron una hacienda; se efectuaron "juicios populares" y se ejecutó a 70 campesinos que se negaron a cooperar. También se bloquearon caminos, y volaron puentes para incomunicar a la zona.

Con la insurrección del 1 de enero de 1994, el EZLN se lanzó al asalto de seis cabeceras municipales. Durante los primeros días, se dedicó a demoler varios palacios municipales, símbolos del poder constituido, y se tomaron haciendas; en una fue apresado el ex gobernador Absalón Castellanos.

Una diferencia que marca derroteros alternos entre Sendero y el EZLN es que, mientras la organización peruana, tal como señala la ortodoxia de la Guerra Popular Prolongada, desató la "violencia revolucionaria" montando los llamados "juicios populares" y culminando con la ejecución de campesinos, el EZLN evitó desencadenar la ira de la población y aceptó negociaciones no sólo para entregar con vida al ex gobernador apresado, sino aun para buscar una solución al conflicto.

En ese sentido, el EPR y su llamado mando estratégico han perdido, al menos momentáneamente, la oportunidad de pasar de la primera a la segunda etapa. El punto crucial fue el fracaso de los ataques sorpresas que deberían haber marcado el inicio de esa etapa en La Crucesita, Huatulco, y en Tlaxiaco, ambos en el estado de Oaxaca, en 1996.

El fracaso es doble: por una parte, la acción militar fracasó en esos términos estrictos, pero más grave aún para su causa, lo hizo también a la hora de tratar de establecerse firmemente en un territorio. Como vimos, esta estrategia requiere seleccionar un territorio, como lo hizo Sendero Luminoso en Ayacucho y el EZLN en Los Altos y la Selva Lacandona, donde se reúnan las condiciones propicias para el desarrollo de la guerra.

El territorio seleccionado debe contar con características idóneas que permitan el despliegue, ya no de operaciones de autodefensa, sino de una guerra de guerrillas. Deben ser regiones de difícil acceso, generalmente montañosas, sin caminos y con condiciones geofísicas que obstaculicen el arribo de contingentes motorizados. La región deberá contar, además, con una población numerosa cuya situación socioeconómica la convierta en aliada natural de los insurrectos.

Por lo regular, una vez seleccionado el territorio potencialmente adecuado, el grupo armado llevará a cabo actividades de educación y proselitismo ideológicos, acompañadas de promoción organizativa y movilizaciones por demandas socioeconómicas y reivindicaciones políticas. Desde el planteamiento inicial, se prevé ya todo para el momento culminante de este trabajo: el estallido insurreccional. Esas acciones marcarían el inicio de la Guerra Popular Prolongada y podrían ir acompañadas, como en el caso del EZLN, de una declaración de guerra. El momento coincide con el crecimiento de las fuerzas del grupo armado, cuando éste ha llegado a un punto en que no puede seguir oculto y necesita adquirir una nueva organicidad para actuar y crecer aún más.

Para ello, necesita contar con un territorio extenso y una población a su favor que, llevada a acciones que vinculen su destino al del naciente ejército, sea capaz de apoyar a la guerrilla y garantizar su movilidad. Bajo esas condiciones se conforman, las llamadas de las bases de apoyo para el ejército popular.

Partiendo de ese esquema, existen dos grandes zonas enclavadas en la Sierra Madre del Sur y la costa oaxaqueña, con características geográficas, extensión territorial, densidad de población, índices de miseria y analfabetismo, deterioro de condiciones sociales e incomunicación, adecuadas para el desarrollo de esa estrategia. Esas zonas quedan delimitadas por dos grandes polígonos, cuyos vértices estarían en las siguientes localidades: Tlaxiaco, Putla de Guerrero, Cacahuatepec, Pinotepa Nacional, Jamiltepec, Tututepec, El Maguil, Cosoaltepec, Santa María Huatulco, Miahuatlán, Santa Cruz Mixtepec, San Miguel Piedras, San Bartolomé Yucuañé, Tlaxiaco. Un segundo polígono está conformado por las localidades de Santa María Huatulco, Piedra Mora, Chacalapa, San Juan Lajarcia, San Luis del Río, Ocotepec, Progreso y Miahuatlán, cerrándose en Santa María Huatulco.

Ambos fueron los objetivos de los primeros ataques del EPR en Oaxaca. No son las únicas bases de apoyo con las que contaba este grupo. Otras dos están enclavadas en Guerrero, en las costas Chica y Grande, y han quedado bajo el control de lo que ahora es el ERPI. Otra región donde existirían bases de apoyo para estos grupos es la zona de las huastecas veracruzana y sobre todo en la hidalguense. Alguna formación más rudimentaria en este sentido existiría en la Sierra Gorda de Querétaro.

El fracaso del mando estratégico del EPR al tratar de pasar de la primera a la segunda etapa de la Guerra Popular Prolongada llevó a la fragmentación de la organización y a la búsqueda de los distintos desprendimientos de intentar dar ese paso en forma autónoma. En este sentido, el EPR, que nació de una confluencia de organizaciones diversas, regresó con formas distintas a sus propios orígenes de dispersión. Con una diferencia notable respecto al pasado: tienen más experiencia, más armas y más dinero. También una mayor desesperación por apresurar ese paso, porque ya han quedado en evidencia, lo que podría catalizar en el futuro inmediato sus acciones.

Una radiografía interna del eperrismo: las libretas de *El Teacher*

Ningún otra información ha reflejado tan bien cuál es la realidad operativa de este tipo de grupo como la que se encontró en una finca cerca de la ciudad de Oaxaca en agosto de 1996, cuando fue

Bases de apoyo de la guerrilla en Oaxaca

PUEBLA

OAXACA

VERACRUZ

GUERRERO   OAXACA

❶ Tlaxiaco
❷ La Crucesita
❸ San Agustín Loxicha

detenido Álvaro Sebastián Ramírez, apodado el *Teacher* o el *Profe*, un hombre que las autoridades consideraban como el responsable financiero y de logística del EPR en el estado. Si bien no se trata de información nueva, cubre la operación del EPR en Oaxaca entre 1995 y 1996, y sí refleja prácticamente cómo se organiza un grupo de estas características, cómo opera internamente, cuáles son sus fortalezas y debilidades. Obtuvimos copias de la documentación incautada a Álvaro Sebastián Ramírez de organismos de seguridad. Nunca antes el Estado mexicano había divulgado este tipo de información sobre alguna de estas organizaciones.

Básicamente, se trata de dos documentos. El primero de ellos, escrito a máquina, se titula «Infraestructura que ya se cuenta". El segundo carece de título y es probable que se trate de una solicitud de Ramírez a los mandos superiores del EPR, o bien una relación del armamento que se entregaría a la guerrilla en el mediano plazo. En él se da cuenta de equipamiento suficiente para 400 efectivos y, según fuentes de seguridad nacional, hasta antes del 28 de agosto de 1996, cuando el EPR atacó en La Crucecita y Tlaxiaco, no contaba con más de 140 hombres. El promedio de ingresos del grupo era, en agosto de 1996, de 160 mil pesos por mes, y todo el recuento de gastos y la relación de bienes fueron controlados por Ramírez en unas simples libretas manuscritas.

Esta documentación demostraba que la ciudad de Miahuatlán ha sido uno de los puntos clave para las actividades del EPR. En esta población, tuvo lugar desde los años noventa un importante trabajo político de una de las organizaciones que dieron origen al grupo rebelde: el PROCUP-PDLP. De la revisión de las relaciones de los miembros del PROCUP-PDLP asentados en Miahuatlán, resulta que esa localidad podría ser centro neurálgico de operaciones políticas y de definición de líneas estratégicas del EPR para crear bases de apoyo en las regiones Sierra Sur y Costa del estado.

Al analizar la infraestructura con la que contaba esta organización, se comprueba que, en ese periodo, el EPR tenía, al menos, seis casas de seguridad distribuidas en el estado de Oaxaca, además de un rancho que fue utilizado como bodega de armamento y campo de adiestramiento militar. Una de estas casas fue destinada a los servicios de la Comisión de Prensa y Propaganda. Llama la atención que el equipo inventariado para reproducir el material propagandístico, a pesar de ser moderno, resulta insuficiente para la envergadura del trabajo que se supone tendría que realizar esta comisión del EPR. Entre la maquinaria más eficiente con la que contaba, al menos hasta agosto de 1996, destaca una fotocopiadora con capacidad de 5 mil copias por programación. Contaban también con tres computadoras, dos impresoras, un *scanner*, siete máquinas de escribir y una fotocopiadora.

En cuanto al armamento, para esa fecha, el EPR en Oaxaca tenía un total de 129 armas, de las que 96 eran largas y se componían de 66 ametralladoras AK-47, 13 escopetas, un fusil R-15, ocho fusiles M-1, cuatro rifles 22 y cuatro carabinas. También contaban con 32 armas cortas, entre las que se contaba con doce pistolas 9 mm, tres calibre 45, seis 38 súper, cuatro 38 especial, tres pistolas 357 y cuatro pistolas 10 mm. El parque total reportado en estos documentos incluía: tres mil 489 balas de AK-47, 114 para R-15, 326 de calibre 7.62, 30 para 30-06, 332 de M-1, 545 de 9 mm, 115 de 38 súper, 92 para 38 especial, 23 de revólver 357 y 45 cartuchos para las escopetas. Esta información confirma lo que se dijo a partir de la aparición del EPR: se trata de una organización que logró comprar una partida importante de rifles AK-47 en el mercado negro de armas. De allí también la hipótesis, que se mantiene, de relaciones de negocios con grupos del narcotráfico, que son los que podrían conseguir y hacer ingresar al país una partida tan importante de armamento. Demuestra también la capacidad económica del grupo y su poca capacidad operativa, ya que el resto de su armamento es ínfimo y disperso.

Por eso, ante los medios de comunicación, el EPR apareció con rifles de asalto que aún tenían el aceitado de fábrica, y sus botas y uniformes daban la impresión de haber sido recién comprados. Evidentemente, los uniformes y el armamento con el cual el EPR hizo su aparición en Aguas Blancas, el 28 de junio de 1996, acababa de ser entregado a esa organización.

Pero que tenían posibilidades de incrementar ese armamento e infraestructura lo demuestra otro documento encontrado en la casa de Ramírez, en el que parece un pedido del mando local a sus superiores. Ésta es la lista de lo que se solicitaba.

Equipo	Cantidad	Equipo	Cantidad
Uniformes	800	Frazadas	400
Botas	400	Gorras	400
Hamacas	400	Pañuelos	400
Mangas	400	Machetes	50
Fajas	400	Radios de com.	36
Cantimploras	400	Radios banda corta	10
Cuchillos	400	Binoculares	20
Mochilas	400	Cartas topográficas	143
Lámparas	400	Brújulas	120
ARMAS Y EXPLOSIVOS			
Armamento	**Cantidad**	**Explosivos**	**Cantidad**
Armas largas	400	Pólvora seguridad	de 3 000 cargas 1
Tiros	240 000	Pólvora blanca	100 kg
Cargadores	1 200	Pólvora negra	100 kg
Armas cortas	50	Granadas	200
Tiros	20 000	Minas vietnamitas	300
Cargadores	150		

Ello permite suponer que, hacia julio de 1996, el EPR esperaba armar, en un mediano plazo, a más de 400 efectivos. Sin embargo, el equipamiento de guerra descubierto en la documentación incautada a *El Profe* pudiera no constituir la totalidad del armamento del que disponía el EPR en Oaxaca hasta julio de 1996. Por las características organizativas de la propia organización, se considera que otro arsenal similar pudiera haber estado manejado directamente por los mandos superiores del EPR, sin que necesariamente Ramírez tuviera conocimiento de ello.

La documentación encontrada también demuestra que, en sus planes originales, el EPR tenía contemplada una extensa utilización de explosivos: granadas de mano, morteros, minas vietnamitas y estopines pirotécnicos y eléctricos. Por eso la petición de Ramírez a los mandos superiores del EPR incluía el abastecimiento de material químico: tres toneladas de nitrato, 100 kilogramos de pólvora negra, 100 kilogramos de clorato y 50 litros de ácido sulfúrico, todo ello necesario para la fabricación casera de explosivos.

Con la entrega de este pedido, se aspiraba a procesar un aproximado de 3 mil cargas de «pólvora de seguridad», la de mayor utilización para artefactos explosivos de fabricación casera. También se consideraba obtener 100 kilogramos de pólvora negra y blanca, utilizadas con menor frecuencia por su más baja capacidad explosiva. Con ello, podrían fabricar 200 granadas para mortero y 300 minas vietnamitas. Recordemos que, además, en enero de 1994, el EPR robó varias toneladas de pólvora de unos depósitos de Pemex en Chiapas y esos explosivos, hasta el día de hoy, no han sido recuperados.

Existe evidencia de que el EPR cuenta con conocimientos suficientes para la elaboración, manejo y utilización de bombas y explosivos, tanto por experiencia propia como mediante la adopción de prácticas bélicas foráneas. El dinamitado de las torres de la Comisión Federal de Electricidad en Chiapas, también en enero de 1994, y la explosión de un carro bomba en Plaza Universidad en la ciudad de México en esa misma fecha, lo demuestran.

Esta información corrobora, sobre todo, la convicción de que, paradójicamente, y al contrario de otras organizaciones guerrilleras, el mayor potencial de desarrollo del cual dispone el EPR y sus distintos derivados proviene de su armamento: posee mucho y buen equipo bélico, pero no tiene militantes suficientes para utilizarlo ni apoyo social. Allí estriba una de las mayores preocupaciones de los órganos de seguridad, que consideran que en estas circunstancias el grupo podría profundizar sus actividades relacionadas con secuestros, sus relaciones con grupos del crimen organizado o, en una situación de extrema debilidad, recurrir a actos terroristas o atentados.

Por estas razones, un punto clave para comprender el desarrollo de estos grupos proviene de conocer el origen de los recursos financieros y del equipo militar, incluyendo pertrechos, lo que también constituye la principal interrogante que se desprende del análisis de la contabilidad rebelde. Por lo que se ve en la documentación incautada en Oaxaca, paralelamente a los recursos que recibía Ramírez, el grupo armado contaba, a lo largo de 1995 y 1996, con una "caja chica".

Esos fondos los obtenían a través del amedrentamiento a comerciantes y pobladores del llamado Polígono Loxicha. En este sentido, los comandos administraban directamente los recursos obtenidos como "impuesto de guerra", sobre los cuales Ramírez no tenía ningún manejo, ya que no aparecen en sus registros contables.

A partir de los documentos analizados, es posible seguir el proceso de formación y consolidación del EPR como fuerza militar. La guerrilla, establecen los documentos encontrados en Oaxaca y de los que tenemos una copia, se divide en dos tipos: dispersa y concentrada. La primera se refiere a combatientes que solamente se movilizan de su lugar de origen para cumplir acciones militares muy puntuales, y que se reintegren de manera inmediata a sus localidades. En la de tipo concentrada, existe una mayor comunicación y convivencia entre los milicianos, quienes, procedentes de distintos sitios, se asientan en algún lugar estratégico para fines político-militares. El EPR tomó fundamentalmente el modelo de guerrilla dispersa, como se puso de manifiesto en las acciones armadas que hasta el momento ha llevado a cabo.

De la revisión de sus acciones de guerra, se concluye que, sólo en La Crucesita, Huatulco y en Tlaxiaco, Oaxaca, el EPR ha operado con un número de 50 o más elementos, entre mandos y tropa. Habitualmente, prefiere operativos con comandos pequeños, una escuadra siguiendo sus propios lineamientos, la cual se integra por aproximadamente 12 efectivos. Dichas acciones son básicamente de hostigamiento. En el caso de un operativo de mayor trascendencia y dimensión, como lo fue el caso de La Crucesita, Huatulco, plantean la integración de un pelotón, es decir, entre 36 y 48 integrantes.

Sin embargo, la documentación incautada al EPR demuestra que, a pesar de contar con amplios recursos financieros y armamento moderno y nuevo, su brazo militar es altamente volátil. Ésa es la razón por la cual el eperrismo debe realizar reclutamiento y entrenamiento permanentes, a modo de consolidar a su vertiente armada. En agosto de 1996, el EPR contaba con un total de 128 combatientes, según las anotaciones en las libretas de Álvaro Sebastián Ramírez. No se hacen más aclaraciones sobre esta cifra, ni se especifican los nombres de quienes conformaron este grupo. No se descarta que en la antesala del ataque del 28 de agosto de 1996, el EPR recurriera a enrolar súbitamente en sus filas a campesinos sin instrucción militar alguna, para completar el número de elementos necesario. Y, obviamente, muchos de éstos eperristas "al vapor" fueron los primeros aprehendidos luego de esos ataques y los que permitieron conocer mejor su estructura interna.

Eso se demuestra también porque, en términos prácticos, abundan los autodenominados "comandantes", quienes en realidad son jefes de un grupo no superior a cinco combatientes, o en su caso de una escuadra, lo que expresa la necesidad eperrista de funcionar mediante una relajada e irreal asignación de grados, como mecanismo de estimulo inmediato a sus miembros, en detrimento de la disciplina interna, muestra también de la improvisación en la formación de sus militantes.

De acuerdo con la documentación interna del EPR, el frente armado se divide en dos comandancias: la Militar y la General. Esta última se forma por las comisiones menos activas e incluso de índole administrativa, como el "Tribunal Militar", la "Comisión de Seguridad Interna" y el "Consejo de Honor y Justicia Militar".

Sin embargo, no se observan actividades de estas últimas comisiones, lo cual puede atender a dos causas. Primera, lo concerniente a este aspecto quedaba fuera del ámbito de competencia de Ramírez o, más probablemente, porque, como se ha mencionado, hay dos conformaciones del EPR, una formal y otra real.

Por ejemplo, al parecer, la única forma utilizada hasta ahora para sancionar la deserción o la traición es el ajusticiamiento. Se tiene conocimiento de diversas muertes por esta causa. De tal forma, el Consejo de Honor y Justicia Militar no actúa, por las dimensiones del grupo, como tal, y esas funciones las cubre la llamada Brigada de Ajusticiamiento. Aunque no hay indicios claros sobre cómo está estructurada dicha brigada, para la fecha en que se encontró la documentación de Ramírez, ésta sería comandada por *Raúl* y *Carlos*, acerca de quienes hay anotaciones en una bitácora que señala como sus actividades puntuales: "Ajusticiamiento de jefes policiacos. No reinvindicar." Y en esto el EPR y sus derivados tienen experiencia.

La lista "no reivindicada"

La siguiente lista, según información recuperada del propio EPR, muestra algunas de las ejecuciones "no reivindicadas" de su brigada de ajusticiamientos, homicidios cometidos en Oaxaca entre agosto de 1996 y noviembre de 1997. La lista, evidentemente, no está completa.

28 de agosto de 1996. A las 22:10, unos 80 integrantes del EPR fuertemente armados tirotearon durante una hora con treinta minutos las instalaciones del Palacio Municipal, Juzgado, Agencia del Ministerio Público, Comandancia de la Policía Preventiva y Judicial de La Crucesita, en Huatulco. En el ataque perdieron la vida los policías preventivos Francisco García López y Gregorio León Sánchez, y resultó lesionado el comerciante José Francisco Morales.

28 de agosto. Desconocidos realizaron disparos en contra del cuartel general de la 28 zona militar, así como en la Base Militar Aérea, resultando herido un transeúnte.

29 de agosto. A las 00:05 horas, entre 50 y 60 encapuchados divididos en varios grupos atacaron simultáneamente las instalaciones de la Marina, Comandancia de la Policía Municipal, Comandancia de la Policía Judicial Federal y Plaza Pública de La Crucecita, Santa María Huatulco, Oaxaca.

En la acción perdieron la vida las siguientes personas: Luis Nolasco Bustamante (marino), Andrés Donaldo Ramírez (marino),

José Manuel Ruiz Zarate (marino), Gabino Castillo Fierro (comerciante), Anastasio Santiago Pérez (preventivo), Ponciano Martínez Morales (preventivo), Mateo García (artesano), Adolfo Primitivo Baños (policía municipal), Jorge Ruiz Cruz (EPR), y resultaron lesionados Hugo Ramos Cisneros (taxista), Vicente Barragán (comerciante), Faustino Matías Almaraz (preventivo), Lorenzo Bizarretea Romero (pasajero de taxi), Alier Martínez.

Días después se localizó internado en el Hospital de Puerto Ángel al marino David Angelina Merino, quien se encontraba reportado como desaparecido desde la madrugada del día 29. Presentaba lesiones producidas por disparos de arma de fuego.

Por otra parte, en el campamento ubicado en Cerro de Bandera, perteneciente a la agencia municipal de Unión de Guerrero, fue localizado y exhumado el cadáver de Juan Borja Santos, otro de los elementos de la Armada de México que había desaparecido el día de los hechos, cuyo cadáver presentaba claras huellas de que fue torturado y ahorcado.

31 de octubre. A las 20:30 horas, una patrulla de la Policía Preventiva que se dirigía de la ciudad de Oaxaca al Camarón Yautepec fue atacada en las inmediaciones del puente que conduce a Macuilxóchitl, falleciendo en el ataque cuatro policías preventivos y resultando heridos tres más. Horas después falleció uno de los lesionados. Los cuatro policías preventivos muertos fueron: Tirso Severo Martínez, Agustín Silva Chonteco, Francisco López Marín y José Santiago Martínez. Resultaron heridos por arma de fuego los policías preventivos Bernardo Castro Jiménez, Juan Barrera López y Juan López Martínez. Horas después, falleció en el Hospital Civil Bernardo Castro Jiménez, elevándose a cinco el total de víctimas del ataque.

10 de julio de 1997. Aproximadamente a las 12:30 horas, un grupo de diez a 12 individuos, militantes encapuchados del EPR, vistiendo uniformes militares emboscó a los campesinos Lázaro Ramírez Juárez, Darío Ramírez Felipe, Obdulia José Ayuso, Aureliano Ramírez Juárez, Francisca Pérez Enríquez, Lauro Ramírez Juárez, Xochilt Ramírez Juárez y una menor de tres años de nombre Griselda, quienes retornaban de la escuela primaria José Vasconcelos de la comunidad La Sirena, Loxicha. A consecuencia de

la emboscada, resultaron lesionados Lázaro Ramírez Juárez y su hermano Aureliano.

19 de julio. Aproximadamente a las 9 de la mañana, Bartolomé Sebastián García, de 61 años de edad, fue lesionado en el brazo izquierdo por un disparo calibre 22, en la población de Magdalena Loxicha. Aparentemente, el atentado se originó en la negativa de la víctima a participar en el grupo armado.

23 de julio. Aproximadamente a las 16 horas, fue asesinado Sósimo Monjaráz Juárez cuando se dirigía a la Escuela Primaria de Río Granada, San Agustín Loxicha, en compañía de su hermana Inés Monjaraz Juárez y de Andrés Monjaraz Martínez. La hermana de la víctima dijo que, cuando se dirigían al lugar mencionado, un grupo de hombres armados de la comunidad a los que reconoció como integrantes del EPR salió de entre los matorrales realizando disparos en contra de Sósimo Monjaraz Juárez, quien falleció a consecuencia de los mismos. Posteriormente, los agresores amenazaron a la joven, diciéndole que si los denunciaba a las autoridades le sucedería lo mismo. Sósimo fue asesinado por haberse negado a incorporarse al grupo armado.

5 de agosto. Homicidio de Octavio Matías José en Río Granada, de San Agustín Loxicha, también por negarse a incorporarse a la organización armada del EPR.

15 de agosto. Homicidio de Leopoldo Matías José, en el camino que conduce de Río Granada a San Agustín Loxicha, también calificado como ajusticiamiento.

5 de septiembre. En la población de Río Granada, aproximadamente a las 19 horas, fueron asesinados en el interior de su domicilio Hermenegildo Monjaráz Martínez y Elia Pacheco Pacheco, por disparos de arma de fuego, resultando lesionada en la pierna la hija de ambos, de nombre Zoila Monjaraz Pacheco, de 11 años de edad. Un nuevo ajusticiamiento interno.

9 de septiembre. En la población de La Conchuda, dos personas con vestimenta militar y con una franela roja al cuello dispararon contra Lorenzo Antonio Hernández, representante municipal de dicha comunidad, aproximadamente a las 8:00 horas, cuando caminaba en compañía de su esposa e hija. Asimismo, los homicidas lo despoja-

ron de una bolsa de mezclilla en la que llevaba, entre otras cosas, las llaves de la escuela de la comunidad y el sello de la agencia.

11 de septiembre. Aproximadamente a las 11 horas, fue "ajusticiado" Ignacio Ramírez Hernández. Los hechos tuvieron lugar cuando la víctima caminaba a la altura del paraje "Llano Abono", perteneciente a San Bartolomé Loxicha. Fue asesinado utilizando un arma de fuego calibre 22 y una escopeta.

21 de septiembre. Aproximadamente a las 10 horas, fue "ajusticiado" Serafín Santiago Enríquez cuando salía de su domicilio ubicado en San José Piedras Negras, Santo Domingo de Morelos, Pochutla. La víctima presentaba 11 impactos de bala. Se dirigía a trabajar a Santa Cruz Huatulco.

6 de octubre. Ajusticiamiento de Apolonio Juárez Bautista, aproximadamente a las 12:30 horas en Santa Catarina Loxicha. La muerte fue causada por lesiones producidas por cuchillo en la región occipital y en el pómulo izquierdo.

21 de octubre. Aproximadamente a las 19 horas, fue ajusticiado Francisco Santiago Matías, en el camino de terracería que conduce de San José La Unión a Cerro Cantor, Loxicha. La muerte fue causada por proyectiles de escopeta calibre 22.

6 de noviembre. Fue descubierto el cadáver de Saturnino Ramírez, en la población de El Portillo Las Flores, Loxicha. El cadáver presentaba varios impactos causados por proyectil de arma de fuego, así como lesiones producidas por arma blanca. Fue ajusticiado por el EPR.

¿Podía esta organización haber logrado apoyo real entre la población indígena de los Loxicha?

Las razones de un fracaso

Varias de las organizaciones que confluyeron en el EPR tenían una larga historia en la vida de las guerrillas mexicanas. En la región de la Montaña, en Guerrero, y en las Huastecas veracruzana e hidalguense, se desarrollaron algunos de los primeros núcleos guerrilleros. En Oaxaca, lograron arraigarse en la región de Los Loxicha al ocupar la Presidencia Municipal de San Agustín y organizar durante diez años la formación de lo que denominaron una base de apoyo. Así, mediante persuación y terror selectivo, integraron comandos que posteriormente realizarían diversas acciones militares.

La estrategia militar de la Guerra Popular Prolongada supone obtener una creciente simpatía social hacia los insurrectos y la incorporación masiva de contingentes campesinos y populares a las filas del ejército, el EPR. En el frente de masas, el FAC-MLN crearía una gran alianza nacional opositora, aprovechando las oportunidades y espacios que brinda la actividad política legal, que incluye la infiltración de militantes en distintos partidos legales. La conducción político-ideológica de ambos, EPR y FAC-MLN, corre a cargo del PDRP, desde la más estricta clandestinidad.

La experiencia más importante que desarrollaron estos grupos se dio precisamente en Oaxaca, donde, además de una histórica penetración en la Universidad Autónoma Benito Juárez, establecieron una fuerte base de apoyo en la región de Los Loxicha, desde donde pensaban operar militarmente en distintas zonas del estado. Sin embargo, sus esfuerzos fracasaron estruendosamente después de su primera acción militar importante: las incursiones militares en Tlaxiaco (en la frontera entre Oaxaca y Guerrero) y en La Crucecita, en el municipio de Huatulco.

Su fracaso se debió a varias causas. En primer lugar, porque los vaticinios del llamado mando estratégico fallaron, debido a lo arcaico y rudimentario de su diagnóstico social. Suponían que la sola voluntad era suficiente para alcanzar los objetivos revolucionarios. Su esquema de reclutamiento es sencillo: trabajan sobre todo en los sectores marginales, buscan convertir la desesperación que provoca la inseguridad en la obtención del sustento familiar en resentimiento, éste en indignación que decida actuar de inmediato para restituir la dignidad y arribar así a la determinación de tomar las armas. El proceso formativo de sus combatientes incluye cursos de guerra y prácticas de endurecimiento, mediante la formación de comandos itinerantes que efectúan desplazamientos nocturnos para realizar trabajo de inteligencia y reconocimiento territorial. Desgraciadamente, como una rémora de las más viejas organizaciones guerrilleras, en las zonas que consideran sus bases principales de operación, a personas reacias al reclutamiento, desertores y sospechosos de delación se les asesina, incluyendo ocasionalmente a familiares, ancianos, mujeres y niños.

El mantenimiento de esta aparato de guerra es costoso. Las fuentes de financiamiento aún no están suficientemente identificadas, pero existe la certeza de que el asalto a instituciones bancarias y el secuestro son dos de los principales orígenes de recursos. Cifras de la inteligencia militar consideraban que el EPR y sus diferentes fracciones llegaron a tener como resultado de diferentes secuestros de primer nivel, entre ellos el de Alfredo Harp Helú, aproximadamente 100 millones de dólares.

Sin embargo, ni los métodos desesperados ni los recursos financieros de que disponen han logrado obtener para estos grupos el apoyo masivo de la población. El arcaísmo ideológico, la incapacidad de interpretación y la divulgación deliberada de distorsiones y mentiras los ha condenado, a diferencia de otros grupos mucho más hábiles en esos aspectos, como el propio EZLN, a la indiferencia social. Pero para ello confluyen, también, otras causas: el diagnóstico eperrista menospreció la debacle del sistema socialista mundial, eludió la revisión y crítica a las causas profundas de ese desplome y supuso que viejas consignas, como el antiimperialismo y el anticapitalismo, seguían teniendo vigencia en México.

En los últimos años, como lo demuestra su penetración en grupos como el Consejo General de Huelga de la UNAM, han tratado de darle ese antiguo sentido a los nuevos movimientos antiglobalización en nuestro país. Sin embargo, evidentemente, no ha tenido eco y su discurso resonó socialmente como una simple continuación del anterior discurso anticapitalista. No en vano, el subcomandante Marcos, que sabe que estos sectores lo presionan para que regrese firmemente a la vía armada (lo que el propio Marcos sabe que sería su suicidio político), en la última entrevista que ofreció al italiano Gianni Mina insistió en que estos excesos antiglobalizadores lo único que hacen es dañar a ese movimiento.

El desfasamiento ideológico y la pobreza teórica provocaron una aguda anemia programática y, por tanto, las tareas sociales propuestas por el Mando Estratégico de la Guerra Popular Prolongada carecían en lo absoluto de atractivo para los sectores estratégicos, urbanos, que era indispensable incorporar al proyecto revolucionario.

En el plano de lo que denominan la política legal, las denuncias del FAC-MLN sobre el supuesto carácter fascista del gobierno no lograron mejorar ni ampliar el espectro de sus aliados; lo llevaron a aislarse y a perder compañeros de viaje. Las convocatorias a la insurrección popular armada no fueron suficientemente convincentes, lo que obligó al EPR a desatar campañas de terror para forzar a nuevos milicianos, así como castigar a indecisos y desertores.

Esta suma de fracasos terminó provocando una escisión. Desde mediados de 1997, se gestaba en el seno del EPR la escisión que daría origen, en enero de 1998, al Ejército Revolucionario del Pueblo Insurgente (ERPI), que nació a la luz pública criticando el burocratismo del Mando Estratégico, la arbitraria discriminación en la distribución de recursos económicos y la carencia de iniciativas político-militares. Por temor a ser víctimas del asesinato que el Mando Estratégico, principalmente en su vertiente PROCUP-PDLP, utiliza regularmente para acallar la crítica interna, el naciente Ejército Revolucionario del Pueblo Insurgente no hizo público el balance de las campañas de Propaganda Armada Revolucionaria que dispuso realizar el Mando Estratégico y que terminaron en un rotundo fracaso político-militar.

El Mando Estratégico sólo inició un proceso de discusión estratégica hasta que habían abandonado el barco eperrista todas las fracciones que rompieron con esa organización en los últimos años. Realizó un congreso que duró poco más de un año y concluyó a mediados de 2001, que no tuvo, según esto por cuestiones de clandestinidad, una sede permanente ni una reunión de los propios congresistas. Evidentemente, los métodos utilizados en ese proceso lo único que provocaron fue una profundización de las diferencias internas entre los distintos grupos. El mayor desafío, no asumido, ha sido el evaluar o no las actividades político-militares hasta ahora emprendidas por estos grupos que han acabado rigurosamente, siempre, en fracasos militares.

¿Qué es lo que podemos esperar que ocurra en el futuro inmediato con estos grupos? En el horizonte de mediano plazo, aparecen dos opciones; la de la descomposición política y orgánica del PDPR/EPR/FAC-MLN, a pesar de los recursos económicos con que cuentan, y el eventual fortalecimiento del ERPI. Este proceso va de la mano con otro: mientras el EPR está tratando de reconstruirse en Oaxaca, vía la amnistía encubierta que han recibido muchos de sus dirigentes, el ERPI parece estar concentrándose en el DF y Guerrero, aparentemente con menor capacidad económica, pero mayor número de militantes.

Por otra parte, si como consecuencia de la liberación de algunos dirigentes y el mantenimiento de la estructura económica, los comunistas ortodoxos del Mando Estratégico logran impedir que un número significativo de dirigentes medios se sume al ERPI, manteniéndose en el EPR, esa rígida hegemonía terminará por descomponer a la organización revolucionaria, lo que la alejará todavía más de la realidad social, perderá más aliados, se debilitará su aparato clandestino, su inmovilidad militar la hará presa de las fuerzas del orden público y, como preámbulo a una larga agonía, no deberíamos descartar que ese aislamiento la orillará a caer en el terrorismo, entendido éste no como las tradicionales acciones político-militar, sino como acciones de corte fundamentalista que buscan la sobrevivencia de la organización.

Y si bien este tipo de terrorismo (atentados, sabotajes, magnicidios y similares) es casi inédito en México (recordemos que los antecesores del EPR, el llamado PROCUP, realizó algunos atentados, como el bombazo en Plaza Universidad en el Distrito Federal o la voladura de torres de alta energía en Chiapas en los primeros meses de 1994), desde diciembre de 2001, los servicios de inteligencia del Estado lo han identificado como uno de los cuatro frentes principales de atención en torno a la seguridad nacional. Estas luces amarillas respecto al terrorismo se han encendido en relación con la ETA y otros grupos, pero también por la relación que cualquiera de estas organizaciones armadas derivadas del EPR pudiera haber establecido con esos grupos internacionales.. En este escenario, habría que prepararse para una larga y desgastante noche de miedo social.

Otro escenario posible, no necesariamente alterno al anterior, podría consistir en el desarrollo político y orgánico del ERPI. En esta vía, se suspenderían los asesinatos de colaboracionistas gubernamentales y desertores del EPR. Esto respondería a la declaración del ERPI en el sentido de que no guiarán sus actividades por los paradigmas de la Guerra Popular Prolongada, ni obligarán a nadie a incorporarse a su lucha. Pero en esa lógica, sería previsible un incremento en robos de pequeña y mediana cuantía, cuyo objetivo, amén de la obtención de los recursos mismos, es la prueba y fogueo para nuevos reclutas. No habría que descartar algunos importantes robos a bancos y secuestros con objetivos financieros y político-financieros. Estas actividades buscarían subsanar la carencia de recursos originada por la ruptura con la dirección del EPR, que sigue controlando los de la organización. Pero, también, paradójicamente, en esta línea es donde con mayor fuerza se puede presentar la posibilidad de la relación de grupos armados con el crimen organizado, particularmente el narcotráfico, sobre todo en las zonas de Guerrero y Michoacán.

¿Por qué? Porque se trata de una organización más pragmática, que tiene más militantes pero menos recursos, porque opera exactamente en las mismas zonas que los traficantes y tienen, ambos, el mismo enemigo, que es el Ejército mexicano, y porque allí puede comenzar a darse una suerte de simbiosis entre ambos grupos. Recordemos que los grupos armados en Colombia comenzaron su relación con el narcotráfico cuidando cultivos de los cárteles, hasta que, años después, descubrieron la cantidad de recursos que ello les podría proporcionar, el dinero y el poder desplazaron a la ideología y ellos mismos se terminaron convirtiéndose en un componente fundamental del narcotráfico internacional.

En paralelo con ello, algunos de los movimientos radicales que operan en la legalidad ya han comenzado a recibir ofertas de apoyo mediante servicios de protección y autodefensa para dirigentes, marchas, plantones, toma de instalaciones, bloqueo de carreteras y similares de parte de comandos del ERPI que, según han declarado, se oponen a la imposición de lineamientos a las organizaciones populares y colaboran con la protección armada de movimientos políticos afines. Otra faceta de esa decisión es la penetración de algunos de sus militantes en los partidos y organizaciones legales, particularmente en el PRD, para influir desde dentro en la toma de decisiones.

Y precisamente allí reside el peligro potencial del EPR y de sus desprendimientos como el ERPI, en su combinación posible con grupos del crimen organizado, particularmente del narcotráfico y el tráfico de armas y gente. Allí está el germen de una combinación que ya se ha dado en Colombia y cuyos efectos son cada día más costosos para la nación sudamericana. Porque el embrión de esos males ya están presentes a lo largo de la sierra Madre y, sobre todo, en Chiapas, Oaxaca, Guerrero y Michoacán. Y los contactos iniciales ya se han dado trascendiendo, incluso, las fronteras.

El peligro real está, tanto en la politización del narcotráfico como en la narcotización de los grupos armados. Los primeros pueden descubrir que la utilización de las guerrillas les permite una legitimación que, como grupos del crimen organizado, nunca tendrán, para controlar rutas y territorios, y los segundos con un marcado aislamiento social, pueden encontrar en su simbiosis con el narcotráfico una opción para hacerse de recursos y acrecentar sus fuerzas humanas y materiales de una forma que no podrían lograr por mecanismos exclusivamente políticos.

En última instancia, esa salida tendría, para los grupos armados, hasta una justificación ideológica: en el plano teórico, la necesidad de crear lo que los vietnamitas llamaban el poder dual, un poder paralelo al del Estado, que fuera desplazando a éste de ciertas regiones hasta dejarlo aislado. En el terreno de la praxis, ahí están los ejemplos de las FARC y el ELN colombianos o el caso mucho más cercano para el eperrismo y sus derivados, de Sendero Luminoso, profundamente ligados a grupos narcotraficantes, ya sea para proteger zonas o por participar progresivamente en el propio tráfico.

Sin duda, tanto las redes del narcotráfico como en forma creciente las del tráfico de gente son ya una realidad: los primeros generan utilidades, sólo en México, de entre 6 mil y 10 mil millones de dólares anuales. Los traficantes de personas, se han convertido ya en el segundo negocio en importancia en el crimen organizado nacional, y sus utilidades, según cifras oficiales, son superiores a los 2 mil millones de dólares anuales. Ambos grupos suelen estar relacionados e influyen en buena parte del sistema de seguridad y de control político del país. ¿Por qué abandonarían la posibilidad de tratar de tener, legitimados en formas políticas radicales, control político sobre sus propios territorios? En última instancia, todos ellos son el otro poder. Son, sumados, la principal amenaza para la seguridad nacional de México.

ÍNDICE ONOMÁSTICO

2ÍNDICE ONOMÁSTICO

Valencia, Luis 146, 168, 172, 173
Van Valkenburg, David 257, 264
Vasconcelos, Santiago 100, 155
Vázquez Mendoza, Agustín (*Shantal* o *Hades*) 120
Vega García, Gerardo Ricardo Clemente 26
Vega Ortiz, Juan José 168
Velasco de Zedillo, Nilda Patricia 132
Velasco, Eduardo 132
Villanueva Arcos, Efraín 247
Villanueva Cuevas, Miguel 247
Villanueva Madir, Elvia 257
Villanueva Madrid, Arturo 242
Villanueva Madrid, Isolma 257
Villanueva Madrid, Javier 247
Villanueva Madrid, Luz María 257
Villanueva Madrid, Mario 43, 118, 193, 233-279
Villanueva Tenorio, Carlos Mario 259
Villanueva Tenorio, Luis Ernesto 258, 259
Villanueva, Aidee Sarai 257
Villanueva, Efrén 247
Villanueva, Fidel 242, 247
Villanueva, Lía Jenny 247
Villanueva, Villanegri 247
Virzi, Felipe Alejandro 261, 266
Weje, Abraham Farah 259
Whitney, Christine 122
Wolosky, Steven Martin 60
Woodward, Bob 62
Yáñez de la Barrera, Luis 237, 242, 243
Yáñez Guerrero, Rigoberto (*El Primo*) 99
Zafra García, Eugenio 83
Zambada, Ismael (*El Mayo*) 145, 146, 164, 178, 183, 188, 189, 190, 191, 192, 194, 197
Zambada, Vicente 188, 189, 190
Zedillo Ponce de León, Ernesto 92, 132
Zepeda Méndez, Juan 187
Zorrilla, José Antonio 104, 214
Zuno, Rubén 104

367

El otro poder terminó de imprimirse en mayo de 2002, en Litográfica Ingramex, S.A. de C.V. Centeno No. 162, Col. Granjas Esmeralda, C.P. 09810, México, D.F. Composición tipográfica: Angélica Alva Robledo. Cuidado de la edición: Mónica Vega. Lectura, corrección y cotejo de pruebas: Ulises Martínez, Enrique Estrada, Joel Mendoza y Paola Quintanar. Índice onomástico: Gilberto Gómez e Iván González.